足球行业法律关系概述

ZUQIU HANGYE FALÜ GUANXI GAISHU

刘万勇 著

中国政法大学出版社

2018 · 北京

图书在版编目（CIP）数据

足球行业法律关系概述/刘万勇著. —北京：中国政法大学出版社, 2018.10
ISBN 978-7-5620-8624-6

Ⅰ. ①足…　Ⅱ. ①刘…　Ⅲ. ①足球运动－职业体育－体育法－研究－中国
Ⅳ. ①D922.164

中国版本图书馆CIP数据核字(2018)第234770号

出 版 者　中国政法大学出版社
地　　址　北京市海淀区西土城路 25 号
邮　　箱　fadapress@163.com
网　　址　http://www.cuplpress.com（网络实名：中国政法大学出版社）
电　　话　010-58908435(第一编辑部)　58908334(邮购部)
承　　印　固安华明印业有限公司
开　　本　650mm × 960mm　1/16
印　　张　24.25
字　　数　345 千字
版　　次　2018 年 10 月第 1 版
印　　次　2018 年 10 月第 1 次印刷
定　　价　68.00 元

自　序

足球法是一个可以充分运用法学理论范式的新型交叉学科领域。作为一个新的法学领域，足球法的地位与足球在当今中国社会的地位密不可分。足球法改革，正是长久以来社会上呼吁的出台制度化、消除中国足球痼疾的全面解决方案，这也使得足球法在中国成为新的法学领域正式成为可能。

自从2015年2月27日中央全面深化改革小组第十次会议通过《中国足球改革发展总体方案》后，世界第一运动——足球在中国受到的重视程度达到了前所未有的高度。

在足球改革几乎停滞不前的情况下，《中国足球改革发展总体方案》的通过，使得中国足球迎来春天。将足球改革纳入中央全面深化改革的大格局中，意味着中国足球的改革与发展已上升至国家战略的高度。

相关研究显示，足球行业的特殊性和法律适用的普适性存在着一定程度的差异，比如国家司法是否可以介入足球行业内部，球员与俱乐部的合同是否属于《合同法》规制的范畴，足球转会制度是否在竞争法下具有特殊考量，等等。这些均是探索足球行业自治与国家法治关系时不可回避的问题。当然，就具体问题来说，中外足球法研究的重点也不尽相同。西方足球法的研究重点关注的是足球行业内部治理的法治化，与其城市化和法治化程度高的社会环境密不可分。而在中国，当前正处于培育足球业市场、政府简政放权阶段，为足球改革提供法律保障是足球法研究的重点工作，此为西方研究所罕有。

本书通过对足球相关行业规范的概述，列举了足球行业中的主体，分析了各方之间的法律关系，从球员、俱乐部、赛事等几个方面介绍足球法律关系。本书主要是对足球行业进行了体系性梳理，是对足球行业法律问题的一个普及而并非深入的理论性探讨，是对足球法的科普性介绍，同时鉴于水平有限，有很多不足，欢迎广大专业人士批评指正或提出建议。

刘万勇
2018 年 8 月

本书主要引用法律文件及缩略语使用

1.《中国足球改革发展总体方案》简称《足球改革总体方案》

2.《中华人民共和国合同法》简称《合同法》

3.《斯德哥尔摩规定》

4.《足球竞赛规则》简称《竞赛规则》

5.《中国足球协会章程》

6.《运动员聘用暂行办法》

7.《运动员技术等级管理办法》

8.《国家职业分类大典》

9.《中华人民共和国工会法》简称《工会法》

10.《全国运动员注册与交流管理办法（试行）》

11.《中国足球协会球员身份与转会管理规定》简称《转会规定》

12.《中国足球协会职业俱乐部工作合同基本要求》简称《工作合同要求》

13.《外国人在中国就业管理规定》

14.《中华人民共和国劳动合同法》简称《劳动合同法》

15.《中华人民共和国出境入境管理法》简称《出境入境管理法》

16.《中国足球协会注册管理规定》简称《注册管理规定》

17.《中国足球协会仲裁委员会工作规则》简称《仲裁规则》

18.《关于加强和改进职业足球俱乐部劳动保障管理的意见》

19.《国际足联章程》

20.《中华人民共和国体育法》简称《体育法》

21.《中华人民共和国仲裁法》简称《仲裁法》

22.《中华人民共和国立法法》简称《立法法》

23.《中华人民共和国侵权责任法》简称《侵权责任法》

24.《最高人民法院关于审理人身损害赔偿案件适用法律若干问题的解释》简称《人身损害赔偿解释》

25.《民办非企业单位登记管理暂行条例》

26.《中华人民共和国公司法》简称《公司法》

27.《中国足球协会职业联赛俱乐部准入条件和审查办法》简称《准入审查办法》

28.《关于违规违纪的停赛执行细则》简称《执行细则》

29.《中国足球协会纪律准则》简称《纪律准则》

30.《中国足球协会球员代理人管理规定》简称《代理人管理规定》

31.《中国足球协会违规违纪处罚办法》

32.《国际足联章程》

33.《特殊标志管理条例》

34.《奥林匹克标志保护条例》

35.《北京市奥林匹克知识产权保护规定》

36.《中国互联网络域名管理办法》

37.《中华人民共和国广告法》简称《广告法》

38.《中华人民共和国著作权法》简称《著作权法》

39.《保护表演者、录音制品制作者和广播组织的国际公约》(即罗马公约)

40.《世界知识产权组织表演和录音制品条约》(即 WPPT)

41.《与贸易有关的知识产权协定》(即 TRIPs 协定)

42.《关于推进体育赛事审批制度改革的若干意见》

43.《中国室内五人制甲级联赛竞争规程》

目 录

第一章

总　述

足球是当今全球体育界最具影响力的单项运动，拥有世界第一体育运动的声誉。它主要用脚控制球，但也可以使用头部、胸部和其他部分来接触球（除了守门员外，其他球员不应该用手或手臂接触球，如果守门员离开禁区，那也不能用手或臂触球），是两支队伍在同一场地内进行攻守的体育运动项目。

据不完全统计，现在世界上经常参加比赛的球队约 90 万支，登记注册的球员约 5000 万人，其中职业球员约 15 万人。作为世界第一体育运动，足球逐渐形成了一套完整的竞技体育体系。在此基础上足球运动逐渐形成了足球产业，也有了属于自己的一套完整的法律体系，以至于整个体育法研究领域均需要以足球为研究对象进行对比。整个足球法律体系以注册转会制度、准入制度、仲裁制度等展现出鲜明的行业特点。

本书侧重从法律人的角度介绍整个足球行业的法律关系、基本概念，让整个行业的从业人员能从另外一个角度去理解足球、体会足球。需要强调的是，本书主要是以国内足球规范来探讨各种法律关系，对世界范围内的足球行业法律关系少有涉及。

第一节 足球运动的发展

一、足球运动发展历史

足球运动是一项古老的体育活动，源远流长。最早起源于我国古代的一种球类游戏——“蹴鞠”，[1] 后来经过阿拉伯人传到欧洲，发展成现代足球。众多资料表明，中国古代足球的出现比欧洲更早，历史更为悠久。国际足联前任主席阿维兰热访问中国时也曾表示：足球起源于中国。[2] 然而，由于封建社会的局限性，中国古代的蹴鞠活动最终没有发展成为以“公平竞争”为原则的现代足球运动。[3] 这个质的飞跃是由资本主义的英国完成的。据史料记载，在中世纪英国便有了类似今天的足球活动，当时的足球比赛在城市的街道上进行，对参加的人数、犯规等无规则限制。由于参加的人数众多且无组织，比赛时场面混乱不堪，声音嘈杂，而且比赛往往使沿街的一些店铺和居民的财物受到损害，因此被视为“暴民足球”。为此英国国王爱德华二世在1314年下令，凡踢足球的人都要被判刑入狱；爱德华三世在1331年也颁布过相似的法令禁止踢足球；此后英国国王理查德二世、亨利四世、亨利五世、亨利八世也都曾颁布法令禁止踢足球；到中世纪末期，足球活动日渐衰退；1580年，足球只作为学校内部的一种体育活动在英国的大学校园内进行；1681年，查尔斯国王二世允许他的农奴和伯爵间进行足球比赛；1685年查尔斯国王二世去世后，英国王室仍对足球活动予以压制。[4]

到了1848年，足球运动的第一个文字形式的规则《剑桥规则》诞生了。所谓的《剑桥规则》，即是在19世纪早期的英国伦敦，牛津和

---

〔1〕“蹴鞠”也称“蹋鞠”，其中，“蹴”和“蹋”都是踢的意思，“鞠”则是球名。

〔2〕董杰：“试论足球的起源发展与足球的产业化”，载《商业经济》2012年第19期。

〔3〕秦丽梅：“各种运动项目的起源”，载《当代体育科技》2012年第4期。

〔4〕夏晶：“从足球竞赛规则演变的视角探讨足球技战术的发展”，山东体育学院2011年硕士学位论文。

剑桥之间进行比赛时制定的一些规则。因为当时在学校里每套宿舍住有十个学生和一位教师，因此他们就以每方 11 人进行宿舍与宿舍之间的比赛。当前的 11 人制足球比赛就是从那时开始的。也是从此开始，得到规范的足球运动渐渐摆脱了“暴民运动”的不良印象，逐渐得到推广。

1862 年，在英国诺丁汉郡成立了世界上第一个足球俱乐部。在英国又成立了第一个足球协会（英足总），并统一了足球规则。这次制定的足球规则共 14 条，它是现今足球规则的基础，也为后世足球运动的发展推广奠定了基础。

二、现代足球运动的特点

现代足球运动的特点决定了现代足球产业的发展，足球产业之所以会形成现代体育产业中最大的一项，是其运动特点所决定的。

（一）对抗性

足球比赛是以取得最终胜利为目的的。为了取得比赛的最终胜利，双方球员进行激烈的身体对抗和心理对抗。球员在比赛中采用规则所允许的各种动作，包括：奔跑、急停、转身、倒地、跳跃、冲撞等，同对手进行激烈的争夺。[1] 教练员则进行战术斗法，通过换人、转换球队阵型等手段进行较量。球迷之间为各自支持的球队呐喊助威，在一定意义上讲这也是一种对抗。

（二）偶然性

足球比赛是一项技战术丰富多彩、比赛结果偶然性较强的运动。无论是场地、气候，还是观众、裁判员、教练员以及球员的临场状态等都能左右比赛的结果。正是由于足球比赛运动具有极大的偶然性，才使得足球运动更具魅力。

（三）整体性

足球运动是一项团体项目。它要求所有的球员以及教练员要有共同的目标，统一的战术思想。在比赛中，全队要形成统一的攻防节奏，把

---

〔1〕 王欣、李强、杨德敏：“基于文化意义的足球内涵”，载《体育与科学》2013 年第 2 期。

握比赛的主动权，只有这样，才能取得优秀的比赛成绩。

（四）多变性

足球运动的多变性是指足球技术及战术的复杂性与不确定性。任何一支球队都有自己独特的攻防战术体系，而在不同的情况下，教练员会根据实际情况更改战术，针对对手的特点进行战术布置。足球是一项集体项目，最常见的是 11 人制的比赛，其场地拥有足够的空间，这都决定了足球运动技术及战术的多变性。

（五）艰辛性

现代足球“高速度，强对抗”的比赛特征要求球员必须具备承受大运动负荷的身体能力。研究表明，一场激烈的足球比赛，球员活动距离高达 9000 米 ~ 14 000 米，快速冲刺距离在 2500 米以上，完成技术动作近百余次，球员心率在 180 次/分以上时间约有 32 分钟，氧消耗超过 300 升，能量消耗达 1500 ~ 2000 千卡，体重下降 2 ~ 5 公斤。[1]

（六）易行性

足球竞赛规则比较简练，对于场地、器材、设备的要求也不高，属于草根运动项目。一般性足球比赛的时间、参赛人数、场地和器材也不受严格限制，简便易行，因而是全民健身中一项十分易于开展的群众性的体育运动项目。

三、足球产业的形成与发展

所谓足球产业，即是围绕足球运动所进行的经济活动，其包括有形资产与无形资产的运作。足球产业是足球运动职业化的必然结果，中国足球的职业化历程，也从侧面反映了中国经济的发展。

足球产业产生于职业足球的发展。自 1994 年 3 月中国足球协会开始推出职业联赛以来，中国也开始了足球产业的发展，从此之后我国的足球运动与世界足球接轨，新成立的足球俱乐部也几乎是一夜之间在全国遍地开花。这些足球俱乐部从我国传统的体育管理体制下冲杀出来，其组合形式多种多样，运作方式也各不相同。

---

〔1〕 文萍：“如何让初建的中学生足球队快速成长”，载《社会科学：引文版》2016 年第 12 期。

从中国足球产业现阶段的三个层面来看：第一个层面是职业俱乐部和它的投资人之间的法律关系，第二个层面是整个职业足球体系，第三个层面是由足球衍生的其他产业。[1] 中国的足球产业正在形成过程中：足球还没有真正被当作一个产业去培育，中国的足球产业发展水平是相当稚嫩的。目前中国足球产业发展中存在的最大问题是：没有真正按照市场经济的规律来发展足球产业，还没有充分认识到足球产业和作为企业的职业俱乐部，除了在足球市场上与其他竞赛市场有一定的特殊性外，这个产业和企业与市场上任何其他产业和企业毫无二致，同样遵循市场经济的一般规律。我国足球产业的发展，从最初的“翻牌俱乐部”开始，所有的“职业”俱乐部都是在政府的推动下，由原来计划经济体制下的专业队与企业联合组建起来的。[2] 从冠名到赞助再到后来投资办的职业俱乐部，企业大多是以赞助商的身份，而不是以经营者的身份参与俱乐部的经营与管理，政府则始终以领导者的身份指挥、操作，俱乐部的产权问题没有得到应有的重视。[3] 在实际经营过程中，俱乐部受到企业、政府的多方面干预，难以作为独立的市场主体进行经济活动。因此，在足球产业发展过程中，所有的经济活动，市场并没有发挥应有的资源配置作用，反而按照超经济、超市场的规则运转，导致了足球市场上价格和竞争行为的扭曲，改变了市场条件下的成本约束，严重破坏了市场秩序。[4]

---

〔1〕 丁涛、李勇：“中国足球产业发展的现状、问题及对策”，载《北京体育大学学报》2003 年第 6 期。

〔2〕 丁涛、李勇：“中国足球产业发展的现状、问题及对策”，载《北京体育大学学报》2003 年第 6 期。

〔3〕 孙革：“建国以来我国足球运动改革发展的回顾与反思”，载《运动》2009 年第 4 期。

〔4〕 丁涛、李勇：“中国足球产业发展的现状、问题及对策”，载《北京体育大学学报》2003 年第 6 期。

第二节　足球行业的特点

我们一提到足球往往都把它理解为一种体育运动，是归类于大众体育也好，归类于竞技体育也罢。但这显然不是足球的全部，或者说这已经不是足球的主要部分，要准确理解足球行业的种种特点应当从以下几个方面来理解其特殊性。

一、足球是一种极富娱乐性的运动

要理解足球首先应当在足球是娱乐业这个大范畴里来考虑。体育的起源无外乎以下几类：人类在自然竞争中赖以生存的技能——田径、游泳、射击、射箭、划船、滑冰、摔跤、举重；人类满足温饱后发明的游戏——所有球类、体操、跳水、马术、赛车。当人们不再需要为了生存与天斗、与地斗、与人斗，不用靠打猎、农耕填饱肚子的时候，大家关注体育运动的目的，除了健身，更多是出于娱乐。虽然手和手臂是人类更重要、更灵活的运动器官，但是地球上最受欢迎的运动，却是用脚踢的。足球从大的分类来看，仍然属于文化领域，一场 90 分钟的足球比赛可以被理解为没有剧本的电影，无论从时长还是效果来看都具有一定的相似性。所以以娱乐业或者影视产业角度来理解足球，具有一定的相通性。

二、足球有业余足球和职业足球之分

职业运动员是相对业余运动员而言的，1947 年的《斯德哥尔摩规定》将业余运动员定义为是仅仅为了欢乐，为了获益于身心和社会而参加竞技运动的人。实际上，业余运动员和职业运动员的界限通常难以划分。对职业和业余问题的争论，自 1896 年奥运会以来一直没有停止过。

业余足球是一种文化，可以在大众文化的领域中找到它的影子。业余足球更多体现出一种大众体育的特质，以强身健体为目的，或者是社会交往的一种载体，是人的生活方式的一种。业余足球、草根足球在一定层面上更多的是一种业余文化生活。

有了职业足球之后才形成了足球产业。职业足球是效率足球，一切为了胜负服务，这是职业足球与业余足球最根本的区别。足球运动的职业化最初是以开展群众性体育活动为主的，这些职业俱乐部的主要目的不是盈利，甚至到现在盈利也不是职业足球俱乐部的首要目的，而是通过必要的创收，以维持球员的生计、训练和比赛，促使足球运动水平得到一定程度的提高。足球运动的职业化进程之所以获得较快而稳定的发展，归根结底是因为职业足球符合足球运动发展的基本规律，足球俱乐部的市场化经营，面对供需市场，将比赛的水平和观众的观赏程度结合在一起，这样不但为足球俱乐部创造了价值，而且还大大提高了足球运动水平，满足了大众日益增长的观赏足球比赛的需要。

三、职业球员的训练既是权利也是义务

职业训练，是指从职业成长和职业发展的角度出发，凭借链接的手法、通过演绎的过程、运用触动的技巧对职业者进行思维方式调整、观察视角转换、自觉意识激发、行为习惯改善的一个过程。职业球员的运动训练是指为了一定的竞技目的，球员参与的系统的利用各种训练手段以提高运动成绩的社会性活动。

职业训练是职业球员的义务。职业训练过程中，球队为了获得更好的比赛成绩需要保持一定的训练强度、训练频次以达到一定的技术水平，保持一定的竞技状态。很显然，作为集体项目，球员不参加训练不仅会降低自身竞技水平，也会导致整个球队的技战术水平的降低，从而导致整个球队的战斗力下降，因此训练是每个球员的义务，无论其是主力球员还是替补球员，无论身处一线队还是预备队。

职业训练也是职业球员的权利。职业运动员的劳动力价值集中体现为其竞技水平。高水平的训练是保持竞技水平的唯一方式。训练水平的降低将直接导致运动水平的降低，对球员的价值带来极大的损害，因此要求俱乐部提供训练条件也是球员的权利。

四、足球产业具有行业垄断性

垄断行为是指排除、限制竞争以及可能排除、限制竞争的行为。《体育法》规定：全国性的单项体育协会管理该项运动的普及与提高工作，代表中国参加相应的国际单项体育组织。因此中国足球协会具有行业垄断性，是法定垄断；各地方会员协会因多年来享有赛事组织优势，形成了自然垄断。

五、球员是足球俱乐部最大的资产

职业俱乐部提供的商品是体育娱乐服务，它的主要成分是球员在竞赛中高超的运动技能。球员在比赛中的表现涉及俱乐部产品的质量，关系着俱乐部的生存和发展。球员作为俱乐部生产过程中的劳动力要素，其价值决定着与其签署工作合同的俱乐部的价值。因此，俱乐部对球员的管理培养有十分重要的意义，俱乐部的工作几乎均围绕球员展开，如球员的工作合同、球员的工资收入、球员的转会、作为后备力量的新球员的培养等，其目的都在于使球员这一重要资产得到充分的开发、利用，使俱乐部资产保值、增值。[1] 在中国现阶段，职业球员是职业体育俱乐部最重要的资产，集中体现为球员工资、转会费等占据了俱乐部支出的九成左右。

六、足球运动可以体现社会文化

现代足球运动被称为“世界第一体育运动”。它以其独特的魅力风靡全球，在全世界拥有不计其数的狂热爱好者。经过一百多年的发展，足球已成为当今世界上最流行的运动。随着足球运动的不断发展，足球不仅局限于一个普通的体育项目，而且已经成为一种极具代表性的文化现象。随着人们对足球的关注程度越来越高，足球对人类社会的政治、经济、精神生活等方面的影响逐渐加深，对人类社会的发展产生了积极和深远的影响。

足球还是开展国际交流的重要手段和工具，国家之间可能由于各自具有不同的政治立场、政治态度而发生相应的政治冲突或战争，但当两国的足球队同场竞技的时候，足球就成为两国之间政治、经济、文化交流的一种重要手段和工具。足球比赛可以发展社会交往，协调人际关系，促进各国间的相互了解，扩大文化交流，增进友谊和团结，消除障

---

〔1〕 梁香青：“对职业体育俱乐部球星运营的探讨”，载《山东体育科技》2004 年第 4 期。

碍，缓和国际关系，维护世界和平。

（一）足球运动能提高民族凝聚力和自豪感

看看影响巨大的世界杯足球赛，我们就会知道什么是民族凝聚力，什么能真正唤醒一个国家和一个国家的骄傲。特别是在这个和平的时代，我们的普通人民期望国家给我们一个地方和事件去发泄民族自豪感，而足球的功能是无与伦比的。看看那些为足球狂热的国家，例如巴西、德国、阿根廷、意大利、韩国等，足球无时无刻不在提高着民族的凝聚力。在那些容纳几万人的球场里，爆满，爆满，持续爆满，在那里能真正看到民众对国家的热爱，对国家的支持。

足球运动的影响已远远超过其自身的竞技运动范畴。从某种角度讲，足球运动甚至成了一个国家开展体育运动的标杆，成了一个国家的形象，如一提到巴西，首先被人们想到的就是足球。每当有重大国际比赛的时候，人们可以很轻易地在有大屏幕的广场或是酒吧、餐馆中看到拥挤的人群，一场比赛的胜利，可以振奋民族精神、激发人们爱国情感，它为民族昌盛提供无可比拟的精神力量。从球员的角度来看，参与足球不仅是谋生的手段，也是增进人们之间联系和交流的机会，帮助人们更好地融入社会，提高他们适应社会的能力。[1]

（二）足球对经济发展的促进作用

四年一次的世界杯足球赛对主办国经济的促进作用也非常明显，以2014年巴西世界杯为例，巴西政府成功借助举办世界杯给国内经济添了一把柴，根据旅游部门公布的一份报告显示，世界杯期间巴西共接待外国游客近150万人次，比之前预期的60万人次多出1.5倍。这些外国游客在世界杯比赛期间为巴西带来了14亿美元的消费额。巴西经济获益于世界杯，具体体现在旅游收入大幅提高、机场容量翻倍、小微企业发展受益、就业和税收增加等方面。

（三）足球运动能提高国民尤其是青少年团队精神，促进身心健康

通过足球运动的普及，我们能够学会团队协作，加强与人合作的能

〔1〕 薛明：“长沙市青少年校园足球竞赛体系构建研究”，湖南师范大学2014年硕士学位论文。

力，对我们自身产生重大影响。随着足球运动的不断发展，球员的合作精神在实际比赛中的作用已经越来越重要。团队精神是足球的本质需求。没有团队精神，哪怕球队汇聚了强大的球员个体，但就整体而言，它也像一盘散沙。这是足球运动所需要的团队精神的重要性的直观体现。

足球运动不仅能教会我们加强团队合作精神，对促进我们的身心健康也有着重大的作用。众所周知，足球运动是一项能全面锻炼和健全体魄的运动。在全民健身活动中，通过足球的发展，人们可以提高自身的体质和健康状况，提高体育运动的力量、速度和灵敏性，提高跳跃、耐力、柔韧性等素质。经常参加足球运动，还可以培养人们勇敢顽强、机智果断、勇于克服困难的优秀品质，可以培养人们敢于斗争、敢于胜利的战斗作风，以及发扬团结协作、密切配合的集体主义精神。[1] 观赏高水平的足球赛事，能给人们带来快乐、释放激情。

七、足球成为世界第一运动的原因

足球能够成为世界第一运动是因为具备了以下几个影响因素：

竞技足球结果的不确定性：在竞技运动的比赛中，无论是两强相遇或是强弱相对，其比赛结果都可能出人意料。[2] 最具竞争性的，充满悬念的比赛才是最令观众兴奋的事情，如果人人都知道比赛的结果，或者大概率出现预想的结果，去现场或者在电视机前花上一个半小时、观看几十个人在草坪上你争我抢的人数就会减少。就像一部悬疑片，在一开始就知道结局一样。比赛的不确定性是令观众感到兴奋的关键因素。有人把比赛的不确定性定义为比赛爆冷门——即通常所说的弱队战胜强队——的频率。科学研究表明，足球是最具不确定性的比赛，其次分别是棒球、曲棍球、篮球和橄榄球。足球比赛爆冷门的概率是45%，相应地，棒球是44%，曲棍球是41%，而篮球和橄榄球差不多，只有

〔1〕 徐长浩："武汉体育学院开设小型足球选修课的可行性研究"，武汉体育学院2010年硕士学位论文。

〔2〕 胡豫琴："我国报纸的奥运报道策划研究——以《北京青年报》和《京华时报》雅典奥运报道策划为例"，北京体育大学2005年硕士学位论文。

36%左右。正是此种不确定性，才使足球成为世界第一运动。

足球比赛规则的一致性：从认知的角度说的话，一致性必须经过许多的比较和鉴别才能体现出来。无论从职业足球来看还是从业余足球来看，在一个类别的足球比赛中其规则具有一致性，甚至于比赛的双方无需过多的讨论适用哪种规则就可以在基本的胜负方面进行确认。

足球比赛具有观赏性：整个比赛过程会出现各种成功的配合，会出现精彩传球与射门，会出现激烈的身体对抗，这些都构成了一幅幅富于美感、激动人心的画面，并且这种画面的出现从来不具有重复性。在观看比赛的过程中，无论是职业比赛还是业余比赛，人们会表现出赞赏、激动、惊叹、沮丧、愤怒等各种情绪，心理压力也得到充分的释放。可以说，看一场足球比赛就是在欣赏一部没有剧本的电影。

第三节　足球行业的法律关系

足球的职业化，使得足球行业中诞生了足球产业。以职业足球为代表，在整个足球行业中形成了较为复杂的法律关系，这是其他体育运动所无法企及的。职业足球本质上是市场经济的商业行为，其主要利益主体是处于法律平等地位的职业足球俱乐部、球员、行业管理协会等社会组织团体和自然人主体。在我国，职业足球俱乐部与球员之间是劳动合同的法律关系；职业足球俱乐部之间是合伙型联营的法律关系；职业足球俱乐部与中国足球协会之间既可能表现为平等主体之间的民事法律关系，又可能是不平等主体之间的行政管理关系。

一、人之间的关系

正如之前所说，足球毕竟是靠人来踢。整个足球产业中最核心的资源就是赛事资源，足球赛事的参与者即是足球俱乐部，足球俱乐部最大的资产就是职业球员。所以整个足球行业的法律体系搭建于球员的基础之上。因此，足球行业中的法律关系往往离不开对自然人与各个主体之间发生的法律关系的讨论。

二、组织之间的关系

组织间关系理论是指在商业活动中，企业与其他组织之间重复性的相互作用和交易过程，以及一系列持续性社会联系的集合。任何一个组织的经营活动都离不开与周围环境的联系，它的生存与绩效通常都依赖于和其他组织的关系。因此，现代企业越来越重视与其他组织的关系及其管理。认识、分析、优化企业与其他组织之间的关系，是企业获得所需的知识、资源，保持竞争优势的先决条件和关键。[1] 足球行业中的职业球员不会以个体形式存在，他们会隶属于不同的职业俱乐部。足球俱乐部作为足球赛事的参与者，同时也是足球行业管理者的管理对象。因此，足球行业的法律体系的另一重要组成部分是足球俱乐部之间、足球俱乐部与赛事主办方、足球俱乐部与行业管理者、足球俱乐部与行业其他组织之间的法律关系。

三、国际规则一致性

足球运动是国际性运动，采取了国际一致的规则体系。更为重要的是，从基本管理制度、组织架构、注册转会等各方面全世界几乎通行一个标准，形成了统一的世界范围的市场，可以说足球产业是全球化的一个成功体现。

四、政府干预与行业自治

体育行政管理关系是体育法律关系中的一种，体现了各种体育行政机构、体育社会团体等在开展体育工作中与相对人形成的不平等主体间的体育管理法律关系。[2] 而在竞技体育中，体育法律关系主体大致由国家、协会与球员组成。在根据法律法规授权对该项体育赛事活动、运动队、球员和相关体育从业人员的调控和管理行为仍旧是行政管理行为，因此产生的法律关系是体育行政法律关系。[3]

---

〔1〕 兰建平："集群嵌入性对企业合作创新绩效的影响研究"，浙江大学 2008 年博士学位论文。

〔2〕 李国华、孙峰、卞辉："体育纠纷的 ADR 机制研究"，载《体育成人教育学刊》2010 年第 1 期。

〔3〕 黄煜："行政法视野下的体育纠纷问题研究——以体育法律关系为视角"，西南政法大学 2008 年硕士学位论文。

本章小结：足球延续千年的历史，具备其自身的发展规律及特点，足球行业的法律关系以职业足球为代表，在整个行业中形成较为复杂的法律关系，目前是其他运动项目无法企及的。在论述足球行业法律具体关系前，先将足球行业的基本情况进行简要阐述，将足球运动的发展，产业形成发展规律，足球行业特点以及足球基本法律关系主体进行简要介绍。只有更好地理解足球的发展历史，了解足球行业特点和内部运行机制，才能准确地把握足球行业内存在的各种法律关系，为后文进一步的具体分析打下基础。

第二章

足球行业中的主体

要了解足球行业的法律关系首先需要了解足球行业中有哪些主体参与其中。本章从国内体育组织、足球联合会体系、俱乐部与球队、球员、裁判员、赛事实体等几个层面介绍足球行业中的主体。对于足球行业中的主体，现在没有官方或统一的划分标准，但总体可以依据国内、国外，组织、个人等方式来进行划分。

第一节 国内体育组织

一、中华全国体育总会

中华全国体育总会（All – China Sports Federation）于 1952 年在北京成立，是中华人民共和国的全国群众性体育组织，是依法成立的非营利性的社团法人。中华全国体育总会实行会员制，其团体会员包括省、自治区、直辖市体育总会，全国各单项体育运动协会及行业系统体育协会等。中国足球协会是其会员。

各级体育总会是联系、团结运动员和体育工作者的群众性体育组织，应当在发展体育事业中发挥作用。

二、中国奥林匹克委员会

中国奥林匹克委员会（Chinese Olympic Committee，简称中国奥委会）是以发展和推动奥林匹克运动为主要任务的体育组织，代表中国参与国际奥林匹克事务，成立于 1910 年。新中国成立后，1954 年 5 月在雅典举行的国际奥委会第49届会议上通过决议被继续承认国际奥委会成员地位。但在1956年第16届奥运会时，由于国际奥委会某些负责人制造“两个中国”，允许台湾当局也派队参加奥运会，对此中华全国体育总会提出抗议，中国奥委会于1958年8月宣布与国际奥委会断绝关系。1979年11月26日，经国际奥委会全体委员表决，又恢复了中国奥委会在国际奥委会中的合法地位。设在台北的奥委会作为中国的一个地方机构，用“中华台北奥林匹克委员会”的名称留在国际奥委会内。

第二节 足球联合会体系

在足球行业中，影响力最大的就是足球联合会体系了，可以说，整个足球行业的发展都是在足球联合会体系所制定的规则下进行的，整个足球行业的法律关系的框架也由此搭建。

一、国际足球联合会

国际足球联合会（Fédération Internationale de Football Association，简称FIFA）简称国际足联，是国际单项体育联合会总会成员。工作用语为英语、法语、西班牙语和德语，如有语言冲突时，以英语为准。20世纪初，欧洲许多国家已成立了各自的足球协会，而国际比赛日益增多，迫切需要成立一个世界性的足球组织。1904年5月1日，比利时队与法国队在布鲁塞尔（Brussels）比赛时，罗伯特·格林（Robert Guerin）借机讨论了在欧洲大陆成立国际足球组织的问题。1904年5月21日，罗伯特·格林在法国巴黎召开欧洲各国足球协会代表会议，由法国、比利时、丹麦、荷兰、西班牙、瑞典、瑞士7个国家共同创立了国际足球联合会。目前，国际足联会员协会已增加到211个，成为会员协会最多的国际单项体育组织。

二、国际足球协会理事会

国际足球协会理事会（International Football Association Board，简称IFAB）是1886年由英格兰、苏格兰、威尔士和爱尔兰（当时爱尔兰共和国尚未独立）的国家足球协会于曼彻斯特会议后成立的，会议决定四地足球比赛的共同规则及成立名为英国本土四角锦标赛的首个国际足球竞赛。1904 年国际足联成立时承认国际足球协会理事会对于足球规则问题的权威地位。从 1913 年开始国际足联也向国际足球协会理事会派驻代表。国际足球协会理事会共有 8 名成员，其中 4 名分别代表现代足球发源地英国的 4 个足球协会——英格兰足球总会、苏格兰足球总会、威尔士足球总会和爱尔兰足球协会，另外 4 名是国际足球联合会的代表。理事会通常每年在英国举行一次普通年会，讨论和决定规则的变化，并发布其他有关足球事务的正式法令。要更改一个规则必须有 3/4（即 6 名）以上国际足球协会理事会成员投票赞同才可以，而且国际足联规定其 4 名代表必须投出相同立场的票（即全部同意或者全部不同意）。实际上国际足球协会理事会是负责批准和修改《足球竞赛规则》的国际组织。

三、国际体育仲裁法庭

国际体育仲裁法庭（Court of Arbitration for Sports，简称 CAS）为判决涉及体育项目争议的一个国际仲裁机构。在后边的章节会有详细阐述。

四、洲际足球联合会

洲际足球联合会是指地处同一大陆或地理区域，且得到国际足联认可的各会员协会的集体组织。需要指出的是洲际足联并非国际足联的会员。与之对应的是国家（地区）协会、得到国际足联认可的足球协会和国际足联及洲际足球联合会的会员。

（一）亚洲足球联合会

亚洲足球联合会（Asian Football Confederation，简称 AFC）是世界上第二个成立的洲际联合会。为了适应国际足球运动发展的需要，更好地推动亚洲足球运动的发展，1952 年赫尔辛基奥运会期间，亚洲国家的几位官员相互商讨组织亚洲足联的可能性。两年后，在马尼拉举行的第 2 届亚洲运动会上，由阿富汗、缅甸、香港、印度、印度尼西亚、日本、韩国、巴基斯坦、菲律宾、新加坡、越南、中国台北 12 个国家和地区的协会代表发起，在菲律宾约翰·克列兰德先生（John M. Cleland）的努力下于1954年5月8日正式成立了亚洲足球联合会。

东亚足球协会（East Asian Football Federation）是由来自中国、中国香港、中国澳门、中国台北、日本、韩国、蒙古和关岛的8个东亚地区足球组织所共同成立的。东亚足球协会与亚洲足球联合会之间没有隶属关系，也不是单独的洲际联合会，写在本条下仅为方便理解。

（二）南美洲足球联合会

南美洲足球联合会（Confederación Sudamericana de Fútbol）是负责管理南美洲各项足球事务的体育机构，成立于1916年7月9日，是最早成立的洲际足球联合会。目前南美洲足球联合会也是六大洲足协中平均素质最佳的，所有会员国中除了委内瑞拉外，其余国家均曾经打进世界杯足球赛决赛阶段的比赛。

（三）欧洲足球协会联盟

欧洲足球协会联盟（Union of European Football Associations，简称UEFA）简称欧洲足联或欧足联，负责管理欧洲区各项足球事务，并代表欧洲的足球机构（包括所有的欧洲国家以及俄罗斯、土耳其、以色列、格鲁吉亚、亚美尼亚、阿塞拜疆、塞浦路斯和哈萨克斯坦等亚洲或跨欧亚两洲的国家）。欧足联于1954年6月15日在瑞士巴塞尔成立，成立时总部设于法国巴黎，1959年移往瑞士伯尔尼。欧足联是国际足联底下六个洲际足球联会之一。由于世界上许多顶尖球员因为欧洲俱乐部的高水准和高薪而齐聚于欧洲（尤其是西班牙、德国、英格兰、意大利、法国等国俱乐部），使得欧足联在世界上的影响力、财富及权力高居六大足联之首。

（四）非洲足球联合会

非洲足球联合会（Confederation of African Football，简称CAF）负责管理非洲区足球事务，举办各项赛事，包括两年一度的非洲国家杯及世界杯非洲区预选赛。

（五）中北美洲及加勒比海足球协会

中北美洲及加勒比海足球协会（Confederation of North，Central American and Caribbean Association Football，简称 CONCACAF）是洲际足球运动的管理机构，负责北美洲、中美洲及加勒比海地区的事务。它于1961年成立，是国际足联六个洲际足球协会其中之一，有三个地理上属于南美洲的国家和地区，包括独立国家圭亚那、苏里南及法国海外省的法属圭亚那。

（六）大洋洲足球联合会

大洋洲足球联合会（Oceania Football Confederation，简称 OFC）是负责管理大洋洲各项足球事务的体育机构，亦是国际足联六个洲际足球协会其中之一，协助国际足联通过预选赛筛选球队参与世界杯。大洋洲足球联合会于1966年成立，由澳大利亚、新西兰及斐济共同创办，1996年获国际足联同意成为其中之一的执行委员，同年重办大洋洲国家杯，所有足协成员国均可以参加赛事，指定该赛事每隔两年举行。

澳大利亚经2005年3月23日在吉隆坡的亚足联总部举行的第10届亚足联执委会会议上通过并加入亚足联。2013年8月26日，澳大利亚足协正式加入东南亚足联，澳大利亚足协将不会再参加东亚杯等东亚足联举办的赛事。

五、中国足球协会

中国足球协会（Chinese Football Association，简称 CFA）是中华人民共和国从事足球运动的组织自愿结成的全国性、非营利性、体育类社团法人，根据法律授权和政府委托管理全国足球事务。中国足球协会是中华全国体育总会和中国奥委会的单位会员，遵守中华全国体育总会与中国奥委会的章程及有关规定，接受国家体育总局和民政部的业务指导与监督管理，依法自主开展活动。中国足球协会是唯一代表中国的国际足球联合会会员和亚洲足球联合会会员。

中国足球协会下设的专业委员有：竞赛委员会、技术委员会、裁判委员会、青少年委员会、女子足球委员会、五人制与沙滩足球委员会、战略发展委员会、医学委员会、运动员委员会、新闻委员会、道德与公平竞赛委员会、仲裁委员会、纪律委员会、职业联赛理事会、财务委员会、场地器材委员会。

除了道德与公平竞赛委员会、仲裁委员会、纪律委员会外其他委员会主任应当由执委担任。

六、中国足球协会会员协会

中国足球协会会员协会是依照《中国足球协会章程》，由中国足球协会会员大会批准加入，具有中国足球协会会员资格的地方足球协会、行业足球协会等其他组织。地市级会员协会是经中国足球协会会员协会会员大会批准具有会员资格的，在会员协会所辖行政域内的地市级或区级足球协会。

七、中国足球运动管理中心

中国足球运动管理中心为国家体育总局直属事业单位。同时，又是中国足球协会的常设办事机构，被赋予对足球运动项目全面管理的职能。其主要任务是：根据国家的体育方针和政策，统一组织和指导全国足球运动项目的发展，推动项目的普及和提高，通过发展必要的经营活动，为足球项目的发展积累资金。该机构于2017年1月已经被撤销。

第三节　足球俱乐部与球队

根据《中国足球协会章程》的定义，足球俱乐部是指在中国足球协会会员协会注册，遵守国际足联、亚足联和中国足球协会及其所属会员协会的章程、规程、规定和决议，参加中国足球协会主办的比赛，具有独立法人资格的组织。但显然该定义主要指职业足球俱乐部。更多的注册于民政机关，没有在中国足球协会会员协会登记备案，没有参加中国足球协会主办的比赛的俱乐部也应当是足球行业中的重要组成部分，也应当纳入足球俱乐部的范畴里面来。

一、职业足球俱乐部

职业足球俱乐部是一个向公众提供足球竞技表演服务及相关产品的企业化组织，是自主经营、自负盈亏、自我约束、自我发展的具有独立法人资格的公司。[1] 职业足球俱乐部应尊重并遵守《中国足球协会章程》，在中国足球协会会员协会和中国足球协会相关专项委员会注册，获得中国足球协会批准参加中国足球协会职业联赛。

球队是足球俱乐部的内部机构，一个俱乐部可以有多支队伍参加多项比赛，在比较正规的比赛体系中，因禁止关联关系，一般禁止一俱乐部派出多支队伍参加有利益冲突的比赛。习惯上，我们往往会用一线队名字代称俱乐部名称。

二、业余足球俱乐部

目前，每个城市都会有业余足球联赛来吸引一些自发的足球队参加。足球队达到一定的规模（人数、领队、教练、章程等齐全）后可以在地市级足协登记申请参加业余联赛，可以联系单位和企业作为赞助商等。联赛的规模和具体发展水平情况可能要看城市的足球运动氛围而定。业余足球俱乐部是可以报名参加中国足协杯的比赛的。

三、培训单位

培训单位可以是职业、半职业或业余性质；组织形式可以是企业法人、事业单位，或获得社会团体、其他组织或个人等自愿捐款进行管理的基金会形式的民间组织。以北京市为例，北京市足球协会规定培训机构主要包括业余青少年足球俱乐部、业余体育运动学校（足球项目）、其他足球培训机构。根据北京市足协的规定培训单位必须有固定的办公地点，配备相应的办公设备；固定的训练场地，租赁期不少于1年，而且有续租优先权；组织管理、运营机构必须健全，有数量合适的工作人员维持日常运作（不少于3人，以签订正式工作合同和缴纳社保证明为准）。首次成立的业余青少年足球培训单位，其等级教练员数量不得少于3人，其中C级以上（含）教练员不少于1人；培训单位注册球员数量不少于40人。

四、国家队

国家队是指由国家所组建的体育运动队伍。它通常用来进行国与国

---

〔1〕 贡建伟："中超俱乐部权属定位的思辨"，载《武汉体育学院学报》2008年第9期。

之间的竞技活动。国家队通常指男子成年11人制足球队，但从严格意义上说国家队还可以被分为国家集训队、奥运代表队等不同类型。

五、其他队伍

除了以上各类队伍外还包括体工队、体协队、全运队、校队、培训班队等各种队伍类型。

第四节　球员

从事足球运动的运动员都可以叫球员，但是我们所要讨论的球员显然不是泛指踢足球的人，而应当是指定期或专业从事足球运动训练和参加比赛的人，至于是否在中国足球协会注册则不应当是定义的内涵，但可以成为划分的标准，例如注册球员和非注册球员。

一、职业球员

我国竞技体育目前存在两种职业运动员或者一种称为专业运动员和一种称为职业运动员。一些还处在计划经济体制下的竞技体育项目采用专业队制，其下属队员称为专业运动员，专业运动员属于体育行政部门的固定制工人。[1]《运动员聘用暂行办法》出台后，专业运动员与体育行政部门通过签订劳动合同，成为合同制工人。

中国足球协会首先定义了“中国足球球员”：在中国足球协会注册或中国足球协会会员协会注册的运动员。这里可以将其理解为“注册球员”。然后中国足球协会将参与有组织的足球赛事的球员分为职业球员和业余球员。职业球员是指与参加职业联赛的足球俱乐部签订了工作合同，且从事足球活动的收入大于实际支出的球员。可以从中看出足球行业对球员划分体系是从球员、注册球员到职业球员的定义体系。

二、业余球员

中国足球协会将业余球员定义为不是职业球员的球员，这与我们理

---

〔1〕 张笑世：“对我国职业运动员工作合同法律问题的认识”，载《中国司法》2008年第5期。

解的业余球员是有所区别的。所谓业余球员，是指纯粹出于个人爱好，交通、食宿、训练经费、装备以及很多比赛参赛费大多是靠自己的积蓄或者筹集或者拉赞助甚至捐款等方式获得，他们往往有自己的工作，比赛之余还得从事其他的职业谋生，取得好成绩的也可以获得一定的声誉，可以获得更多的赞助或者参加其他形象代言的活动。

三、专业运动员/球员

他们一类是计划体制下的专业运动员，从选拔到培训到退役后的安排都是由国家负责，衣食住行、训练装备、参赛费用等都是国家出资，当然奖金也由国家根据规定分配。他们的运动生涯模式主要是选拔进专业体校成为以体育出成绩为目的的体校生，到地方队，再到国家队，再选拔其中拔尖的选手参加国际大赛。这类运动员如果有非常顶尖的，并且具有一定的商业开发价值，一部人可以成为体育明星，赞助广告方面的和比赛奖金方面的收入非常可观，也能为国家带来不少荣誉，但是产生他们的背后是一个很大的选拔群体，选拔群体的大部分人，是不能取得刘翔、李宁等人的成绩的，其中较好的还能为地方队赢得一些全国性比赛的荣誉，获得读书进修或从政的机会，不然就只有在退役后成为教练或者从事其他行业。

另一类专业运动员是属于体育行政部门的固定合同制职工，实行合同制以后他们与体育行政部门通过签订劳动合同或聘用合同，成为合同制职工。[1] 专业运动员退役，即退出其从事的竞技体育领域，由国家安置就业。我国的专业运动员基于以前国际奥委会的“业余原则”一直以业余运动员的身份参赛。

对于专业运动员的级别，根据2014年1月新修订的《运动员技术等级管理办法》，运动员技术等级分为国际级运动健将、运动健将、一级运动员、二级运动员和三级运动员五个级别。等级称号审批权实行授权分级管理，其中国家体育总局审批国际级运动健将和运动健将，国家体育总局授予各省级体育行政部门、新疆生产建设兵团体育局、总参军

〔1〕 侯玲玲、王全兴：“我国职业足球运动员的劳动者地位和劳动法保护”，载《当代法学》2006年第4期。

训部军事体育训练局、总政宣传部文化体育局一级、二级、三级运动员审批权。

四、外援

外来的援助——“外籍球员”最初简称为“外员”，后来称为“外援”。“外援”如果用于体育名词，那么一切来自球队之外的“援助”无论是国籍，都可成为“外援”，目前在体育界使用“外援”一词是“错误”的，正确的应该是“外员”。实际上，对于所谓外援政策应当从两个层面上来进行区分：球员国籍和注册会籍，这两者因为不是完全对应，因此在制定“外援”政策上要尤为注意，特别是涉港澳台会籍球员时。关于外援的使用分为注册规则、报名规则和上场规则。例如，2018 年中超俱乐部注册外援不超过 4 名，累计不超过 6 名，中超联赛报名规则是中国足球协会注册的国内球员报名最多为 27 名，在中国足球协会注册并报名的外籍球员最多为 4 名（外籍守门员不得报名），即“23 +4”；一场比赛中外籍球员可累计上场 3 人次。

五、内援

内援通常理解为从另一俱乐部转会至球队的注册于中国足球协会下的国内球员，其中的“内”的含义是初次注册的会籍。港澳特区和台湾地区球员现行制度是按内援对待，他们特指：首次注册足协为香港或澳门足球总会的球员，且该球员系港澳特区永久性居民中的中国公民；首次注册足协为中国台北足协的球员，且该球员户籍为台湾地区。但每个中超、中甲俱乐部可以同时注册、报名不超过 1 名“港澳特区和台湾地区球员”，且该球员不能为守门员。

第五节　裁判员

裁判员是体育比赛中负责维持赛场秩序，执行比赛规则的职位或人物。许多国际比赛中的裁判员必须从比赛双方所属国以外的第三国中选出，以示独立、公正和无利益冲突。足球裁判员由于多半穿黑色服装，因此经常称为“黑衣法官”。在足球竞赛规则中指裁判员、助理裁判员、第四官员以及底线裁判员。与之相关联的概念是比赛官员，比赛官员是指裁判员、助理裁判员、第四官员、比赛监督、裁判监督、安全官员，以及中国足球协会或会员协会指派的和比赛有关的其他任何人员，比赛官员的范围要大于裁判员。

一、裁判员分类

裁判员是指运动竞赛过程中，依据竞赛规程和竞赛规则评定运动员（队）成绩、胜负和名次的人员。裁判员既是竞赛中的“执法人员”，又是竞赛进行的组织者和领导者。在每一场正式足球比赛中均由一名主裁判、两名助理裁判员和一名第四官员组成的裁判组负责比赛的判罚。2010 年 7 月 21 日，国际足联通过了正式决议，在 2010～2011 赛季欧洲冠军联赛及以后的联赛中实行六裁判执法制度，即增加两名底线裁判员帮助执法，以求减少绿茵场上的误判错误。

（一）主裁判

每场比赛由一名主裁判员控制，其被任命具有全部权力去执行与比赛有关的竞赛规则，简称主裁。

（二）助理裁判员

每场比赛应委派两名助理裁判员，他们的主要职责一般是用旗向裁判员示意，确定应由哪一队罚角球、球门球或掷界外球以及判罚处于越位位置的队员。第一助理裁判员，是指主要活动区域在靠近替补席一侧的助理裁判员。

（三）第四官员和候补助理裁判员

第四官员由竞赛规程指派，同时在其他三名比赛裁判员中的任何一名不能承担执法工作时上场替补。比赛开始前，组委会一定要明确在裁判员不能继续承担临场工作的情况下，应由第四官员担任比赛的裁判员，还是由第一助理裁判员担任裁判员，而第四官员担任第一助理裁判员。其他责任：根据裁判员的要求，负责赛前、赛中和赛后的赛场管理；负责比赛中的换人；负责比赛换球，如果比赛中需要更换比赛球，则必须征得裁判员的同意后，方可使用备用球；负责检查替补队员入场前的装备，如发现上场的替补队员装备不符合竞赛规则的要求，应告知裁判员。

（四）附加助理裁判员

附加助理裁判员，习惯称之为“底线裁判”或者“禁区裁判”。其职责是站在球门外的底线上、守门员左侧、进攻方向右侧进行判罚，帮助主裁判员提高禁区内判罚的准确度。

（五）视频助理裁判技术（VAR）

视频助理裁判技术（Video Assistant Referee，简称 VAR）有两层意思：一是视频助理裁判员，他（们）和位于边线的助理裁判员、位于中线的第四官员一样，都是协助主裁判进行判罚的比赛官员；二是包括视频助理裁判员和配套装备、流程、规范等在内的一整套辅助判罚系统，旨在通过高科技的力量尽可能实现精准判罚，避免不必要的失误。从这个意义上来讲，它和门线技术（GLT）、电子表现跟踪系统（EPTS）一样，都是利用科技追求完美比赛的手段。VAR 是视频助理裁判技术，包括中超联赛在内，目前已在世界范围内的多项比赛中得到运用，并在 2018 年俄罗斯世界杯中得到运用。在面对主裁判明显的错误时，VAR 可以向裁判员给予相应的提示，但最终的判罚是由比赛唯一的主裁判决定。因为国际足联对视频助理裁判员的使用，有一套明确的流程：只能是在进球、点球、红牌和裁判员出现重大错漏判以及球场上发生冲突的时候使用视频助理裁判员。这也很符合国际足联对视频助理裁判员的使用原则：以最小的干扰获得最大的效果。并不是每一个判罚，都会启用视频助理裁判员。

（六）职业裁判员

职业裁判员是职业、全职的，不是兼职或者业余的裁判员。在国际足坛，经营推广最成功的联赛当属英格兰足球超级联赛（即英超）。除优质转播效果、场地条件完备和受众规模广大外，英超为人喜爱还因其流畅的比赛节奏，其中高水平的裁判员的执法能力功不可没。目前，英超已全面启用职业裁判员执法，得益于良好的收益，英超与超级联盟（The FA Premier League）、英格兰足球总会（the English Football Association，即英足总）三方共同出资聘用职业裁判员，执法英超、足总杯的裁判员为精英级裁判员，这些裁判员在英国属于高薪阶层。近年来，在亚洲和北美足坛，也相继出现了职业裁判员的身影。如何解决中国足球协会和裁判员所属原单位的关系问题？职业裁判员是由中超公司还是由中国足球协会来聘用？职业裁判员出现重大错漏判怎么办？职业裁判员是否考虑回避原则？职业裁判员退役之后的工作如何安排？职业裁判员的年薪多少合适？这些都是中国足球设立职业裁判员制度所面临的问题。

二、裁判员等级

中国足球协会裁判委员会及其地方裁委会根据裁判员的业务水平而授予相应等级，并依照注册程序和管辖范围，对各级足球裁判员按年度实行分级注册管理。足球裁判员分为国际级裁判员、国家级裁判员、一级裁判员、二级裁判员、三级裁判员。国际级裁判员、国际级助理裁判员、国家级裁判员、国家级助理裁判员均为45岁以下。中国足球协会主办的全国各级正式足球比赛、商业性比赛以及会员协会、会员俱乐部主办的双边以上商业性比赛的裁判员由中国足球协会裁委会统一选派。

第六节　教练员

教练员是运动训练中直接负责培养和训练运动员的人员，是协调一系列训练活动，并采用专门系统的方法提高运动员和运动队竞赛水平的负责人。教练员对运动员的思想、身体、技术等全面负责，须具有专项运动的理论知识和较高的技术水平，掌握先进的教学和训练方法。

一、教练员分类

根据不同的划分标准，教练员可以分为主教练、助理教练、体能教练、守门员教练、国家队教练、俱乐部教练等。教练员讲师是指有能力进行教练员教学工作的足球教练员，其既可以教授教练员学员，又可以进行教练员继续教育工作。

二、教练员等级

教练员施行等级制，成为足球教练员需要完成培训课程并通过考试，才可获得相应等级的教练员证书和执教执照。为保证执教资质的有效性，按照中国足球协会的规定，教练员须每年在属地会员协会注册，通过定期参加继续教育培训，在执教执照有效期内，以完成规定学时继续教育培训的方式延长执照有效期。持有效执教执照的教练员才具备继续申请更高等级培训的资格。

目前亚足联的等级教练员培训制度分为职业级（PRO）、A 级、B 级、C 级四个等级，D 级和 E 级是中国特有的级别，是中国足球协会和亚足联根据中国国情而设定的级别。各个等级的课程，必须从最低的 D 级开始，不得越级报考。并且在 C 级之后，还会区分专业方向，如守门员教练、体能教练培训。

亚足联职业级教练员证书（AFC Professional Coaching Diploma/AFC Pro – Diploma），也被称为亚足联 P 级教练员证书，是由亚足联颁发的最高级别的足球教练资格证书。亚足联从 2001 年起颁发这种证书。亚足联认为此证书与欧足联颁发的欧足联职业级教练员证书等效。亚足联规定，要考取亚足联职业级教练员证书的学员必须已经获得亚足联 A 级教练员证书。为考取此证书，学员至少需要接受 220 小时的培训。持职业级证书者，可执教顶级联赛的球队，中国足球协会规定，2010 年起，中超、中甲球队主教练需持有此证书；亚足联规定，自 2017 年起，参加亚冠的球队主教练必须持有此证书。原则上职业级教练员教授群体是职业俱乐部的职业球员。

亚足联 A 级教练员证书（AFC A Coaching Certificate），是由亚足联颁发的第二级的足球教练资格证书，次于最高级的亚足联职业级教练员证书。根据亚足联的规定，获得亚足联 A 级教练员证书之前，必须先获得亚足联 B 级教练员证书。为考取 A 级证书，学员至少需要接受 27 天、148 小时的培训。培训的内容包括战术知识、球队和球队管理的高级技能。培训的考核包括理论和实践两部分，学员还需提交并展示论文。亚足联规定，参加此课程的条件除持有 B 级教练员证书和有效身份证件之外，还有1年的执教经验、至少80小时的执教时间。学员由课程讲师选定。中国足球协会的培训班要求获B级教练员证书满1年者才能考取A级教练员。A级教练员教授群体是U17及以上的精英青少年和顶级业余球员。

亚足联B级教练员证书（AFC B Coaching Certificate），是由亚足联颁发的第三级的足球教练资格证书，次于最高级的亚足联职业级教练员证书和亚足联A级教练员证书。根据亚足联的规定，获得亚足联B级教练员证书之前，必须先获得亚足联C级教练员证书，并带业余队征战由足协或足协认定的本地业余比赛两年的时间。为考取B级证书，学员要接受系统的培训，其内容包括战术知识和球队管理的中级技能。培训的考核包括理论和实践两部分。B级教练员教授群体是U13～U16青少年和业余球员。

亚足联C级教练员证书（AFC C Coaching Certificate），是由亚足联颁发的第四级的足球教练资格证书。根据中国足球协会的规定，获得亚足联C级教练员证书之前，必须先获得中国足球协会D级教练员证书，并带业余队征战由足协或足协认定的本地业余比赛一年的时间。C级教练员教授群体是U9～U12少年儿童。

D级教练员是中国特有的级别。想要取得D级教练员证书的学员需要同意参加中国足球协会举办的D级教练员培训班。需完成理论及实践的培训并通过考核，方可取得相应证书。但原则上持D级证书者教授群体是U8少年儿童。

E级教练员也称草根级，是中国足球协会为了让更多人参与到民间足球特设的一个足球教练级别，持E级证书者，可以从事草根足球队执教工作。

第七节 代理人

体育经纪人是指在体育经纪活动中，以收取佣金为目的，为促使他人交易而从事居间、行纪或者代理等经纪业务的人或组织。从职业推广的角度，《国家职业分类大典》对体育经纪人进行了如下界定：经纪人是在体育市场中为运动员、活动、组织等提供中介服务的人员。[1] 体育经纪人从事的工作主要包括：①运动员经纪，包括代理运动员转会、参赛、表演、无形资产开发与经营以及日常事务管理等；②赛事经纪，包括策划、包装、推广体育赛事、表演以及旅游等活动；③组织经纪，包括代理体育组织的市场开发与推广、无形资产开发与经营以及非体育组织介入体育事务等；④其他经纪，包括代理教练员等人员流动、体育保险、体育赞助以及体育广告等。[2]

足球代理人原称足球经纪人，是指收取费用或免费代表球员或俱乐部为达成并签署转会协议或签订工作合同而进行谈判的自然人或法人。

中国足球协会对代理人的管理依据的是《代理人管理规定》，规定代理人不得有以下行为：

1. 超出中国足球协会相关规定的业务范围。
2. 通过诋毁其他代理人或支付介绍费等手段招揽业务。
3. 诱导正在履行合同的球员违反合同条款。
4. 向俱乐部或球员收取代理协议以外的费用。
5. 向俱乐部或球员隐瞒与代理活动有关的重要事项。
6. 代表球员向俱乐部索要签字费、住房、私人用车或其他财物等。
7. 伪造、涂改、买卖《转会证明》、《转会协议》等文件和凭证。
8. 采取显失公平、胁迫、欺诈、贿赂和恶意串通等手段来促成转会。
9. 采用不正当手段进行业务竞争，损害其他代理人、俱乐部、球员的声誉或者其他合法权益。
10. 采用承诺给予相关人员回扣、馈赠金钱、财物或者其他利益等

---

〔1〕 陆作生、周爱光：“我国体育经纪人的法制监管”，载《体育与科学》2007 年第 2 期。

〔2〕 王曦：“我国体育经纪人职业发展过程中的问题审视与对策分析”，载《文体用品与科技》2016 年第 2 期。

方式争揽业务。

11. 故意在委托人与其所属俱乐部之间制造纠纷。

12. 就代理结果作出虚假承诺。

13. 明示或者暗示可以帮助委托人达到不正当目的，或者以不正当的方式、手段达到委托人的目的。

14. 法律法规禁止的其他行为。

第八节　球迷

如果足球是 11 个人的比赛，那么主场球迷就是第 12 个人。球迷是指球类运动的爱好者。观众指观看比赛的人，与球迷的概念是有区别的。国内学者多从感官上来界定球迷，将爱好某球类运动的社会群体统称为球迷。宋凯在其《国内外球迷现象研究》一文中认为，球迷群体具有一些共同特征和标志。球迷多感情狂热冲动，行为偏执，常有怪异的穿着和携带怪异道具。傅道华教授认为：从广义角度来讲，球迷是指对某项球类运动痴迷的人，包括球员和观众，一个是直接参与，另一个是不直接参与该项运动，从狭义角度来讲，球迷指的只是前往球场看球的一部分人群。冯建立对球迷做了量化规定，认为：球迷是指痴迷某类球类运动的人，通过各种媒介或现场一周至少观看一到两次比赛，以及每年至少到赛场观看比赛一到三次。与国内学者的界定方式不同，国外通常用几个不同层次的词语来修饰和概括“球迷”，即 fans（球迷）、supporters（支持者）、ultras（过激者）、hooligans（流氓）。fans 对应的是我国学术上所界定的球迷，更多是体现出的对足球运动的爱好；supporters 指的是具体某一球队的支持者，与 fans 相比，他们支持的对象更加明确和具体；ultras 是 supporters 的一个延伸，强调的是球迷的偏激；hooligans 在英文中的含义是“流氓”“恶棍”，在体育运动中，用来指足球流氓。本书综合了国内与国外不同的界定，以足球球迷为例，将其定义为：热爱足球运动，有固定和长期支持的俱乐部或球员，在赛场内或赛场周边看球的社会群体。支持自己喜欢的球队且在自己的主场称为主队球迷。支持比赛对手的球迷称为客队球迷。在正式比赛中，为保障公共安全，一般会将主队球迷与客队球迷分隔开来，客队球迷区一般设置在球场一侧球门后方。

一、球迷不当行为

球迷不当行为是指球迷在赛场内及赛场周边违反法律规定或社会规范实施的，以殴打、破坏、侮辱等其他方式给受害人或物带来一定损害或影响了比赛秩序，并造成不良影响的行为。球迷不当行为的实施主体主要是购票观赛的赛场球迷，实施地点可以是赛场内，也可以是赛场周边。另外球迷在网络上实施的，作为赛场不当行为延伸的，严重的侮辱和谩骂行为也应当被纳入不当行为范围内进行调整，发生时间可以是赛前、赛中、赛后，球迷主观上可以是故意，也可以为过失。

二、足球流氓

足球流氓是指那些常在足球场上寻衅滋事、扰乱球场和公共秩序、危害社会安定的人。足球流氓现象的产生有其特定的社会原因，是社会发展到一定阶段，社会秩序的混乱和阶级冲突引起的特殊社会现象。足球流氓的特征是：①平时一贯表现不好，品行恶劣，道德素质低下；②经常在足球场上寻衅闹事，劣迹斑斑，往往有前科；③其到足球场是借看球之名发泄情绪和寻找刺激，他们往往故意制造事端，唯恐天下不乱，并以此为乐为荣，输了球就打架。[1]

足球流氓行为指的是球迷团体组织或个人以发泄情绪或寻求刺激为目的，在国际或国内足球比赛前、足球比赛中或足球比赛后在公共场合进行的违反法律规定和扰乱公共秩序的身体、言语暴力行为，具体表现为各种形式的人身攻击、财物破坏、语言侮辱和种族歧视。

三、球迷是消费者

球迷的足球消费行为主要有“购买球票现场看球”“付费观看电视直播”“购买俱乐部产品”等样态。生活消费是指人们在日常生活中购

---

〔1〕 钟丽萍：“基于动机与行为特征的球迷分类及市场营销策略”，载《体育研究与教育》2011年第2期。

买并消耗生活资料或接受服务以满足生活需要的行为和过程。随着市场经济的发展和生活水平的提高，人们的消费需求逐渐增加，消费形式也日趋多样化，单纯的物质生活消费已难以完全满足人们的消费需求，精神生活消费在人们日常消费活动中占据的比例越来越大。购票现场观看足球比赛的消费行为，本质上也是人们为了满足自身的生存和发展的生活需要而产生和发展起来的。现代社会生活中，足球消费是人们调节情绪、缓解生活压力的有效手段，实为现代社会生活中必不可少的消费形式。因此，球迷购票观看足球比赛作为一种精神消费行为，是为了满足人们日常生活，是消费者。[1] 如果从球迷作为消费者这个角度看，那么球迷的观赛行为是否适用《消费者保护法》，球迷能否通过私力救济或公力救济的形式向涉案的足球俱乐部索取三倍惩罚性赔偿，以维护其消费者权益的问题值得被研究。

第九节　其他从业人员

一、中国足球协会官员

官员是指所有在中国足球协会、中国足球协会会员及足球俱乐部中负责竞赛、技术、医务、新闻、商务及行政事务的管理人员、委员、裁判员、助理裁判员、教练、培训人员及其他负责人员（球员除外）。

二、比赛官员

比赛官员是指裁判员、助理裁判员、第四官员、比赛监督、裁判监督、安全官员，以及中国足球协会或会员协会指派的和比赛有关的其他任何人员。其与中国足球协会官员概念部分有交叉，与裁判员概念的范围有重叠。

三、俱乐部官员

俱乐部官员是指除球员外，在俱乐部从事与足球相关活动的任何

---

〔1〕 王博："论球迷消费权益的法律保护"，载《体育文化导刊》2013 年第 7 期。

人，无论其职位，所从事活动类别（管理、运动或其他），以及从事该活动的时间长短，尤其是指领队、教练员、队医、翻译。俱乐部官员在俱乐部担任主要职务的，其个人所作出的与足球活动有关的行为将被视为俱乐部的行为。

四、实际控制人

在公司法中，实际控制人是指虽不一定是公司的股东，但通过投资关系、协议或者其他安排，能够实际支配公司行为的人。简而言之，实际控制人就是实际控制公司的自然人、法人或其他组织。归结而言，有下列情形之一的，将被认定为“能够实际支配公司行为”，并被认定为实际控制人：

1. 单独或者联合控制一个公司的股份、表决权超过该公司股东名册中持股数量最多的股东行使的表决权。

2. 单独或者联合控制一个公司的股份、表决权达到或者超过30%。

3. 通过单独或者联合控制的表决权能够决定一个公司董事会半数以上成员当选的。

4. 能够决定一个公司的财务和经营政策、并能据以从该公司的经营活动中获取利益的。

5. 有关部门根据实质重于形式原则判断某一主体事实上能对公司的行为实施控制的其他情形。

中国足球协会在职业俱乐部准入体系中引用了实际控制人的概念，目的是排除关联关系，但是对实际控制人在足球行业中的准确定义没有进行表述，一般参照引用公司法或证券法中相应的概念。

五、球童

球童（ballkid）最早出现于1998年法国世界杯，这些孩子由全球多个国家和地方选送，代表全世界的孩子出现在世界杯比赛现场，象征体育竞技“友谊第一”的主旨。球童牵手国家队/俱乐部队员出场和列队，意在表达足球比赛的“纯净”与“友好”理念，宣传足球运动公平、公正的竞技精神。从法国世界杯开始，国际足联规定：为了让足球理念深入人心，凡国际A级足球赛事和重要足球比赛，必须携球童入场，男女不限。于是，“球童出场”成为全球足球赛事普遍使用的仪式。

第十节 赛事实体

体育赛事是指正式开展的体育运动项目的综合性或单项体育比赛。我国已经取消了商业性和群众性体育赛事审批制度。合法的法律主体（包括全国单项协会）均可依法组织和举办，自行确定或协商确定举办地点。而具体主办、承办、协办的主体可以被称为赛事实体。

一、中超联赛有限责任公司（中超公司）

中超公司是具体支撑中超比赛顺利进行的公司，注册资本为200万元人民币。中国足球协会是中超公司的大股东，出资72万元，占有36%的股份，包括广州恒大和北京中赫国安等在内的16家中超俱乐部分别出资8万元、占有4%股份。

2015年中超16家俱乐部的总投入超过40亿元，其中有6家俱乐部的投入超过5亿元。根据德国权威网络媒体“转会市场网”的统计，2015年中超联赛引援总支出高达1.08亿欧元，仅次于英超联赛的1.59亿欧元，在全球各国和地区足球联赛冬季转会支出中排名第二。中超的知名度也在世界范围内显著上升。中超联赛的观众也在逐年增加，2015年达到了场均2.2万人，这个数据已经成为世界第六、亚洲第一。广告赞助收入是中超公司最主要的收入来源，2015年中超联赛获得的赞助费达到5亿元以上。中超公司的总收入达到了创纪录的7亿元，运营态势较好。中超版权的价值也显著提升。2015年，体奥动力公司以5年合计80亿元的价格成为“2016～2020年中超电视公共信号制作及版权合作伙伴”，这体现了中超品牌价值正在获得更高的承认，可望为中超公司和各俱乐部带来更高的收入。

二、中国福特宝足球产业发展公司（福特宝公司）

中国福特宝足球产业发展公司是1993年经国务院经贸委批准成立的中国足球协会直属国有企业。作为中国目前规模最大、体系最为完善的经营足球产业的专业公司，享有中国足球协会全部赛事及各项活动的商务开发权，肩负着开拓中国足球市场的重任。它现在主要负责中国之队、足协杯和青少年比赛的运营。

三、职业联盟

职业体育联盟属于联营性质。职业体育联盟具有既合作又竞争的双面特性，只是要么过于强调其中一方面而忽视了另一方面，要么又试图调和这两方面的特征而最终陷入了泥潭。其实，职业体育联盟最合理的定位应是“联营”，这既符合实际情况，又能够将职业体育联盟的既合作又竞争的特性加以合理协调。[1] 需要强调的是职业联盟的形式以美国四大职业体育联盟最为典型，其特点是联盟成员本身构成一个封闭的体系，联盟成员不具有加入或者退出机制。因此职业联盟性质不适用于我国具有升降级的联赛体系，职业联盟成员之间是既竞争又合作的关系，在我国足球行业管理体系尚不完善、商业化尚不成熟的情况下，职业联盟的运作不符合我国行业协会监管的通行体制，因此采用职业联盟体系需慎重。

为了保证有关体育竞赛的有效开展，职业体育联盟通过要求各俱乐部所有者放弃一部分自治权，从而将其成员的经营进行了一定程度的结合。在赛程、球员资格和比赛方式等问题上，如果没有统一的联盟规则，职业体育竞赛根本无法开展。此外，职业体育联盟最重要的使命之一就是采取各种措施来维持各支参赛队伍的竞争平衡，使得每支队伍都有动力和机会来争取比赛的胜利。如果没有这些措施，体育迷的利益就将受到减损，整个职业体育联盟也将受到负面影响。正因为如此，各参赛队伍在赛场外并不以其他行业里的公司、商号所采取的方式进行竞争。职业体育联盟的成员在通过共同努力分享利益的同时，这种共性并不能阻碍它们各自追求个体成功的动力。[2] 职业联盟里的每支球队都

---

〔1〕 裴洋：“论谢尔曼法在体育比赛电视转播权转让中的适用”，载《武汉大学学报（哲学社会科学版）》2008 年第 4 期。

〔2〕 张保华：“赛事服务产品的特征及质量控制——以职业体育联盟为例”，中山大学 2009 年博士学位论文。

分别由不同的业主所有和经营，它们各自独立进行核算，保留各自的利润，独立做出诸如球票定价、运动员的引进与负担工资、制定球场租赁条款等财政和投资方面的决定并自担风险，而只有少数来源的收入（比如来自全国性电视转播合同的收入）是由各支球队分享的。[1] 甚至从理论上说，职业体育联盟里的成员还可以自主决定退出当前的联盟而加入其他联盟或者自己组建新的联盟。除了赛场上，每支队伍还在经济方面进行着激烈的相互竞争。处于同一地区的球队，在球迷支持、当地电视转播收入和广告等方面进行着竞争。而在不同地区的球队，同样存在着竞争，这其中就包括了对新的主场城市的争夺。所以，职业联盟成员之间既存在合作关系又有着竞争关系。

第十一节　赞助商和供应商

赞助是指企业为了实现自己的目标（获得宣传效果）而向某些活动（体育、艺术、社会团体）提供资金支持的一种行为。体育赞助是指企业为体育赛事或运动队提供经费、实物或相关服务等支持，而体育赛事组织者或运动队以允许赞助商享有某些属于它的权利（如冠名权、标志使用权及特许销售权等）或为赞助商进行商业宣传（如广告）作为回报。[2] 赞助的实质是双方资源或利益的交换与合作。因此一项成功的赞助必须是双方互利互惠、互有所得的。赞助也绝非只是“卖广告”或“属冠名权”，而是双方资源重新配置的深层次合作。

体育赞助的形式按照赞助的级别可分为：冠名赞助、合作伙伴、授权产品销售商和供应商。级别不同，赞助方获得授权权限不同，赞助费用亦不相同。如冠名赞助享有独家排他权——冠名权；合作伙伴仅次于

〔1〕 韩勇：“美国职业球员合同——基于四大联盟劳资协议与标准球员合同的研究”，中国社会科学院2011年博士后论文。

〔2〕 鲁扬：“浅析体育与传媒的结合及体育传媒业的发展”，复旦大学2002年硕士学位论文。

冠名赞助，数量有严格控制，他们的商标（LOGO）一般都会在赛事的主要场合，和赛事的商标（LOGO）一起出现；授权产品销售以北京奥运会特许经营最为典型，奥运会特许经营是指奥组委授权合格企业生产或销售带有奥组委标志的产品；供应商是指提供满足赛事的运作中必须解决的竞赛性或保障性需求的产品或服务的赞助商，由于赞助级别低，一般不享有广告和媒体宣传的赞助回报。

中国足球协会赞助体系分为赞助合作和经营合作两种。赞助合作：主要面向商业品牌，仅限一般赞助性质的合作，根据项目资源已有的赞助体系，转让既定合作权益内容。经营合作：主要面向体育文化项目运营机构，转让并授予某类项目或个别资源的运营权、媒体内容开发权及全部（或部分）商务经营权。中国足球协会核心合作级别一般分：战略合作伙伴、合作伙伴、支持企业、项目合作、单项资源合作。

第十二节　体育彩票管理中心

博彩业也就是投注社会福利彩票、各种体育彩票、地方发展彩票等的经济活动，也被称作专门靠博彩来维持增加收入的个人、机构的一种行业。博彩业本身是体育产业的润滑剂，是足球产业链条上的一环。体育彩票法律关系包括票面上的双方法律关系和运行中的三方法律关系。首先，国家体育总局体育彩票管理中心根据授权，负责全国体育彩票的发行工作，具有垄断发行体育彩票的法律地位。目前我国体育彩票的发行体制采取的是国务院审批、财政部监管、国家体育总局管理、国家体育总局下属的体育彩票管理中心具体发行的方式。[1] 足球彩票为竞猜型彩票，以欧洲五大联赛为主，有时会穿插欧冠、亚冠、美洲杯等赛事。

---

〔1〕 岳正稳："我国体育彩票立法的现状及对策研究"，载《体育文化导刊》2008 年第 3 期。

第十三节　反兴奋剂调查中心

兴奋剂是指兴奋剂目录所列的禁用物质等。兴奋剂目录由国务院体育主管部门会同国务院食品药品监督管理部门、国务院卫生主管部门、国务院商务主管部门和海关总署制定、调整并公布。国家体育总局反兴奋剂调查中心是国家级反兴奋剂机构，成立于2007年，系国家体育总局直属事业单位，负责兴奋剂检测实验室的建设和管理，并支持其按照国际国内标准独立开展检测工作。兴奋剂违规有阳性、篡改、拒绝、施用、买卖、持有、共谋、行踪、禁赛期内等类型，按照反兴奋剂规则，发生阳性的运动员要立即停止参加国内外一切比赛，解禁时间在结案时才能确定。反兴奋剂工作程序非常耗时，阳性案件一般需要经过调查、听证、处罚、审核、备案等多个环节，耗时3至6个月不等。我国对兴奋剂违规进行处罚的种类主要包括技术处罚、行政处罚和刑事处罚，在世界反兴奋剂组织和许多国家的反兴奋剂立法中，技术处罚是对兴奋剂违规行为进行处罚的主要措施。而根据我国法律法规的相关规定，行政处罚也普遍存在于反兴奋剂立法之中，但具体的实施依据及程序并不完善。此外，对于刑事处罚的规定更是存在大量的立法空白。

第十四节　球员工会

《工会法》第11条规定："基层工会、地方各级总工会、全国或者地方产业工会组织的建立，必须报上一级工会批准。上级工会可以派员帮助和指导企业职工组建工会，任何单位和个人不得阻挠。"这表明，我国对工会的组建所实行的行政批准制度是对新成立工会进行确认的方式之一，按照《工会法》第11条的规定，在经过发展会员、召开职业球员工会成立大会、选举工会领导机关等程序后，职业球员工会筹备组须经过上级工会批准后，新建职业球员工会才具有合法性，享有和承担工会权利义务。这表明，如果由球员自主成立“职业球员工会”必须获得上级工会批准，否则该工会在我国并不合法，不享有工会特有的集体谈判等集体权利。这一批准条件的规定并不利于全面保护职业球员组织和参加职业球员工会的自由，易使其对上级工会产生依附性，损害职业球员工会的独立性。换言之，职业球员自发成立的工会很可能得不到审批，而一旦获得审批，很可能就不再是球员需要的工会。另外球员意愿、行业协会意愿以及资方意愿等多方面因素都阻碍着球员工会的成立。

同时，成立球员工会存在立法障碍。球员工会一般理解为职业球员工会，性质属于行业工会。在我国成立行业工会显然要具有一定的广泛性与代表性。放诸整个社会经济生活来看，体育界只是整个社会生活的一小部分，作为其中之一的足球界就更为边缘化，根据我国现有的职业球员数量以及所代表的社会群体，显然还达不到最基本的要求。因此，依托行业协会中的运动员委员会来保障球员权益，起到一部分工会职能更为现实。

第十五节　体育场馆

体育场馆是进行运动训练、运动竞赛及身体锻炼的专业性场所。它是为了满足运动训练、运动竞赛及大众体育消费需要而专门修建的各类运动场所的总称。体育场馆主要包括对社会公众开放并提供各类服务的体育场、体育馆、游泳馆，体育教学训练所需的田径棚、风雨操场、运动场及其他各类室内外场地、群众体育健身娱乐休闲活动所需的体育俱乐部、健身房、体操房和其他简易的健身娱乐场地等。[1]

体育场馆主要分为在室外进行比赛训练的体育场和在室内进行比赛

〔1〕原望娟：“BOT 投融资模式在我国体育场馆的应用研究”，首都体育学院 2011 年硕士学位论文。

训练的体育馆。体育场馆被界定为为了满足运动训练、运动竞赛和大众体育消费需要而专门修建的各类运动场所的总称，并列举了其范围。还有学者进一步将大型体育场馆界定为国家大量投资建成，占地面积较大，符合国际国内比赛场馆设施标准，座位数为3000个或以上的体育场馆，比如鸟巢、水立方等。[1] 据此，所谓公共体育场馆包括以下几个因素：①是由政府财政拨款或政府通过其他途径筹集资金兴建的；②其具有明显的社会公益性质；③其用途具有多样性，包括为全民健身服务。本书的讨论即主要限定于包括大型体育场馆在内的公共体育场馆。

我国的职业俱乐部均采取租赁综合性体育场的方式作为主场的比赛场地，俱乐部本身没有自有产权的体育场，极少数有专门的足球场地。

本章小结：与足球相关的主体门类繁多，笔者按照国内、国外和组织、个人等分类标准将足球行业中的主体分为国内体育组织、足球联合会体系、足球俱乐部与球队、球员、裁判员、教练员、代理人、球迷、其他从业者、赛事实体、赞助商、体育彩票管理中心、反兴奋剂调查中心、球员工会等。我们了解了这些概念，明确了这些主体，有助于我们在后文中更好地理解这些主体间的法律关系。

---

〔1〕 康帅：“长沙市大型体育场馆经营管理研究”，湖南师范大学2006年硕士学位论文。

第三章

与球员有关的法律关系

球员与俱乐部在日常的工作往来过程中会产生相应的法律关系，这种法律关系并不完全相同于劳动关系，由于特殊优于一般的原则，这种法律关系有很多特殊的规定，我们只能说它约等于劳动法律关系。在这法律关系下，职业球员与俱乐部签署的工作合同，相对于我们日常生活中普遍签署的劳动合同有较大的不同之处。其不同之处体现在多个方面，如争议管辖的约定、工作合同的期限的约定以及保持合同稳定性的相关规定政策等。

除上述法律关系以外，本章对于球员注册转会制度的规定、球员与工作合同的争议解决机制以及非正式或非官方的足球运动的法律关系也会有具体的论述。

第一节　球员的劳动法律关系

劳动法律关系在足球行业里是最普遍的法律关系，也是争议最多的法律关系，还是最具行业特点的法律关系。人社部与国家体育总局在2016 年发文确认，俱乐部应依照劳动合同法等法律法规，探索建立适应职业足球特点的劳动用工、工资分配、工时和休息休假等制度。俱乐部应与球员等劳动者依法签订劳动合同，除劳动合同法要求的必备条款外，俱乐部与球员、教练员可以根据足球行业特点，依法约定其他条款，从而最终确立职业球员与俱乐部之间具有足球行业特点的劳动关系。

一、劳动法律关系的概念

学理上劳动关系是指劳动者与用人单位（包括各类企业、个体工商户、事业单位等）在实现劳动过程中建立的社会经济关系。从广义上讲，生活在城市和农村的任何劳动者与任何性质的用人单位之间，因从事劳动而结成的社会关系都属于劳动关系的范畴。从狭义上讲，现实经济生活中的劳动关系是指依照国家劳动法律法规规范的劳动法律关系，即双方当事人是被一定的劳动法律规范所规定和确认的权利和义务联系在一起的，其权利和义务的实现，是由国家强制力来保障的。[1] 劳动法律关系的一方（劳动者）必须加入某一个用人单位，成为该单位的一员，并参加单位的生产劳动，遵守单位内部的劳动规则；而另一方（用人单位）则必须按照劳动者的劳动数量或质量给付其报酬，提供工作条件，并不断改进劳动者的物质文化生活。[2]

二、我国劳动法律关系的特点

理论认为，认定劳动关系的基本标准应为用人单位与劳动者之间存在着管理与被管理、指挥与被指挥、监督与被监督的关系。劳动关系既有法律上的平等性，又具有实现这种关系的隶属性。平等性是由劳动力市场等价交换原则决定的，表现在劳动者向用人单位提供劳动或服务，用人单位向劳动者支付劳动报酬，双方之间形成的是一种等价有偿的关系。但这种平等性只是体现在劳动关系建立的过程中，双方是否建立劳动关系以及劳动关系的条件、内容，可在平等自愿、协商一致的基础上确定。劳动关系建立后，劳动者与用人单位之间的平等关系即告结束，劳动者作为用人单位的职工必须服从用人单位的支配或指挥，必须遵守用人单位的各项规章制度，此时双方形成了管理与被管理、领导与被领导的关系。因此要具备劳动关系应满足三个特征：用人单位和劳动者符

---

〔1〕 齐建丽："我国保险营销员社会保险问题研究——以×保险公司为例"，北京师范大学2012年硕士学位论文。

〔2〕 金荣标："论我国劳动法律关系之主体"，载《工会论坛：山东省工会管理干部学院学报》2008年第4期。

合法律、法规规定的主体资格；用人单位依法制定的各项劳动规章制度适用于劳动者，劳动者受用人单位的管理，从事用人单位安排的有报酬的劳动；劳动者提供的劳动是用人单位业务的组成部分。因此在我国劳动关系虽然属于广义上的民事法律范畴，但仍然是有区别于适用平等民事主体间民事法律关系一般原则的，与国外的雇佣关系还是有一定区别的。

三、职业球员劳动关系特殊性

职业球员与俱乐部之间属于劳动关系。俱乐部应当依照劳动合同法等法律法规，与职业球员签订符合职业足球特点的劳动用工、工资分配、工时和休息休假等制度。

俱乐部为企业法人，符合与劳动者建立劳动关系的主体资格，且现行法律法规并未排除职业运动员适用劳动法和劳动合同法的规定。在足球行业内，职业球员与俱乐部之间签订的合同被称作工作合同。签订的工作合同一般会约定：根据劳动法、劳动合同法及国家有关法律规定，自愿签订。工作合同主要条款包括合同依据、工作内容、工作时间、休息休假、劳动报酬、工作保障、义务和纪律、经济补偿等，上述工作合同内容具备劳动法和劳动合同法规定的劳动合同的基本条款。职业球员接受俱乐部的管理、训练，接受俱乐部的安排参加比赛，从俱乐部获得报酬，双方之间的关系符合劳动关系的特征，故双方之间属于劳动关系，同时兼有人身关系和财产关系。

（一）职业球员与普通劳动者相比存在特殊性

1. 职业球员具有相对特殊的才能，每个人的能力都不尽相同，可替代性低。

2. 职业球员的专业技能具有商品属性。

3. 职业球员的人力资源投资高。职业球员的人力资源开发，除了自己投入外，主要依靠他人投入，尤其是国家和俱乐部的投入，在进入职业俱乐部后，职业俱乐部则是主要投入者。[1]

---

〔1〕何平："论工会组织在我国体育俱乐部中新地位的构建"，载《运动》2010 年第 1 期。

4. 职业球员具有高淘汰性和极度稀缺性，这主要是由于职业球员成长过程中人力资源投资高，包括个人、国家、俱乐部等；但职业球员本身也具有高淘汰率的特点。

5. 职业球员具有高风险性，由于需要进行高强度、大运动量的训练和比赛，身体出现伤病的概率远远高于普通人群。[1]

6. 职业球员的自由流动受到限制，各国对球员的转会都有特殊规定。

7. 职业球员与普通劳动者最大的区别是球员接受双重管理，除俱乐部管理之外，还需接受中国足球协会管理，职业球员必须在相应的足球协会进行注册，接受该协会的管理。同时球员要服从中国各级国家队征调，代表国家队参加各项国际比赛。

8. 职业球员的职业生涯一般较短，而普通劳动者则相对较长。职业球员一般36岁之前退役。普通劳动者可以工作到退休——男干部60周岁，男工人55周岁，女干部55周岁，女工人50周岁。

（二）职业球员劳动关系与一般劳动关系的主要区别

1. 工作期限（合同期限）。劳动合同期限，是指合同的有效时间，它一般始于合同的生效之日，终于合同的终止之时。任何劳动过程，都是在一定的时间和空间内进行的。劳动合同期限是劳动关系当事人双方享有权利和履行义务的时间。根据《劳动合同法》的规定，劳动合同期限分为固定期限、无固定期限和以完成一定工作任务为期限三种。而工作达到法定年限和连续签订两次固定期限劳动合同的劳动者，可以要求签订无固定期限劳动合同。无固定期限劳动合同的设定主要是为了保证劳动者的权利，当然，稳定的劳动关系也符合用人单位的利益诉求。在职业球员的工作合同中，以固定期限的劳动合同最为普遍。

另外一种劳动合同是以完成一定任务为期限的劳动合同，但联赛的经营过程具有连续性，并不以一定任务为限，只是现实中经常出现的租借合同，似乎带有完成一定任务的性质。尽管租借合同都有明确的目的

---

〔1〕 张笑世："对我国职业运动员工作合同法律问题的认识"，载《中国司法》2008年第5期。

性，但这些目的的存在是附属于球员比赛劳动的，而且足协明确规定了租借的期限为3个月以上1年以下。

无固定期限劳动合同的规定更加无法适用于职业球员。一方面，在职业足球的高竞技水准要求下，相较于一般劳动者，球员的职业生涯具有短期性特征，无固定期限在职业足球中无从谈起。另一方面，球员在与俱乐部合同期满之后就可以自由转会，而新俱乐部也无需支付转会费。因此，无固定期限劳动合同对于球员而言不是对权利的保障，反而可能成为球员自主择业的障碍。所以，无固定期限劳动合同的规定在职业球员的工作中无法适用。对于一名球员来说，其足球技能在他短暂的职业生涯中的变化可以非常之大，其状态起伏也可以非常大，尤其是年轻球员的成长空间可能很大，技战术的成熟度提升空间可能也很大，如果俱乐部一开始就与年轻球员签订期限较长的合同，则可能无法体现天才球员或者核心球员的价值。因此，为了保护球员的利益，国际足联规定工作合同有效期最长为五年。

2. 工时制度。我国工时制度分为标准工时制（全日制用工）、综合计算工时制和非全日制用工。

（1）标准工时制也称为标准工作制，是由立法确定每天中工作时间长度，一周工作日天数，并要求各用人单位和一般职工普遍实行的基本工时制度。我国实行每日工作不超过8小时，每周工作不超过40小时，每周至少休息1天的工时制度。

（2）综合计算工时制，是指分别以周、月、季、年等为周期，综合计算工作时间，但其平均工作时间和平均周工作时间应与法定标准工作时间基本相同。

（3）非全日制用工，是指以小时计酬为主，劳动者在同一用人单位一般平均每日工作时间不超过4小时，每周工作时间累计不超过24小时的用工形式。

职业球员每天用于训练的时间是非常短的，每日一练，每练不超过2小时属于常态，偶尔会出现每日两练。另外，往往在比赛日之后的一天进行恢复性训练，但并不是休息，只是进行强度稍低的训练。工作时间也是不确定的，往往在周末或者工作日晚上要进行比赛。职业球员的计酬方式一般以月或者周为单位，不会以小时作为计酬标准。因此，从这个角度考虑，职业球员的工时制更接近于综合计算工时制。

3. 试训与试用期。劳动合同可以约定试用期，球员的工作合同则没有试用期。《劳动合同法》中为保障劳动者的利益，对试用期与无固定期限劳动合同作出了规定，但这两项规定无法适用于球员与俱乐部之间的工作合同。《劳动合同法》规定试用期最长是 6 个月，在试用期内除有正当理由外不得解除劳动合同。而在职业足球领域，俱乐部为确定一个球员是否符合球队标准通常会进行一个试训，但试训不等同于试用期，更类似于面试，只有试训符合要求的球员，俱乐部才会与之签订工作合同并为其注册。一般劳动合同的试用期的期限最长是 6 个月，短则一两个月，这在职业球员工作合同中无法实现。因为长时间的试训会损害球员的利益，如错过其他俱乐部的试训机会，错过注册期限等。所以职业球员的工作合同不适用试用期的规定。

4. 超重体力劳动。根据我国体力劳动强度分级，球员的体力劳动应属于极重劳动，事实上是在挑战人类体能极限的劳动。在此条件下，是否有违反劳动保护制度，尤其是女工保护制度的情况，值得我们考虑。

5. 调整至二线队/不列入大名单。该制度类似于调岗，并且往往伴随着收入的大幅调整，但如果结合一般劳动制度来看，这种调整虽看似比较随意，但考虑到足球行业的特殊性，上场或报名人数的有限性，其存在有合理性、必须性。

6. 医疗期。医疗期制度也适用于球员，但是与一般劳动关系不同的是，法律上的医疗期显然是无法满足竞技体育的需求的。与其他竞技体育项目一样，足球需要进行身体对抗，伤病往往是球员最大的敌人。同样，恢复竞技水平需要在一定的时间内完成，而一般劳动法律中规定的医疗期显然不是为了球员而设计的，在规定的医疗期内显然无法恢复竞技水平，无法满足岗位需求。医疗期满往往成为俱乐部终止劳动关系的十分有利的依据，但显然对受伤的球员来说是不公平的。

7. 经济补偿金。足球行业中存在经济补偿金制度。通常情况下，球员8周岁至23周岁期间为接受培训和教育期间。在球员21周岁之前培训过他的俱乐部和（或）培训单位均可获得补偿。一名球员转会时，下家俱乐部需支付转会费，向上家俱乐部甚至从8周岁开始培训过该球员的所有俱乐部支付培训补偿或联合机制补偿。需要强调的是培训补偿或联合机制补偿不是劳动关系中的经济补偿。职业球员劳动关系中的经济补偿制度与一般劳动关系中的经济补偿金制度一致，但由于职业球员的收入非常高，往往很容易突破3倍社会平均工资，因此在终止劳动关系时容易被忽略。

8. 违约金。在一般劳动关系中，只有在特定情况下，例如进行了专业技术培训才可以要求劳动者支付违约金，但是在足球行业违约金是普遍存在并适用的，这取决于工作合同的商业合同性质，也可取决于培训协议的射幸合同性质。

9. 竞业禁止。竞业禁止制度原则上是不应当适用于球员的，比较类似的是在转会协议中有的会约定不得在面对特定对手的比赛中上场，但其与竞业禁止制度不同的是并不会定期支付经济补偿。

10. 多重劳动关系。在一般劳动关系中，满足一定条件可以存在多重劳动关系，包括非全日制用工制度等，但在职业足球中禁止多重劳动关系，即1名球员不得代表同类多个俱乐部参加正式比赛。但在理论上，球员在同一时期可以代表同一俱乐部不同队伍参加比赛，甚至于代表不同俱乐部分别参加5人制和11人制的比赛。

11. 劳务派遣。劳务派遣制度可以被理解为类似于足球制度中的租借（临时转会）制度。

12. 劳动关系变化。劳动法和劳动合同法提倡用人单位与普通劳动者签订长期的劳动合同，符合特定条件的，如工作满10年、连续签订两次固定期限劳动合同，强制用人单位与普通劳动者签订无固定期限劳动合同。但是在足球领域，中国足协已经明确了签订工作合同的期限不得超过5年，超过的部分无效，其实质指导原则是因注册转会制度的限制，如果适用劳动合同法中的规则将导致俱乐部与球员之间的权利义务的失衡。因此一些劳动法体系下的就业制度不能直接被移植至足球行业中来。

能够引起球员与俱乐部之间，劳动关系发生变化的主要有以下几个方面制度：

（1）退役：竞技体育运动员会因年龄、身体等原因终止其所从事的体育运动，足球运动员也是如此。由于身体机能的下降和高竞技水平的要求，在职业足球运动中显然无法按照一般退休制度来考虑退役问题。退役往往是因身体机能无法满足参赛要求而提出的、退出职业比赛的宣示性仪式。球员的工作合同若未到期，则类似于球员单方解除工作合同，成为业余球员，不再受纪律处罚约束。若工作合同到期，则选择退役的运动员将不再接受续约或与其他足球俱乐部签约。

（2）终止工作合同的约定事由：

a. 合同所依据的客观情况发生重大变化，致使合同无法履行的，经双方协商同意，可以变更或解除合同。

b. 合同解除及终止应提供相应证明材料。

c. 球员有下列情形之一的，俱乐部有权解除合同：

（a）隐瞒重大疾病，不能参加或严重影响训练和比赛的。

（b）非因工伤病，医疗期满后不能再参加足球训练和比赛的。

（c）严重违反俱乐部规章制度、比赛纪律或球员义务的。

（d）严重违背职业道德或体育精神，对俱乐部利益或声誉造成重大损害的。

（e）同时与其他用人单位建立劳动关系，对履行与本俱乐部的合同造成严重影响，或经俱乐部提出而拒不改正的。

（f）球员被依法追究刑事责任的。

（g）其他正当理由。

d. 俱乐部有下列情形之一的，球员有权解除合同：

（a）未按合同约定提供劳动条件或劳动保护的。

（b）凡出现拖欠球员工资或奖金情况的。

（c）未依法或按合同约定为球员办理保险的。

（d）对球员进行侮辱、体罚、殴打或逼迫球员从事违法、违纪活动的。

（e）俱乐部规章制度违反法律、法规的规定，损害球员权益的。

（f）其他正当理由。

e. 球员有下列情形之一的，俱乐部不得单方面解除合同：

（a）在俱乐部工作期间可能患有足球职业伤病，在诊断期或医学观察期内的。

（b）因为俱乐部工作而患有足球职业伤病或因工负伤，在合同期内的。

（c）患病或负伤，在规定医疗期内的。

f. 合同期满或当事人约定的合同终止条件具备，合同自动终止。

g. 合同终止或解除后的赔偿或补偿金额，除双方另有约定外，应按国际足联、亚足联和中国足球协会的相关规定执行。

（3）保持合同稳定性。根据《劳动合同法》的规定，劳动者享有单方解除劳动合同的权利，劳动者仅需提前30日通知用人单位，不管用人单位是否同意均能够达到解除劳动关系的效果。而根据中国足球协会发布的行业规定，虽然职业球员与俱乐部均可根据协商一致或基于正当理由解除合同，但球员不享有提前30日通知俱乐部就可任意解除工作合同的权利。球员与俱乐部之间的工作合同，出于足球职业比赛要求，对工作合同的稳定性和连续性要求比较高，对球员和俱乐部终止劳动合同的要求比较严格。如中国足球协会规定了保护期（球员28周岁之前签订工作合同的，合同期限为3年；28周岁之后签订的，合同期限为2年），上述期间，球员和俱乐部均不得终止工作合同。在足球行业中，正当理由引起劳动关系发生变化的原因包括俱乐部分立、合并，俱乐部被注销参赛资格，终止工作合同，还包括出场率不足10%等合理的理由。若无正当理由终止合同将会被纪律处罚并承担违约责任。

13. U23政策。就业歧视是指用人单位基于劳动者的性别、身份、户籍、年龄、外貌、民族、宗教等所采取的任何区别、限制、排斥或优先，其目的与结果在于损害或取消劳动者在就业与职业上的机会与待遇上的平等。用人单位可能采取就业歧视的途径包括就业机会上的歧视与就业待遇上的歧视。换言之，用人单位对平等就业权的侵害既包括建立劳动关系时的侵害，又包括劳动关系存续期间的侵害。但是，可能侵犯劳动者平等就业权而制造就业歧视现象的主体并不限于用人单位，还可能包括国家、社会团体、第三人等。

中国足球协会为了推动国家队打进2022年世界杯而培养年轻球员，于2017～2018赛季推出了U23政策，并于2018～2019赛季进行了完善，规定：

（1）11名首发球员中至少有1名U23球员。

（2）外籍球员的累计上场人次，中超联赛为不得超过3人次，中甲联赛为不超过2人次，中国足协杯赛中不同级别联赛球队之间的比赛，外籍球员每场报名上场规定按低级别联赛的规定执行。

（3）U23球员的实际累计上场人次不得少于本队外籍球员实际累计上场人次。

（4）如违反以上规定的球队，该场比赛按弃权处理，中国足协纪律委员会还将视情节对该俱乐部做出进一步处罚。

该项政对部分U23以上球员的权益产生了明显不利影响。U23以上球员作为劳动法上的劳动者，依法享有平等就业权。U23以上球员在劳动关系存续期间的平等就业权主要表现为上场机会与时间平等，U23新政剥夺了2名U23以上球员的上场机会，侵犯其平等就业权；受到劳动关系存续期间不能上场以及俱乐部U23球员储备不足的影响，部分U23以上球员在转会时丧失了应有的谈判话语权，U23新政侵犯其建立劳动关系时的平等就业权；U23新政既未考量U23以上球员真实职业资格与能力，也不符合国家利益需要及比例原则，故该新政不能适用平等就业权之除外规则。因此，足协U23新政侵犯了部分U23以上球员的平等就业权，这一点是毫无疑问的。但是审视该政策时要全面地看待该问题，任何一项政策都是在现有权利总和下的总量调整，没有一项政策不是对现有利益分配的重新调整。如果一定要认为U23政策是就业歧视，那么U系列比赛是否属于一种歧视？奥运会足球赛的U23人数要求更高是否属于一种歧视？每支队伍允许上场 12 名球员岂不是更好？在这个问题上要充分认识到 U23 政策是为了中国足球整体利益的考虑，牺牲了部分群体的利益，简单地说就是个体与集体利益冲突的问题。那么，一项政策是否合理应当坚持一个最基本的原则，获得利益的总量是否多于损害利益的总和，动辄从利益受损者角度考虑问题不足为取。

14. 转会规则不违反平等就业权。自由择业权是劳动者享有的基本权利，是指劳动者可以按照自我意愿自主选择职业的权利。而转会制度是体育行业内特有的一种规则，是指职业球员从一个俱乐部转入另一个俱乐部，并由新俱乐部向原俱乐部支付一定转会费的行为，职业球员的转会受到转会规则的严格限制。首先，转会的时间受到严格限制。职业球员只能在每赛季中的两个转会期内进行转会，只有在转会期内完成转会的球员才能在足协注册。其次，球员转会受到俱乐部的限制。当球员与俱乐部之间工作合同期满时可以自由转会，但在未到期时，必须经球员与俱乐部协商一致或者在其中一方有正当理由终止工作合同的情况下才能转会。[1]

与一般劳动制度中还稍有区别的概念还有赢平球奖、保险、职业病、签字费等。

第二节　职业球员注册转会制度

注册与转会制度是足球行业资源流动的基本制度，是整个足球行业的基本制度，可以说注册与转会制度是球员的基石，是足球产业顺利运行的基础。

一、球员注册

我国的运动员注册管理制度包括两方面的内容，一方面是对于运动员专业水平和参赛资格的认证，另一方面则是对于运动员所属注册单位

---

〔1〕 谢丽媛："劳动法视角下职业足球运动员的权利保障问题探析"，载《河北体育学院学报》2018 年第 1 期。

和代表资格的确认，因此可以称之为“注册－代表制”。根据国家体育总局颁布的《全国运动员注册与交流管理办法（试行）》，对于全国性体育竞赛，相配套的球员注册制度主要包括以下四个方面的内容：其一，球员参加全国性体育竞赛或进行交流，前提是完成代表资格登记注册。其二，球员注册与交流的主管机关是总局，具体管理主体是全国性单项体育协会或总局下属运动项目管理中心。其三，球员必须代表具有注册资格的单位进行注册，注册单位是各省、自治区、直辖市、新疆生产建设兵团、解放军、行业体协及经过总局、单项协会或运动项目管理中心批准认可的单位。其四，注册单位是全国性体育竞赛形式上的参赛主体，球员必须代表注册单位参加比赛，而不能以个人名义参赛。

足球运动员的注册是指中国足球协会在注册期内对会员协会、职业联赛参赛俱乐部、职业球员、执教职业联赛参赛俱乐部队的教练员、具有国家级以上级别的裁判人员、经中国足球协会考核批准的球员代理人等相关足球组织及从业人员进行登记及审核的行为。

（一）业余球员注册流程（7周岁起）

1. 填写《会员协会业余球员注册表》。

2. 培训单位将注册表、培训协议和相关证件上交属地会员协会。

3. 属地会员协会填写《会员协会业余球员注册登记汇总表》上交中国足球协会备案，并将注册数据发送至中国足球协会注册信息系统。

（二）职业球员注册流程（16周岁起）

1. 填写《中国足协职业球员注册表》。

2. 俱乐部将注册表、合法有效的工作合同、“登记证”原件交属地会员协会初审注册。

3. 属地会员协会向中国足球协会提交材料，由中国足球协会批准注册。

工作合同到期后未进行续签的职业球员，应在属地会员协会被注册为“业余球员”，否则不予转会也不可代表任何俱乐部参赛。

二、国内球员转会

转会是指球员从一个俱乐部流向另一个俱乐部的行为和结果。通过转会，球员改变了所属俱乐部和国家联合会的注册，这样他就失去了原俱乐部的队员资格或者与原俱乐部间的工作合同关系就此结束。在此之后，这个球员就可以自由地与新俱乐部签订合同。《转会规定》第9条规定，凡在中国足球协会及其会员协议注册的球员，可以申请转会，俱乐部也可以根据需要申报球员转会……国内职业球员转会应当在每赛季两次注册期的任一注册期内进行。每赛季注册期的具体时间，以中国足球协会通知为准。

关于转会协议的法律性质，学术界的认识经历了一个由浅到深逐步深化的过程，存在几种代表性的观点，但并未形成统一的结论。

1. 民事合同说。持该种观点的学者认为，转会协议在法律性质上属于民事合同。此种观点产生于20世纪90年代中期，此时我国职业足球刚刚起步。其积极意义在于将转会协议界定为民事合同，有助于纠正人们对转会协议属于劳动合同的错误观念，对于我国职业足球运动的发展意义非凡；同时为后来的各种学说奠定了基础。但这种学说的缺憾之处在于仅将转会协议看作民事合同（民事合同的外延十分宽泛），未能明确指出转会协议的独特性。

2. 违约金支付合同说。此种学说是在对转会费条款的认识基础之上产生的。众所周知，转会费是转会协议中必不可少的核心内容，一直以来都被认为是合同违约金。但是其最大的弊端在于认识错误，因为球员与原俱乐部之间解除劳动关系的行为是转会协议达成的一致意思表示，并不属于违约行为。[1] 其次，转会费是新俱乐部支付给原俱乐部的款项，并非是球员支付给原俱乐部的款项，不符合合同相对性的原则。

3. 劳动关系变更协议说。该种观点认为转会协议应属劳动关系变更协议，是为了使转会球员从一家俱乐部转入另一家俱乐部而签订的协议，在内容上包含两家俱乐部之间、转出俱乐部与球员、转入俱乐部与球员之间的关系，本质上转会协议是对转会球员劳动关系的安排。与违

〔1〕 赵杨："足球转会转会协议的主客体研究"，载《运动》2016年第17期。

约金支付说相比，劳动协议变更说同样是对转会协议性质的一种深入分析，认识到了转会协议对转会球员的劳动关系的重大影响。但是该学说不当地扩大了转会协议的外延，混淆了转会协议与球员劳动合同的关系。一个转会行为的完成不仅仅需要俱乐部之间签订转会协议，转会球员与新俱乐部之间签订劳动合同也是必不可少的一个环节，球员劳动合同是独立于转会协议的，转会协议并不包含球员劳动合同。[1]

转会协议是一种民事合同，而民事合同又是一种意定之债。债的客体是给付行为，那么转会协议的客体便是转会协议中约定的给付行为。但是，由于足球行业的特殊性，很多人在认识转会协议的客体时，往往陷入行业局限之中，不能高瞻远瞩、清晰地认定转会协议的客体，主要存在两种认识的误区：一是认为转会协议的客体是球员。自中国足球联赛职业化以来，媒体长期使用“买卖球员”“转让球员”等说法，错误地影响了人们的观点，使人们误以为转会协议就是一个买卖合同，买卖的对象便是球员。更严重的是，《转会规定》第30条第1款也规定转让球员所有权的转会为永久转会，该条款中使用了球员所有权的表述，制度上的错误进一步强化了转让协议的客体是球员的观点。球员是具有独立人格的自然人，自然人是不能成为买卖合同的标的物的。这种观点在法律上自始不能成立。二是认为转会协议的客体是球员的技能。足球技能是专属于球员的一种能力，不能脱离球员的人身而存在，球员对于自身足球技能的使用拥有决定权。如果把转会协议的客体看成足球技能的一种转让，是不符合现实情况的。因为足球技能附随在球员身上，与球员不可分离，不可能单单成为俱乐部之间订立的转会协议的客体。

根据民法和债法的理论，客体即权利义务共同指向的对象，亦即权利义务得以发生的载体。国内民法学者的主流观点认为，合同关系的客体是指合同中债权与债务所共同指向的对象，即债务人所应为的行为。推而广之，转会协议作为一种民事合同，它的客体也应该是转会协议中

---

〔1〕 赵杨：“足球转会转会协议的主客体研究”，载《运动》2016年第17期。

约定的债务人的行为。转会协议中债务人的行为并非单一的，只有最能反映合同特征的行为、转会协议中的债权债务共同指向的债务履行行为才最能体现转会协议的客体。根据本文前面对转会协议性质的分析，转会协议的内容实质上是新俱乐部要求原俱乐部解除与转会球员的劳动关系并因此而支付相应的对价，但在其中也隐含了同意对转会球员进行注册的内容，该内容系球员转会规定中所附有的核心权利。在转会协议中，双方当事人最主要的权利义务体现在三个行为上：一是新俱乐部向原俱乐部支付转会费的行为；二是原俱乐部解除与转会球员的劳动合同关系的行为；三是新俱乐部与转会球员签订工作合同并对新球员进行注册的行为。我们认为转会协议的权利义务关系共同指向的对象集中反映在原俱乐部解除与转会球员的劳动合同关系以及新俱乐部对转会球员进行注册的行为上。因此，原俱乐部解除与转会球员的劳动合同关系的行为可以被看成是转会协议的客体之一，但究其本质是球员注册权的转移。

为保证未成年球员的基本教育，未满 16 周岁的球员，不得进行国内转会，除非未成年球员拥有在新俱乐部所在地半年以上学籍证明以及球员法定监护人在新俱乐部所在地半年以上社保或纳税证明。

三、租借/临时转会

租借在俱乐部里只是一种队内人员调整的手段而已。租借和转会的区别在于，租借时间短，价格低廉，而且所有权在原俱乐部手里。豪门俱乐部喜欢把年轻小将租借到低级别球队去锻炼，因为自己队里实在没办法给他们上场机会，另外也是考验小将们，何况如此操作几乎无成本。另外一些球队会租借一些球员来救火，毕竟有时在紧急情况下需要一些球员但是又买不到。

四、自由身/自由球员

自由球员是指没有合约在身或合约已满的球员，是美国职业运动的专有名词。自由球员可以和任何一支愿意为其提供有效合约的球队签约，而后为这支球队效力。足球行业里类似的概念为“自由身”，即工作合同到期或者拿到转会证明的职业球员。但是实质上，自由身球员应当属于业余概念，因为此时他们不属于任何一家职业俱乐部，未签订新的工作合同，没有收入，不符合职业球员的定义。

五、转会费

某个球员从甲球队转入乙球队，乙球队需要支付一笔钱作为对甲球队的补偿，这笔钱就叫做转会费。球队支付给原球队转会费，目的是取得与收取转会费球队中意向球员唯一签约的权利。[1] 职业体育俱乐部的核心是拥有以竞技体育运动为职业的高水平球员，一个职业体育俱乐部可能因为一名球星的转入、转出使其经营收入发生巨大的起伏。职业球员在与俱乐部建立劳动合同关系后，应该履行相应的义务。而劳动合同终止后，就应该不受任何限制地选择新的劳动服务对象，但是问题在于按照国内外职业球员的转会惯例，球员在转会过程中，转入球员的职业俱乐部要向转出球员的职业俱乐部支付转会费。转会费的存在恰恰限制了职业球员作为劳动者应享有的转会自由权。从转会费的性质来看，它既不是球员违反合同需要支付的违约金，也不是俱乐部转让球员应得的收益。

对于转会费的性质，主要有违约金、损害赔偿金、培养训练费、所有权转让费、优先权转让费等观点。根据前述分析，转会涉及的是两个俱乐部之间的交易，若非球员主动提出，不存在违约的问题。既然不是违约，一般也就不存在损害赔偿金的问题。培养训练费只是转会费的一部分，而球员的劳动力属于自己所有，也不存在所有权转让的问题。优先权说也没有体现转会费的本质。实质上，转会是对球员劳动力使用权的一种转让，而转会费的构成则包括培养费在内的多方面因素。所以转会费的对价本质是球员注册权，或者可以进一步说是对未完成合同的补偿。注册权本身是球员参赛权和商业权的基础。在足球球员转会中，新俱乐部会付款给原俱乐部转会费和可能的违约金。为了促成球员支持该项转会，新俱乐部还会付给球员一笔钱，这就是签字费。它属于不计算在球员工资以及转会费和违约金之内的转会费用。转会即某俱乐部希望

---

〔1〕 周峤："论足球运动员转会法律制度"，西南政法大学 2009 年硕士学位论文。

引进其他俱乐部的球员为其效力，通过对该球员及其俱乐部开出三方均能够接受的条件，最终取得该球员唯一签约权利的法律行为。

六、转会窗口期

转会窗口期，又称转会最后期限，是指在职业体育联赛的赛季中，为俱乐部间的球员交易设定的一个特定的日期。球员只有在转会窗口期内才能进行转会，转会窗口一旦关闭，除非有特别情形，球员不能进行转会运作，俱乐部也不得交易球员。

球员只能在每赛季两次注册期内进行注册，一般冬季一次、夏季一次，因此有冬窗、夏窗之说法。准确的概念是：第一注册期是指自上赛季联赛结束后至本赛季联赛开始前中国足球协会所确定的时间范围，其跨度不超过12周；第二注册期是指本赛季联赛中期中国足球协会所确定的时间范围，其跨度不超过4周。职业球员只有在所属俱乐部在注册期内按要求向中国足球协会提交了有效申请材料后方可进行注册。

七、保护期

职业球员在28周岁赛季之前签订的工作合同自其生效日起的连续3个赛季或3年，或职业球员在28周岁赛季之后签订工作合同自其生效之日起的连续2个赛季或2年为保护期。在保护期内，球员违反合同或者诱使球员违反合同的俱乐部，除应当支付补偿金外，还应当接受体育制裁。但是在该定义中，28周岁赛季本身是一个期间的概念，该定义没有明确在28周岁赛季中如何理解保护期。

八、球员代理人制度

经纪人是指在经济活动中，以收取佣金为目的，为促成他人交易而从事居间、行纪或者代理等经纪业务的公民、法人和其他经济组织。经纪人包括居间人、行纪人、代理人。

1. 行纪是行纪人以自己的名义为委托人从事贸易活动，委托人支付报酬的行为。以自己名义为他人从事贸易活动的一方为行纪人，委托行纪人为自己从事贸易活动并支付报酬的一方为委托人。

2. 代理是代理人以被代理人（又称本人）的名义，在代理权限内与第三人（又称相对人）实施民事行为，其法律后果直接由被代理人承受的民事法律制度。

3. 居间是指居间人向委托人报告订立合同的机会或者提供订立合同的媒介服务，委托人支付报酬的行为。在民法理论上，居间合同又被称为中介合同或者中介服务合同，主要包括：①提供订约机会的媒介服务；②提供订立合同的媒介服务。

2015 年国际足联取消了原有的足球经纪人制度，原国际足联经纪人被废除，取而代之的由各会员协会自行制定的相应的经纪制度。中国足球协会选择了考试准入制度，即要获得中国足球协会球员代理人资格需要通过考试；另外的一些会员协会选择了备案制度，例如英足总等，即只需要支付一定费用即可获得球员代理人资格，因此部分球员代理人选择通过在其他国际足联会员协会，例如在香港足总备案的方式可以较为容易地获取中国足球协会代理人资格。2016 年中国足球协会组织了首次球员代理人考试，包括北京斯保特公司在内的大约 100 名左右的自然人和法人获得了该资格，被允许在中国足球协会管辖下进行球员代理活动。

球员代理是向俱乐部介绍球员进行签约、续约，或者介绍两家足球俱乐部签订球员转会协议的行为，对球队管理和教练员等人的服务不属于本规定管理范围。应取得中国足球协会颁发的“中国足球协会球员代理人资格证”方可从事球员代理活动。每一名球员在一个代理协议有效期内只能委托 1 名代理人办理相关转会工作，在与另一名代理人建立委托关系之前应当解除与前一名代理人的委托关系。在 3 年内委托代理人的数额总数最多不能超过 3 名代理人。代理人应具有中国足球协会注册代理人资质，代理授权有效期最长为 2 年。如期间代理人未能通过中国足球协会代理人考核并完成注册，代理授权则自动失效。中国足球协会负责对申请人是否符合条件进行最终审核，并对符合条件者进行培训和资格考试。代理人管理实行保证金制度。自然人在中国足球协会注册时应在规定时间内向中国足球协会缴纳保证金 20 万元人民币。资格证有效期为 4 年。有效期中每 2 年须参加 1 次中国足球协会组织的培训；不按要求参加培训的，资格证将被公布失效。在球员代理活动中，代理人与球员、俱乐部必须签订有效的书面代理协议。如果球员未满18周岁，签订代理协议须经其监护人同意。代理协议期限最长为2年，可在双方同意的情况下续约，但每次续约期限均不得超过2年。球员代理人应得的代理费需以这个球员整个合同期内总收入为基础进行计算。根据国际足联的有关规定，结合国家相关法规、中国足球行业现状及未来发展等，执行如下标准：

1. 代表球员的代理人每笔交易应得代理费总额不应超过球员雇佣合同期内基本总收入的10%。

2. 代表俱乐部签入球员的代理人每笔交易应得代理费总额不得超过球员雇佣合同期内基本总收入的10%。

3. 代表俱乐部进行球员转会的代理人每笔交易应得代理费总额不得超过此次转会费的10%。

对于教练员等其他主体的代理人、经纪人制度中国足球协会没有进行相应规定。

九、培训补偿和联合机制补偿

球员在注册、转会过程中，一般必须向原俱乐部支付转会费，包括注册费、培训费或预培训费、根据俱乐部之间的转会协议提前终止合同的赔偿或单方面或其他相关当事人终止合同后的赔偿等。很显然，以上这些规定具有很强的限制性，很大程度上影响了球员的个人自由，包括合同自由、迁徙自由和工作自由，也影响职业俱乐部自由招募球员的自由。但是，因这些限制性规定旨在保护足球运动的健康顺利运行，球员转会都会接受并服从这些强制性规定。[1]

（一）培训补偿

球员首次签订工作合同成为职业球员后所属的俱乐部，或职业球员在23周岁赛季结束前每次转会加入新的俱乐部（无论转会是在原工作合同到期前还是到期后进行），均有向注册过该球员的俱乐部和（或）培训单位支付补偿的义务。

---

〔1〕 朱文英："职业足球运动员转会的法律适用"，载《体育科学》2014年第1期。

通常情况下，12 周岁至 23 周岁期间为球员接受培训和教育的时期。在球员 21 周岁之前培训过他的俱乐部和（或）培训单位均可获得培训补偿。

以下情况需要支付培训补偿：

1. 球员首次注册为职业球员时。

2. 职业球员在 23 周岁生日赛季结束前在隶属于不同会员协会的俱乐部之间进行每一次转会时（无论合同是否到期）。

以下情况不需要支付培训补偿：

1. 原俱乐部无正当理由与球员解除合同的。

2. 球员转会到第四级俱乐部的。

3. 职业球员转会后获得业余球员身份的。

培训补偿的计算：

培训补偿 = 培训费用标准 × 培训单位培训年限（球员履历）[1]

（二）联合机制补偿

职业球员在原工作合同期限届满前转会，所有注册过该球员的俱乐部和（或）培训单位，均可从新俱乐部因球员转会而支付给原俱乐部的补偿中获得相应比例的联合机制补偿。职业球员在合同到期前转会时，新俱乐部需要将支付给原俱乐部的扣除培训补偿后的其他补偿的 5% 拿出作为联合机制补偿分配给曾经参与培训和教育该球员的俱乐部。联合机制补偿应按球员从 12 周岁生日赛季到 23 周岁生日赛季期间在相关俱乐部的注册年数（不足 1 年按相应比例）计算。

（三）转会补偿

转会补偿是指因球员转会所产生的包括培训补偿和（或）联合机制补偿等在内的各项补偿。

十、备案

备案是指中国足球协会会员协会在注册期内对其所辖行政区域内的地市级会员协会、未参加职业联赛的足球俱乐部、业余球员、未执教职

---

〔1〕 培训费用标准参见《转会规定》相关条款。

业联赛参赛俱乐部队的教练员、国家级（不含国家级）以下级别的裁判人员、球员代理人等相关足球组织及从业人员进行注册后，将相关材料及数据报中国足球协会备案的行为。

十一、室内五人制球员注册转会制度

室内五人制足球球员的注册转会制度与十一人制的略有不同，主要表现在以下几个方面：

（一）双重国家队球员的代表资格

球员只能代表一个国际足联会员协会参加十一人制和五人制的足球比赛。但一名球员可以在代表甲协会参加十一人制世界杯的同时代表乙协会参加五人制世界杯。

（二）同时注册

球员一次只能注册在一家五人制俱乐部之下，同时，该名球员还可以注册在一家十一人制的足球俱乐部之下，甚至，球员注册的五人制俱乐部和十一人制俱乐部可以分别属于不同的国际足联会员协会。

在同一个赛季中，职业球员最多只能注册在三家五人制俱乐部之下，且只能代表其中两家俱乐部参加官方比赛。

（三）五人制国际转会证明

五人制球员的国际转会，必须取得原国际足联会员协会签发的五人制国际转会证明（International Football Transfer Certification，简称 IFTC）方有效，不是必须通过国际足联转会匹配系统（Transfer Matching System，简称 TMS）。

（四）纪律处罚分别计算

球员在五人制足球比赛中受到的按场次计的纪律处罚，只在五人制比赛的领域有效，不带入十一人制比赛中；球员在十一人制的足球比赛中受到的按场次计的纪律处罚，只在十一人制比赛的领域有效，不带入五人制比赛中。但球员在 5 人制足球比赛中收到的按时间计的纪律处罚，在五人制比赛和十一人制比赛的领域通用；球员在十一人制足球比赛中受到的按时间计的纪律处罚，也在五人制比赛和十一人制比赛的领域通用。

（五）允许双重工作合同

已经与一家十一人制俱乐部签订了工作合同的职业球员，必须得到这家十一人制俱乐部的书面许可后，才能与一家五人制俱乐部签订第二份工作合同。已经与一家五人制俱乐部签订了工作合同的职业球员，必须得到这家五人制俱乐部的书面许可后，才能与一家十一人制俱乐部签订第二份工作合同。

（六）保护未成年球员

只有 18 岁以上的球员才能进行国际转会，但不涉及培训补偿和联合机制补偿的支付。

第三节　工作合同关系

前文已经讨论过了职业球员与俱乐部之间属于劳动关系，但因为前述的一些足球行业的特点，这种劳动关系不是等于劳动法意义上的劳动关系，因为存在着商务条款、肖像权使用、注册与转会问题等，我们只能说约等于劳动关系。在足球行业中，职业球员的注册备案的依据是工作合同的备案，中国足球协会对工作合同也有着不同于劳动合同相关法律法规的一些规定。

一、签订工作合同的要求

（一）保持合同稳定性

《转会规定》要求，除非工作合同中另有约定，任何一方违反工作合同约定，违约方应当支付赔偿金。如球员被要求支付赔偿金，该赔偿金应当由球员和新俱乐部共同承担。这里实质上提供了承担连带责任的依据。在保护期内违约的球员，除支付赔偿金外，还应受到体育处罚，即禁止其在 4 个月内参加任何官方比赛，情节严重者可禁赛 6 个月。该条款体现了违约的后果不仅要承担民事责任，还要承担行业处罚责任。该条款隐含着非保护期内的球员违约仅需要承担民事责任而无需承担行业处罚责任的规定，例如内马尔从巴塞罗那俱乐部转会至巴黎圣日耳曼俱乐部只需要承担违约金而无需受到禁赛的处罚。

（二）争议处理的管辖

《工作合同要求》规定合同双方在履行合同过程中发生争议时，由双方协商解决。合同双方不能协商解决时，应向中国足球协会仲裁委员会申请仲裁，中国足球协会仲裁委员会的裁决为最终裁决。该条规定本意是明确争议解决的唯一途径是由中国足球协会仲裁委员会裁决，并且实践中确有法院和其他机构认为这是仲裁法中的仲裁条款而排除了人民法院的管辖。

（三）工作合同期限

与普通劳动合同签订长期化趋势不同的是，球员工作合同必须有一定的期限。作为普通劳动者，其劳动力价值曲线长且平稳，甚至于在达到退休年龄仍处于一个高位，但是球员竞技状态曲线起伏大，时间短且不稳定，因此不能用普通劳动关系对于合同期限的理论套用职业球员的工作合同。一般来说，球员竞技水平从青少年起提升比较迅速，从身体机能到足球技能都会快速增长，这一期间往往每两年设置一个年龄段。在球员成年后，18 岁到 21 岁期间，球员可以签订职业工作合同了，但仍然处于一个培养过程，这一期间球员的身体机能和足球技能水平仍然有非常大的提升空间，这种提升的不确定性决定了如果签订的工作合同时间过长，无论出现天才级的球员还是伤仲永式的球员都有可能产生球员与所处联赛的不适应，不仅球员俱乐部之间的权利义务显失公平，对于整个足球人才的培养也是巨大的打击。试想如果梅西在 18 岁的时候与中国足球俱乐部签订了 5 年长约，那么在梅西 23 岁的时候再转会还能成就如今的梅西吗？因此，规定在 18 周岁之前签订的工作合同不得超过 3 年，这无论对球员、俱乐部，还是整个足球运动的发展，青少年球员的培养都有积极意义。在球员 21 岁到 28 岁期间，球员各方面已经相对成熟，身体素质各方面已经比较稳定，球员所能达到的高度基本上已经能够确定，那么签订 5 年长约比较合适，超过 5 年的部分在足球行业不会得到行业支持。同样地，当一个球员超过 28 周岁之后，虽然无论从心智上还是技术上等都是一个成熟球员，但是毕竟马上就会到达职业生涯的晚期，需要一定程度的制度保护。所以保护期制度得以设立。保护期制度的核心是在经济层面上承认工作合同5年内的有效性以及违约责任的有效性，但在28周岁赛季前后，从合同稳定性角度出发，设定了不同的行业纪律处罚条款，对于28周岁赛季前后进行了区别对待，对于超出保护期违约的仅进行经济处罚而不进行纪律处罚。

二、外援与俱乐部间的劳动/劳务关系

相当一部分在中国踢球的外援都是访问签证，而不是工作签证，这种签证很容易办理，经纪人一般都会给外援办理这种签证。如果按照签证的类别来看，持访问签证的球员只能在中国从事访问性质活动，不能在中国工作，更不能为中国的俱乐部踢球。可是这些外援一直在中国踢球，这就是中国足球外援方面的潜规则。给外援办理旅游签证或商务签证，曾经是圈内的普遍做法，但其实已经违反了《外国人在中国就业管理规定》，属于堂而皇之地“打黑工”。持这种签证的外援是无法办理我国的社会保险的，同时因为签证过期而在中国非法滞留还需交罚金。《劳动合同法》规定，用人单位与劳动者之间的劳动关系自用工之日起建立。但根据《外国人在中国就业管理规定》，外国人作为特殊的劳动者，其与境内用人单位之间的劳动关系自取得《外国人就业证》之日起建立；根据《出境入境管理法》第43条规定，外国人未按照规定取得工作许可和工作类居留证件在中国境内工作的，属于非法就业，也印证了外国人与境内用人单位之间的劳动关系自取得《外国人就业证》之日起建立；《最高人民法院关于审理劳动争议案件适用法律若干问题的解释（四）》第15条更是直接进行了规定：外国人未依法取得就业证件即与中国境内的用人单位签订劳动合同，当事人请求确认与用人单位存在劳动关系的，人民法院不予支持。因此，外援与职业俱乐部之间既有可能构成劳动关系也有可能构成劳务关系。

三、阴阳合同

“阴阳合同”是指球员与俱乐部签订的两份内容不同的合同，其中的“阳合同”是指交足协登记备案的合同，而“阴合同”是指球员与

俱乐部之间实际履行的合同。[1] 通常而言，阴阳合同产生原因有四个：第一个是由于俱乐部管理制度不规范，没有及时将球员的新合同交由足协登记备案。第二个是球员和俱乐部为了少交税款。一般在足协备案的合同中球员薪水比实际合同约定的要低，如果税务部门按照在足协备案的合同进行征税，那么球员就能少缴纳税款。第三个则是俱乐部为了规避足协"限薪令"的同时用高薪吸引球员，故意与球员签订"阴阳合同"。第四个是为了保护俱乐部的商业秘密，避免球员的薪酬体系外泄而造成球员心理上的不平衡影响战斗力。大多数"阴阳合同"的产生是因为第四个原因。

四、单边续约权

足球球员合同中的单边选择条款是一项在特定时间内不可撤销的要约，属于权利人可以通过单方面意思表示决定法律效果的形成权。单边选择权条款通常用于球员合同与赞助合同之中，球员与俱乐部可以就合同约定某一特定期限，也可以赋予对方选择权以续展合同，球员合同中若存在选择权条款，俱乐部则有权以一定的薪酬继续雇佣该球员。在国际球员合同及转会实践中，俱乐部的单边续约选择条款是一个普遍的做法，尤其是在南美洲国家。但是，该单边续约选择条款在欧洲国家同样也被频繁使用。事实上，球员合同中的单边续约选择权条款是一个全球关注的问题，并没有特别的地域限制。从俱乐部的权利来源来看，单边续约选择权就来源于这种合同法意义上的形成权。由于单边续约选择条款赋予了俱乐部单方的选择权，使得球员一方的意思自治受到影响，球员一方的利益可能受损，存在合法性的问题。因此，俱乐部此项权利得以正当化的基础在于，需要作为形成权的相对人——球员事先表示同意。换言之，俱乐部之所以能够行使单边续约权，其根源即在于在球员合同签署过程中，球员一方已经明确知悉并且确认了该续约条款的存在

---

〔1〕 王俊峰："'刘健案'看足球的职业化下'黑白合同'的法律效力"，载《法制博览》2015 年第 21 期。

及其法律后果，形成的合同条款是俱乐部与球员双方真实自由意思的表达。[1]

五、培训单位首签权

培训单位首签权是指以下情形：培训单位已按《注册管理规定》第29条的规定对业余球员办理了注册与备案，且该业余球员从12周岁生日后连续注册时间已超过4年（含4年），若该培训单位能够与球员签订工作合同，且同时可为球员提供不低于该培训单位所属会员协会地区（城市）上一年度社会平均工资3倍的工资，则该培训单位有权选择与该业余球员签订不长于2年（含2年）的工作合同。

六、韦伯斯特条款

韦伯斯特条款即国际足联转会条例第17条“21岁至28岁的球员，可以在合同履行3年后自行买断合同离队，而年龄大于28岁的球员可以在合同履行2年后买断合同离队”，对此有两个限制：球员必须在第三个赛季的球队的最后一场正式比赛结束前15天发表离队声明，而且他不可以转会到同一个国家的俱乐部。韦伯斯特条款来源于2006年，一个名叫安德鲁·韦伯斯特的想要从苏格兰哈茨队转会到英格兰维甘竞技队的球员的案子。这件案子被上诉到瑞士洛桑的体育仲裁法庭，之后国际足联在2006~2007赛季初出台了这个规则。韦伯斯特条款在赋予球员更多的选择权的同时，影响了俱乐部人员的稳定性。然而对球员尤其是大牌球员来说，韦伯斯特条款仍只是“看起来很美”，实际操作中，成功的个案不多。这是狭义上的“买断合同”，其实与通常所说的买断合同，即支付合同违约金而终止合同的意义是不一样的。

七、博斯曼法案

让-马克·博斯曼（Jean-Marc Bosman）是比利时足球乙组联赛列日队的一名普通队员。在1990年合同到期时，博斯曼打算转会到法国的敦刻尔克队踢球。然而敦刻尔克队提供不出列日队所需的转会费，所以列日队不允许他转会。同时，由于博斯曼不再是一线队球员，所以

---

〔1〕 席志文：“职业足球联赛中单边续约选择条款问题研究”，载《中国体育科技》2016年第4期。

收入大为减少。然后他向欧盟法院提起诉讼，起诉球员转会制度中的贸易限制。经过了长期艰苦的诉讼之后，博斯曼终于赢得诉讼，并且在1995年12月法庭裁决：博斯曼以及欧盟的所有球员在合约期满之后，可在欧盟成员国内自由转会。“博斯曼法案”同时禁止欧盟成员国本地联赛及欧洲足协在比赛中限制非本地球员的数目，但不包括非欧盟的球员在内。该诉讼历经5年多，对国际转会制度影响深远，但对于博斯曼本人来说其实已经没有什么意义。

现该法案现已经成为球员身份与转会规定的内容：①球员最多只能签5年合同；②保护期：如果签了5年合同在最后2年属于合同不受保护期，在不受保护期内，球员可以不必通过俱乐部的批准与其他球队商讨合同，一旦达成一致即可在转会窗开启的时候转会，而买方俱乐部必须付给卖方俱乐部违约金；③在合同到期前6个月，球员可以宣布不与球队续约，成为准自由人，其他俱乐部可以签约该球员，只要达成一致，该球员可在合同结束后转会，而且买方俱乐部不必支付转会费、违约金。博斯曼法案好的方面，是推动了足球商业化进程，球员的权益获得了更多的保障，使更多球员有机会去大俱乐部展示自己。坏的方面，是牺牲了中小俱乐部的利益，转会费飙升，青训不受重视，本土球员地位受到冲击。

八、第三方所有权

第三方所有权是指俱乐部以外的实体或者个人拥有球员部分或者全部的经济权益，而俱乐部只能部分或者无权拥有这部分权益的商业模式。第三方所有权业务在南美广受欢迎，但遭到欧洲足联的抵制，这是因为其既有正面效应，亦存负面影响。第三方所有权被俱乐部视作筹集资金、共担投资风险的杠杆，但也具有潜在的经济和道德风险。在经济上，第三方对经济收益的追逐可能导致资本外流、损害球员合同的稳定性、削弱财政监管体制的监督作用，以及可能使足球运动成为犯罪集团洗钱的通道。在道德上，第三方可能通过操控球员而损害足球比赛的公正性，并剥夺球员开拓职业前景的自由。西汉姆联俱乐部转会案促使国际足联禁止取得球员经济权益的第三方对俱乐部施加不当影响。在

2014年，国际足联最终决定废除第三方所有权，但同意给予各国协会一定的过渡期。国际体育仲裁庭关于第三方所有权的立场，也经历了从“认可”到“禁止”的变迁。[1]

第四节 职业球员工作合同争议

在球员与俱乐部之间的工作合同产生争议后，其解决的主要问题与方式与劳动仲裁区别比较大。在劳动仲裁中，大多数劳动者主要的诉求往往是经济补偿金问题，其次是用人单位违法解除问题，但是在足球领域内，球员最主要的诉求是寻求解除合同获得自由身，其次是解决拖欠工资问题。球员工作合同争议处理方式一般有协商、调解、行业仲裁、国内司法审判、国际争端解决机制等途径。

一、行业仲裁

职业球员虽然与职业足球俱乐部具有劳动关系的属性，但在人力资源上具有不同于一般劳动者的特征，作为劳动法中的特殊劳动者，应当纳入劳动法的保护范围。基于职业球员劳动权益保护的特殊需求，劳动法在实体法上应当对职业球员的就业自由权、工资收入、工伤赔偿、工会组织等问题作出特别规定；在程序法上应当将职业球员与职业足球俱乐部的劳动争议纳入劳动争议处理程序，并就其劳动争议处理机制作出特殊设计。[2] 基于球员运动生涯较短，足球比赛按赛季进行，为保护球员与俱乐部的权益，双方之间的纠纷需及时解决，故《中国足球协会章程》规定双方之间的纠纷由中国足球协会仲裁委员会裁决，其裁决结果为最终结果，审理期限最长为6个月。

另根据《中国足球协会章程》的规定，中国足球协会及中国足球

[1] 罗浏虎：“职业足球运动员第三方所有权的法律规制”，载《体育科学》2015年第4期。

[2] 庞庆龙：“关于我国职业足球运动员权利保护问题的研究”，广西师范大学2010年硕士学位论文。

协会管辖范围内的足球组织和足球从业人员不得将任何争议诉诸民事法院。该排除司法管辖条款历来争议非常大，该条款来源于国际足联的“要求”，如果仅从足球行业的角度来看如何规定似乎是行业内部的约定，显然无法适用于整个社会。显然排除司法管辖不是哪个行业协会的章程就能实现的，甚至于国家体育总局的部门规章都无权作出如此规定，但是很遗憾，我国的人民法院却在某种程度上认可了该条款，其逻辑与目的似乎将“不想管”与“不管”画上了等号。

二、司法审判

足球行业属于特殊行业，职业足球球员与俱乐部之间属于特殊的劳动关系，根据特殊优于一般的原则，双方之间纠纷解决方式应适用体育法规定，而不适用劳动合同法和劳动争议调解仲裁法规定。参照《中国足球协会章程》和国际足联章程规定，考虑到足球行业的特点，根据体育法规定，职业足球球员与俱乐部之间劳动争议纠纷不属于人民法院民事案件受案范围，而由中国足球协会仲裁委员会处理，其处理结果为最终结果。

第一，《体育法》第 35 条规定：“国家鼓励、支持体育社会团体按照其章程，组织和开展体育活动，推动体育事业的发展。”中国足球协会是我国从事足球运动的组织自愿结成的全国性、非营利性、体育类社团法人，根据法律授权和政府委托管理全国足球事务。根据上述《体育法》规定，中国足球协会可以按照其章程组织体育活动。《中国足球协会章程》规定，在中国足球协会或中国足球协会进行会员注册的球员和俱乐部承诺遵守《中国足球协会章程》及有关规定。《体育法》第 29 条规定：全国性的单项体育协会对本项目的运动员实行注册管理……《转会规定》第 8 条规定：只有在中国足球协会或中国足球协会会员协会注册为代表某俱乐部或培训单位的职业或业余球员后，该球员方有资格参加有组织的足球赛事。球员一经注册，即表明其同意遵守国际足联、亚足联、中国足球协会及会员协会制定的各项管理规范。在某俱乐部与球员陈某劳动争议纠纷案中某俱乐部是在中国足球协会注册的职业足球俱乐部，陈某是经中国足球协会注册为某俱乐部的职业球员，双方当事人应当遵守中国足球协会章程的规定。《中国足球协会章程》第 50 条规定：仲裁委员会是本会的仲裁机构，为本会的分支机构。负责处理本会管辖范围内与足球运动有关的行业内部纠纷……第 51 条第 1 款规定：……本会及本会管辖范围内的足球组织和足球从业人员不将任何争议诉诸法院……《仲裁规则》第 5 条规定仲裁委员会受理案件包括足球俱乐部与足球球员、教练员相互间就注册、转会、参赛资格、工作合同等事项发生的属于行业管理范畴的争议。该案纠纷属于足球俱乐部与足球球员就工作合同发生的争议，属于中国足球协会仲裁委员会受理范围，故陈某应将本案纠纷提交中国足球协会仲裁委员会裁决，其处理结果为最终结果，而不应诉诸人民法院。

第二，《体育法》第 32 条规定："在竞技体育活动中发生纠纷，由体育仲裁机构负责调解、仲裁。体育仲裁机构的设立办法和仲裁范围由国务院另行规定。"在某俱乐部与球员陈某劳动争议纠纷案中，俱乐部是在中国足球协会注册的职业足球俱乐部，陈某是经中国足球协会注册为某俱乐部的职业球员，双方在参加职业足球运动中引发的本案纠纷，属于在竞技体育活动中发生的纠纷，故该案纠纷由体育仲裁机构负责调解、仲裁，排除人民法院管辖。

第三，人力资源和社会保障部、教育部、体育总局和中华全国总工会于 2016 年 7 月 27 日发布的《关于加强和改进职业足球俱乐部劳动保障管理的意见》（人社部发［2016］69 号）规定：为贯彻落实国务院办公厅印发的《中国足球改革总体方案》的要求，促进中国足球改革发展，职业足球俱乐部应与职业足球运动员、教练员等劳动者依法签订劳动合同，除劳动合同法要求的必备条款外，职业足球俱乐部可以根据足球行业特点，依法约定其他条款。中国足球协会等行业组织要针对足球运动的特点和行业规则，分类制定规范、简明、实用的劳动合同示范文本，指导职业足球俱乐部依法规范劳动用工行为。在某俱乐部与球员陈某劳动争议纠纷案中，陈某与俱乐部签订的工作合同为中国足球协会制式合同，第 12 条规定："双方在履行本合同过程中发生争议时，由双方协商解决；双方不能协商解决时，可向中国足球协会仲裁委员会申请仲裁，乙方（陈某）为中国籍运动员时，仲裁委员会的裁决为最终裁决。”参照上述四部委意见，上述约定符合足球行业特点，亦符合《体育法》规定，合法有效，故本案纠纷应由中国足球协会仲裁委员会裁决，其裁决结果为最终结果。

第四，职业球员与职业足球俱乐部之间工作合同纠纷的处理结果，可能对职业球员的注册、转会以及参赛资格等事项造成较大影响。在某俱乐部与球员陈某劳动争议纠纷案中，陈某要求俱乐部支付解除工作合同经济补偿金，审理该诉讼请求的前提是认定陈某单方解除工作合同是否合理，而工作合同能否解除涉及陈某能否转会。故职业足球球员的工作合同纠纷在最短时限内解决更利于保护球员和俱乐部双方的权益。相比案件经过劳动仲裁、人民法院一审和二审的审理，仲裁裁决最长时限为6个月，其能够在相对更短的时限内得出审理结果。基于职业球员运动生涯较短和职业足球运动的特殊性考虑，职业球员与职业足球俱乐部之间工作合同纠纷亦不宜由人民法院管辖。

综上所述，足球行业属于特殊行业，职业足球球员与俱乐部之间属于特殊的劳动关系，根据特殊优于一般的原则，双方之间纠纷解决方式应适用《体育法》规定，而不适用劳动争议调解仲裁法规定。双方工作合同约定及《中国足球协会章程》规定，双方纠纷解决方式排除人民法院管辖，符合足球行业特点，符合《体育法》规定，合法有效。

体育仲裁制度建设有利于球员与体育联盟间产生劳资纠纷时以最经济、快捷、保密的优势和谐解决，球员与体育联盟在地位上存在不平等性，有很多时候球员的利益在体育仲裁的强制下也得不到合理的保护，球员与体育组织的隶属关系导致球员成为弱势群体。因此，为了职业球员的合理人权、劳动权，必须需要司法的介入方能保护球员的合法权利。我国职业球员与俱乐部等签订的工作合同从法理角度分析因两者存在隶属、从属关系，是劳动合同，受劳动法保护，司法的适度介入有利于保护职业球员的劳动权利免受损害。在某俱乐部与球员陈某劳动争议纠纷案中，人民法院认为中国足球仲裁委员会作出的裁决是最终裁决。得出这一结论的依据是《体育法》的条款——“在竞技体育活动中发生纠纷，由体育仲裁机构负责调解、仲裁”。同时认为中国足球协会仲裁委员会系该条款下的体育仲裁机构。但是人民法院却忽略了该条的第2款，“体育仲裁机构的设立办法和仲裁范围由国务院另行规定”。也就是说体育仲裁机构的设立组成等应当由国务院规定。但是在实际上，国务院从来没有针对此机构上有过规定，中国足球仲裁委员会的设立是按照《中国足球协会章程》的规定设立的，不是依据行政法规规定设立的，因此认为中国足球协会仲裁委员会是《体育法》中所指的体育仲裁机构是明显错误的。同时，中国足球协会也不是《仲裁法》中的仲裁委员会。根据《仲裁法》的规定，“仲裁委员会由前款规定的市的人民政府组织有关部门和商会统一组建，设立仲裁委员会，应当经省、自治区、直辖市的司法行政部门登记”，从该条款也很容易得出，中国足球协会仲裁委员会不是依据《仲裁法》在司法行政部门登记的仲裁委员会。那么显然，中国足球仲裁委员会的裁决得不到人民法院赋予的司法强制执行力。再深入一步，人民法院已经认定某俱乐部与球员陈某之间的关系属于劳动关系，在我国的司法体系中劳动仲裁前置程序属于基本制度，那么，竞技体育中的劳动关系究竟如何特殊，或者有什么明确的法律依据将竞技体育劳动争议排除在劳动争议解决机制之外呢？扩展到国际法律框架下，根据《纽约公约》的保留条款：“依该国法律，争议事项系不能以仲裁解决者；承认或执行裁决有违该国公共政策者。”这里就会直接产生两个问题：①劳动仲裁在我国的法律体系下究竟是否属于《纽约公约》的仲裁事项，或者说我国的劳动仲裁裁决究竟能不能依据《纽约公约》到其他缔约国申请承认与执行，中国足球协会仲裁委员会的裁决能否得到其他缔约国在足球领域外的承认与执行；②劳动争议适用劳动仲裁委员会前置处理程序是否属于我国的公共政策。作者认为这两个问题的答案很可能是我国的裁决很难得到平等对待的原因。因此，作者认为某俱乐部与球员陈某劳动争议纠纷案完全错误理解了《体育法》《仲裁法》《民事诉讼法》中关于“仲裁”的规定，属于严重的法律适用错误，不应当获得推广。

三、国际争端解决机制

（一）国际足联争议解决委员会

成立国际足联争议解决委员会（Dispute Resolution Chamber，简称DRC）的想法要追溯到2001年。它是世界职业球员工会和国际足联协商达成的结果。作为一个由众多熟知《体育法》和国际足联规则的专家组成的特殊机构，它很快被普遍接受并成为解决俱乐部和球员之间纠纷的最佳方式。它甚至被广泛认为能够平等代表足球机构、俱乐部以及球员。国际足联争议解决委员会由26位成员组成。他们之中的12位由世界职业球员工会选派指定，还有12位由国际足联指定。而它的主席和副主席则是通过世界职业球员工会和国际足联协商一致产生的。国际足联争议解决委员会仅有审理国际纠纷的资格。意思就是，纠纷的双方必须来自不同国家或地区。这是为了确保来自世界各地当事人之间的纠纷能得到公平和公正的解决，避免外籍球员或俱乐部的权利在某国家体育法庭审理时遭受不公正的待遇。因此国家内部主体间的纠纷是不允许提交到国际足联争议解决委员会的。国际足联认识到其成员国的法庭并不都符合它的强制性规定和条例，因此在2007年，国际足联签订了《国家争端解决会议统一条例》。这些规定是为了给国际足联成员国设立一个应当遵守的最低标准，尤其是在他们国家法庭的组成和程序问题上。也许这个统一条例之中最重要的就是其国内协会的义务。正如条例第3条所言，要确保其国内法庭是由等量的球员和俱乐部组成的，而且其主席的选举必须经过双方同意，就像国际足联争议解决委员会一样。一旦有一个国家的足协声明其规则和国际足联规则一致并完全实施该规则，那么参照《国际足联球员身份及转会规定》第22条（b），其国内协会将会被考虑拥有一个不受损害而且完全独立的争端解决机构，另外，国际足联还将承认它拥有审理国内和国际争议的权利。

（二）国际体育仲裁法庭

国际体育仲裁法庭（Court of Arbitration for Sport，简称CAS），又译为国际体育仲裁院，是一个专门为解决体育纠纷而设立的国际性仲裁机构。该机构总部位于瑞士洛桑，在纽约和悉尼设有分院，同时在奥运会期间会设立特别法庭。

国际足联和国际体育仲裁法庭的最高权力机构国际体育仲裁理事会在2002年12月签署了一个协议，规定国际体育仲裁法庭有权仲裁与足球有关的法律争议，裁决作出后即产生效力。如果某争议在经过国际足联和各地区的足球联合会的内部程序后仍不能解决，国际体育仲裁法庭将是该争议的最终裁判机构。

国际足联在其2012年5月修改的《国际足联章程》中有国际体育仲裁法庭仲裁有关争议的规定。该章程第66条第1款规定："国际足联认可总部在洛桑（瑞士）的独立的体育仲裁法庭负责解决任何国际足联、会员协会、各洲际足联、联赛、俱乐部、球员、官员以及执证球员和赛事经纪人之间的纠纷。"该条第2款同时指出："体育仲裁法庭的体育仲裁条例决定仲裁的程序。体育仲裁法庭应主要依据国际足联的各项规程以及瑞士法律工作。"而且第67条也指出："如内部解决办法都无效，才能向体育仲裁法庭提出申诉。"

（三）国际足联的管辖权

关于对球员争议的管辖问题，在《中国足球协会章程》中确定为："争议各方或争议事项属于本会管辖范围内的为国内争议，本会有管辖权。其他争议为国际争议，国际足联有管辖权"。同时，"除本章程和国际足联另有规定外，本会及本会管辖范围内的足球组织和足球从业人员不将争议诉诸法院。有关争议应提交本会或国际足联的有关机构"。这是中国足球协会确定的关于足球行业争议管辖的基本原则。《国际足联章程》中确定的原则是"除非在国际足联条例中明确规定，否则诉诸普通法院是禁止的"。在国际足联球员身份有关规定中，"在不影响任何球员或俱乐部在民事法庭就劳资纠纷寻求补偿的权利的情况下，国际足联有权解决"。由于许多国家的立法规定了普通法院对与雇佣有关的争议的强制管辖权，因此球员和俱乐部有权向民事法庭寻求补救，作为上述法定原则的例外。因此，各方可以决定在主管普通法院提起劳工纠纷。司法管辖的选择是一项不容否认的基本权利。有些国家立法甚至不允许劳资纠纷在争议发生之前转交给民事法庭以外的决定机构。然而，如果普通法院没有强制管辖权，各方可以决定从法官的选择中转移出来，而是将此事提交给（国内或国际）体育仲裁。但是，根据民事诉讼原则，在民事法院审理的案件不能由体育仲裁处理。在此我们可以得出一个结论，国际足联并没有排除人民法院（普通法院）的司法管辖，甚至是说如果一国对劳动（雇佣）争议强制管辖，应当优先适用司法管辖。这在国际足联的数个案件中已经得到了确认与适用。因此，中国足球协会在自己的章程中就排除了国内司法管辖是值得商榷的。但是很遗憾，虽然我国关于劳动争议本身确实属于强制性专属管辖，完全符合国际足联的规则，但是似乎我们的人民法院却因“省事”不仅将国内的争议排除司法管辖，还同时将司法主权拱手送出，这其中很难理解人民法院的立场。

四、建立我国体育仲裁制度

体育仲裁，可以说是伴随着《体育法》颁布实施以来整个体育法治建设过程一直被热心关注的重点问题。法治的定纷止争需求和体育纠纷解决的一些特殊要求，使人们对体育仲裁解决体育纠纷的方式产生了很大的认同。

在对《体育法》规定的体育仲裁制度迟迟未能建立的原因之探索中，作者认为虽然存在着《仲裁法》不能直接适用和现行《立法法》对仲裁立法的限制，但更为根本性的问题是，我国长期强大行政力量的干预，还没有出现大量体育纠纷外显并激化而威胁正常体育秩序的困局，尚缺乏建立体育仲裁制度的足够压力和动力。然而，当前的社会形势正在发生变化，体育改革的深化和职业体育的发展，会催动体育纠纷的外显和增多。体育改革发展的实践中，人们已形成仲裁解决体育特殊纠纷的基本共识。

作者认为，当前迫切需要主管部门以改革创新的法治思维和勇于探索的行动胆略，抓住当前体育改革发展和推进法治建设的有利时机，对建立体育仲裁制度进行可行的具体谋划。一方面，我们可以继续在相关立法中加强工作，包括在修改《体育法》和《仲裁法》中做出各种努力。另一方面，在目前法律依据和环境还不够充分完善的情况下，要尽快在可行的范围内进行体育仲裁的实践探索，尽快将体育仲裁机构建立起来。在之前其他仲裁机构内设置体育仲裁构想均无法实现的情况下，最为可行的是在体育社团行政脱钩的实体化改革中，先在中国奥委会内完善纠纷救济系统，建立跨越各单项体育协会的全国性体育仲裁机构，开辟相对第三方的体育纠纷救济渠道，以机构的存在来培育体育仲裁氛围，吸引提请体育仲裁的纠纷案源，扩大体育纠纷仲裁解决的引领和示范效应，并指导和促进各单项体育协会纠纷解决机制的完善与对接，进而为日后条件成熟，建立体育组织之外的独立民间体育仲裁机构积累经验、创造条件。加强体育仲裁，以“法治”代替“人治”，是球员、裁判员维权的新途径，是解决体育纠纷的新道路，是规范体育产业健康发展的新手段。它的设立也将对遏制赛场不正之风产生积极影响。[1] 从实务角度来讲，在不改变现有法律框架的情况下，由中国足球协会与北京仲裁委员会或中国国际贸易仲裁委员会进行协议，设置在北京仲裁委员会下的足球仲裁专项工作组，依托商事仲裁委员会的程序架构，中国足球协会提供仲裁员的专家范围，既可以保证体育仲裁的既判力与司法强制力，也可以保证体育专业的特殊性。

对于体育争议涉及的个体来说，能够快速、有效、廉价和有约束力地解决体育争端便足以使其满足。因此，公正性与公平性是影响其对于现存奥运会强制性体育仲裁协议模式态度的最主要因素。但是，从国家层面出发，公正性与公平性就显得不是那么重要了，国家利益才应是决定性力量。主要在欧洲国家控制下的国际奥委会建立 CAS 的最主要动机便是快速发展扩大的国际体育市场及其背后所蕴含的惊人的经济利益。无论是赞助商给予的利益、赛事的商业价值，还是转播权等所带来的实际收入无一不在刺激着每一个人的神经。CAS 的建立与通过强制性体育仲裁协议实现 CAS 对国际体育仲裁垄断便是国际奥委会在步步为营地夺取解决国际体育争议的话语权，进而掌控国际体育市场，巩固其自身的垄断，最终可以轻易获得巨额的经济利益。这一点可以从美国体

---

〔1〕 于善旭：“体育法治在全面建成小康体育阶段重点着力的若干探析”，载《天津体育学院学报》2016 年第 5 期。

育界的态度得到佐证。美国作为世界最大的体育市场，每年所产生的体育经济利益占全球一半以上，其中又以北美四大职业体育联盟为最。美国国家橄榄球联盟、美国职业棒球大联盟、美国男子职业篮球联赛和美国国家冰球联盟这北美四大职业体育联盟每年的产值可与整个欧洲每年的体育产业所带来的经济利益相媲美，但是其对于体育争议纠纷更多是通过美国司法系统或者美国仲裁协会解决，而对于 CAS 的态度则是不屑一顾。究其原因，如果北美四大体育职业联盟被纳入 CAS 的管辖范围，即意味着其承认与接受国际奥委会和 CAS 的最高权威性，北美体育界将丧失自身的话语权，同时失去四大联盟所带来的巨大经济效益，这严重背离了北美的利益，北美体育界绝对无法接受。而我国作为新兴的体育市场，其潜在体育经济利益为国际所公认，因而发展我国自身的体育仲裁机制是我国体育事业发展的必然路径。然而，如果我国承认 CAS 的强制性体育仲裁协议，那么我国未来的体育仲裁机构将只剩两种选择：一种为坚持自身的仲裁终审裁决权。但是由于强制性体育仲裁协议的存在，有极大的可能性沦为摆设，因为相较于 CAS 与国际奥委会的权威与地位，不会有体育协会将强制性体育仲裁协议指向我国的体育仲裁组织，甚至我国国内单项体育协会迫于参与奥运会的压力，也会对此做出妥协。另一种为放弃仲裁裁决的终审权，承认 CAS 作为国际体育总裁的最高权威，结果会使我国的体育仲裁机构沦为 CAS 的附庸，完全丧失我国体育仲裁的话语权，即意味着放弃这背后所代表的巨大经济利益，也等于是在放弃我国的国家利益。因此，从维护我国体育仲裁机构对于体育争议解决话语权的主导地位与维护我国的国家利益出发，我国应当坚决反对现存奥运会强制性体育仲裁协议模式中的“强制性”，以在最大程度上保护我国体育仲裁的发展壮大。毕竟，在一棵大树的树荫下，另一个大树是绝对无法茁壮成长的。

第五节　草根足球运动中的法律关系

草根足球运动非指非正式或官方的业余足球联赛或相近似的足球运

动，而是由自然人或法人出于非营利目的，自由组织、召集队员（或称“足球运动的参与者”）进行的足球运动。草根足球运动组织者召集草根足球运动的参与者进行草根足球运动通常采取无偿或有偿两种方式。

在通过无偿方式组织的草根足球运动中，草根足球运动组织者的发起行为是一种无偿要约，其他参与者响应并按照约定时间、地点参与草根足球运动的行为可视为对该要约的承诺。在草根足球运动组织者和参与者之间就形成了一个无名合同，具体到合同内容，性质上接近于无偿委任合同。

《侵权责任法》第 37 条第 1 款规定：“宾馆、商场、银行、车站、娱乐场所等公共场所的管理人或者群众性活动的组织者，未尽到安全保障义务，造成他人损害的，应当承担侵权责任。”《最高人民法院人身损害赔偿解释》第 6 条规定：“从事住宿、餐饮、娱乐等经营活动或者其他社会活动的自然人、法人、其他组织，未尽合理限度范围内的安全保障义务致使他人遭受人身损害，赔偿权利人请求其承担相应赔偿责任的，人民法院应予支持。”草根足球运动作为一种户外运动虽不属于经营活动，但仍属于司法解释规定的“其他社会活动”的一种，草根足球运动的组织者即活动的组织者，其对于球场伤害承担的是群众性活动组织者责任，其应尽到合理限度范围内的安全保障义务。而所谓的合理限度范围，就要考虑该活动的性质、特点和参加者之间的相互关系。

从活动的性质来看，草根足球运动的目的往往在于获得比赛乐趣、赢得比赛荣誉，不从中获利，不具有营利性；从活动的组织形式特点来看，草根足球运动属于一种需多人参与的体育活动，组织者往往只是负责召集参加者、安排比赛场地、制定比赛规则、管理费用支出等，活动中一些事项尚需参加者共同决定，因而这种管理是松散的，组织者对于参加者并没有很大的支配权力，在草根足球运动规则范围内自担风险的前提下，组织者对于草根足球运动本身的风险导致的损害应当是可以免责的。

因而草根足球运动的组织者对于球场伤害所应当尽到的安全保障义务较低，并且只应当承担过错责任。在对过错的认定上，也应当结合客观实际情况进行判断。因为在瞬息万变的体育竞技过程中，不能要求组织者对每一名队员的行为进行严格把控，队员独立地进行草根足球运动，组织者只要不是对损害的发生具有明显、重大的错误，就不应当要求其承担责任。但值得注意的是，草根足球运动的组织者往往对比赛规则（可能仅仅是对有无越位、是否只能禁区内射门等简单约定）的制定具有相对一般草根足球运动参与者而言较大的发言权，且草根足球运动参与者不一定具备足够的草根足球运动知识，组织者作为活动的发起者，无论从其对活动的主导能力还是从其对该项运动本身应有的了解出发，都应当保证所制定的规则不明显违反足球运动常识。如无违反上述应尽义务的情形，则不应苛责组织者未尽相应合理限度范围内的安全保障义务，其也不应对球场伤害承担责任。

通过有偿方式组织的草根足球运动中，草根足球运动组织者与草根足球运动的参与者之间形成的是一种劳务关系。表现形式为参与者向组织者提供草根足球运动形式的劳务，发起者对此支付相应报酬。

《最高人民法院人身损害赔偿解释》第9条规定："雇员在从事雇佣活动中致人损害的，雇主应当承担赔偿责任；雇员因故意或者重大过失致人损害的，应当与雇主承担连带赔偿责任。雇主承担连带赔偿责任的，可以向雇员追偿。"第11条规定："雇员在从事雇佣活动中遭受人身损害，雇主应当承担赔偿责任。雇佣关系以外的第三人造成雇员人身损害的，赔偿权利人可以请求第三人承担赔偿责任，也可以请求雇主承担赔偿责任。雇主承担赔偿责任后，可以向第三人追偿。"由于草根足球运动具有竞技性、对抗性，其参与者在进行草根足球运动过程中，既存在因与他人（其他草根足球运动参与者）对抗造成的球场伤害，又存在非因与他人对抗（如场地原因、自身原因）造成的球场伤害。

相对于无偿方式组织的草根足球运动，根据司法解释的规定，有偿方式组织的草根足球运动要求草根足球运动的组织者承担的是雇主责任。在司法解释的规定中，并没有提及雇主可以通过证明自己已尽选任和监督的义务，或即使尽到这种义务仍不免发生损害而获得免责，并规定了雇员因故意或者重大过失致人损害的情形下雇主的连带赔偿责任。

可见，雇主是否存在过错并不是雇主为雇员从事雇佣活动致人损害承担责任的前提。显然，其归责原则采用了无过错责任原则。

同时，基于草根足球运动存在对抗双方，双方均可能由组织者采取有偿或无偿方式组织草根足球运动参与者进行比赛。如双方参与者均为同一人或数人组织，则共同的组织者按照上述有偿或无偿方式两种担责方式对球场伤害承担责任。如双方参与者由双方各自组织，则根据召集方式的不同，区分球场伤害的担责方式。均采取无偿方式的，基于双方组织者对于该场草根足球运动的合意，应将该场草根足球运动看做一个活动，同时，基于此时草根足球运动组织者承担的是活动组织者的安全保障责任，应认定为双方组织者共同组织该场草根足球运动，并共同承担活动组织者的安全保障责任；一方采取无偿方式，一方采取有偿方式，基于双方法律关系的不同，应当由双方依据各自的召集方式，分别承担组织者的安全保障责任及雇主责任；双方均采取有偿方式的，只要各自分别雇佣草根足球运动参与者，基于雇主责任的担责原则，双方应分别对各自雇佣的草根足球运动参与者承担雇主责任。

本章小结：职业球员与俱乐部的劳动关系接近于普通劳动关系，但是很多方面又完全不同于普通劳动关系，在日常处理相关问题的时候要考虑到其与普通劳动关系的相似之处，以及它自身的独特之处。另外，关于争议解决方式，在面临国际上相对完善的规则和非常权威的组织机构的情况下，我国应坚持维护我国体育仲裁机构对于体育争议的话语权，以最大限度地保障我国体育仲裁制度发展壮大。

第四章

足球俱乐部运营中的法律关系

本章的主要内容为足球俱乐部运营中的法律关系，在本部分主要从俱乐部的准入规则、股权转让、职业联赛及纪律处罚等多个方面来分析足球俱乐部运营中的法律关系。

在本章中，从俱乐部准入规则、职业联赛升降级规则为分析起点，着重探讨了俱乐部转让规则，并从转让条件及程序等多个角度分析职业俱乐部股权转让所涉及的法律关系。之后，将足球涉及的处罚规则分为纪律处罚及行业仲裁处罚两部分，并与普通仲裁程序及除斥期间做了一个横向对比。在介绍了足球处罚规则后，作者指出目前中国足球廉洁机制的不足之处，并有针对性地提出加强足球廉洁性建设的要求。在本章最后，以欧足联财政公平法案为例，探讨了财政公平政策在中国的必要性及可行性，提出了具有中国特色的引援调节费，旨在完善职业足球俱乐部建设和运营模式。

第一节　职业俱乐部准入

为实现俱乐部法人治理结构，提高职业足球俱乐部自身的管理能力和运营水平，建立完善的俱乐部青训体系，促进职业联赛长期稳定健康发展。中国足球协会近年来推行了职业俱乐部的准入体系，但这并非中国足球协会的独创。准入制度的核心模式是俱乐部达到准入条件加上相应的比赛成绩方能获得参赛资格。中国足球协会已在中超、中甲、中乙联赛中实施了准入审查制度。准入申请者在达到参加相应级别职业联赛的体育成绩的同时，只有获得相应级别职业联赛的准入资格，方能参加中超、中甲或中乙职业联赛。设立准入机制的目的不是抬高门槛、设置障碍，而是为了强化俱乐部自身管理能力和提高经营水平，实现俱乐部法人治理结构；完善俱乐部青训体系建设；建立俱乐部文化基础；促进中国足球职业联赛长期稳定健康发展；不断提高联赛质量。

一、职业俱乐部准入标准

中国足球职业俱乐部准入标准集中于五个方面：

1. 球队建设标准（主教练、助理教练、梯队设置等）。

2. 基础设施标准（体育场、训练设施、办公室等）。

3. 人事标准（董事长、总经理、财务主管、新闻官等）。

4. 法律标准（法人实体、球员合同、禁止关联关系等）。

5. 财务标准（预算、审计报告、不得欠薪等）。

中国足球协会职业俱乐部（中超、中甲、中乙）准入规程一共涉及55个标准，对各准入要求方面分为A、B、C三个级别，其中44个A标、8个B标、3个C标。

（一）“A”级——“强制性标准”

准入申请者没有达到本规程中所申请参加级别联赛的任何一个A级标准，将不能获得该级别联赛的准入资格，同时不能参加该级别的职业联赛。

（二）“B”级——“义务性标准”

准入申请者没有达到本规程中所申请参加级别联赛的任何一个B级标准，将受到准入管理者的处罚，但仍能获得该级别联赛的准入资格。

（三）“C”级——“倡导性标准”

准入申请者没有达到本规程中所申请参加级别联赛的C级标准，将不会受到准入管理者的处罚，仍然能获得该级别联赛的准入资格。但是，现行的C级标准将可能成为B级或A级标准。

中国足球协会的准入工作计划2018年是训练基地达标、2019年是青训梯队达标、2020 年是财务监管、2021 年起推动俱乐部名称逐步中性化，届时不达标的俱乐部将失去准入资格。

二、职业俱乐部退出机制

我国职业足球俱乐部现代企业制度建立过程中，面临着大量的资产重组任务。反观欧美职业体育联盟对于经营出现问题欲退出联盟的俱乐部往往采取将俱乐部托管的形式，通过契约约定在一定条件下和一定期限内，将本企业法人财产的部分或全部，委托给具有较强经营、管理能力并能承担经营风险的法人或自然人，以实现委托资产的保值、增值。俱乐部托管和俱乐部破产等相比，托管的操作成本相对较低，一定程度上不仅增强了俱乐部的竞争力，还避免了俱乐部对联赛造成的巨大冲击。[1] 一般来说，托管对于职业体育联盟来讲只是暂时的。

在我国没有完整的俱乐部退出机制，现有的退出指的是赛事的退出，即退赛或者罢赛的概念。俱乐部退赛或罢赛均属突发事件，是伴随我国职业体育市场准入进程出现的，有一定的必然性。武汉光谷足球俱乐部中途退赛事件，导致中国足球协会、联赛管理者和各家俱乐部捉襟见肘，之后大连实德足球俱乐部、上海国际足球俱乐部均以不同形式退出。中国足球协会对于退赛后球员如何处理，积分如何重新计算等均未明确说明，此类事件带来了一系列负面影响。为了有效规避此类事件给中超联赛带来的负面影响，必须建立我国中超联赛突发事件应急处理机制。[2] 应急处理机制在执行过程中应该坚持依法原则、效率原则、透明原则，从而使应急处理机制依法设立和依法运行。

三、民办非企业单位转企业形式

足球俱乐部在设立之初选择的组织形式，除了公司外还有大量以民办非企业单位形式出现的。根据《民办非企业单位登记管理暂行条例》的规定，民办非企业单位，是指企业事业单位、社会团体和其他社会力

---

〔1〕 李燕领："我国职业体育市场准入制度研究——以篮球、足球项目为例"，苏州大学 2011 年硕士学位论文。

〔2〕 李燕领、王家宏："中超联赛俱乐部准入制度研究"，载《体育科研》2012 年第 1 期。

量以及公民个人利用非国有资产举办的，从事非营利性社会服务活动的社会组织。根据这一概念的界定，民办非企业单位不是企业，更不是经济组织，是不具有企业特性和特点的社会服务组织，它具有民间性、社会性、公益性和非营利性特性，其行为特征体现在以提供社会公共服务产品的公益性为宗旨、追求最大化的社会效益和以主动承担社会责任为目标。民办非企业单位的法律特征主要有：①不以营利为目的；②以进行社会服务为其业务；③初始财产主要为非国有资产；④举办者是企业、事业单位、社会团体和其他社会力量以及个人，不包括党政机关；⑤民办非企业单位的民事主体地位，包括个体、合伙和法人三种。体育类民办非企业单位是指由企业事业单位、社会团体、其他社会力量和公民个人利用非国有资产举办的，不以营利为目的的，以开展体育活动为主要内容的民办的中心、院、社、俱乐部、场馆等社会组织。[1] 而根据《公司法》的规定，公司是依法定程序设立的，是以营利为目的的法人组织。根据中国足球协会关于职业俱乐部的组织形式规定，要参加中超、中甲、中乙联赛，俱乐部必须是企业法人，民办非企业单位不符合该形式条件，因此就存在组织形式转变的问题。但我国暂无民办非企业单位转变为公司的法律规定，民办非企业单位转变为公司在没有法律规定的情况下，有如下困难：

第一，民办非企业单位从成立时起就被定性为非营利的社会公共服务机构，从非营利转为营利结构的过程中，面临资产结算、债务清偿、剩余财产处理等复杂问题，在我国法律法规尚无规定行之有效的民办非企业单位退出机制的情况下，民办非企业单位向公司的转换很容易让不法行为人非法获利，危害社会公共财产的安全。

第二，民办非企业单位在经营期间享受较大的政策优惠，获得政府、社会、公民的鼓励和支持，这往往使民办非企业单位形成较高的知名度，甚至拥有了较高的品牌价值，因此民办非企业单位的发展成果并不仅仅归功于自身，更是社会共同参与的结果，对于此项无形的价值将

〔1〕 徐兴国：“关于镇江市中小学青少年体育俱乐部的研究”，苏州大学 2009 年硕士学位论文。

很难核算和分离。

第三，民办非企业单位的转化可能涉及经营期间享受的税收优惠、财政补助的返还等问题，这关乎社会公共财产，因此，如何平衡和分配现有资产，将社会公共利益最大化也是将要面对的问题。

那么民办非企业单位便没有转变为公司的可能吗？实践中并非如此。

例如在医疗行业实践中，已有多例民办非企业单位性质的非营利性医院转变为公司制营利性医院的案例，比如西安高新医院（原为民办非企业单位）于2011年变更为营利性医院，并被西安开元投资集团股份有限公司收购；建华医院（原为民办非企业单位）于2015年变更为营利性医院，并被千足珍珠集团股份有限公司收购等。因此，如果可以妥善解决上述问题，在不违反现有法律法规、通过当地政府审批的情况下，并且满足符合社会公共利益、不违背投资人意愿等条件，民办非企业单位转变为公司是可能的，亦即体育类民办非企业单位有可能转变为营利性的公司。

第二节　职业俱乐部设立与转让

职业俱乐部本身的定义决定了其与赛事成绩相关联，而获得赛事成绩需要一定的赛事周期，这就决定了职业足球俱乐部在运营过程中需要按照一定的程序来进行资本运作。

一、职业俱乐部的设立

从中超联赛体系来看，按照现有的竞赛体制无法直接成立职业足球俱乐部，所有俱乐部均需要从成立业余足球俱乐部开始。取得一定的比赛成绩之后并根据准入标准成为中乙俱乐部，进而通过升降级制度逐步成为参加更高级别职业联赛的足球俱乐部。

二、职业俱乐部的转让

职业俱乐部可进行重要股权转让和次要股权转让。

（一）重要股权转让

重要股权转让是指俱乐部全部股权或重要股权、表决权（新股东或原股东增资扩股后持股比例不低于30%，或新股东或原股东增资扩股后拥有表决权比例不低于30%）发生变更，或因股权变更、更换法定代表人、借款、抵押、股权质押、代持协议等方式而使俱乐部的控股股东、实际控制人发生变更的股权转让。

1. 转让应当符合的条件：

（1）转让方条件。

a. 转让方在3年内所转让的股权份额累计不得高于其所持股权的50%。

b. 没有与行业内单位或个人的逾期债务，或逾期债务已经得到了解决。

（2）受让方条件。

a. 受让方应为在中国大陆地区（即中国足球协会管辖范围内）合法注册的法人单位。

b. 受让方经营及财务状况良好。最近两年的所有者权益至少应达到此俱乐部所在级别联赛准入规定中要求的最低所有者权益的5倍。受让方最近两年的财务状况应为盈利，最近一期末不存在弥补亏损。

c. 受让中超、中甲俱乐部的，受让方至少持续经营3年以上（3个连续完整会计年度）。受让中乙俱乐部的，至少持续经营2年以上（2个连续完整会计年度）。

2. 转让时间：当赛季结束后至第二年1月10日前完成向中国足球协会的材料申报。

3. 转让程序：

（1）会员协会初审材料。

（2）相关部门变更手续。

（3）中国足球协会复审材料。

（4）公示。

（5）解决债权债务纠纷（如有）。

（6）完成转让。

（二）次要股权转让

次要股权转让是指除以上重要股权转让外的股权变更。俱乐部进行增资扩股的，新股东按照其在俱乐部的拟持股比例，作为其进行重要股权转让或进行次要股权转让的标准。

1. 转让条件：

受让方条件如下：

a. 受让方应为在中国大陆地区（即中国足球协会管辖范围内）注册的法人单位或有中国大陆地区公民身份的自然人。

b. 受让方如果为法人单位的，其经营及财务状况应良好。至少经营1年以上（1个连续完整会计年度）。最近一年的所有者权益至少应达到此俱乐部所在级别联赛准入规定中要求的最低所有者权益的2倍。受让方最近一年的财务状况应为盈利，最近一期末不存在弥补亏损。

2. 转让时间：赛季期间仅能完成一次次要股权转让，但俱乐部名称不得发生改变。

3. 转让程序：

（1）会员协会初审材料。

（2）中国足球协会复审材料。

（3）公示。

（4）相关部门变更手续。

（5）完成转让。

（三）转让前后应当符合同股同权原则

我国的职业俱乐部绝大部分都已经完成了体制上的改革，成为《公司法》上独立的法人，按照《公司法》的规定形成了公司治理结构。但是我国《公司法》对于有限责任公司的公司治理结构除了法律上的一定规制外，还允许公司股东对于股东的权益作特殊的约定，譬如分配权、认购权等，并可以写入公司章程。在此种特别约定下，股东权利的具体内容可能并非如其占有的出资比例所体现的那样，可以形成小股东成为实际控制人的情形。种种如此安排将阻碍职业俱乐部管理透明化的要求，容易形成不容易被发现的控制关系，因此中国足球协会规定在进行职业俱乐部股权转让时要求同股同权。

三、禁止关联关系

维护足球行业的绝对公平是基本的行业原则，这是禁止关联关系的核心前提。关联关系的认定规则是基于行业基本原则的要求而制定的。《中国足球协会章程》以及准入规定中对关联关系的认定是严格限定俱乐部之间不得存在任何形式的关联关系。对于确认存在关联关系的俱乐部，中国足球协会纪律委员会将给予取消注册的处罚。在处理此事的基本原则下，还要考虑为以后俱乐部进行教育和引导，并结合我国经济形势的发展，防止各种形式的规避。根据《准入审查办法》第 4 条，“任何自然人或法人不得以任何手段和方法控制一家以上俱乐部或对决策产生重大影响”，该情形应当被认定存在关联关系。因此不允许任何自然人或法人持有或者交易参与同样赛事的其他俱乐部的证券或股份，不允许形成两个俱乐部主要股东之间共同设立公司的情形，否则将出现该两个俱乐部主要股东通过该渠道进行利益交换和输送的可能性。

综上，我们认为，关联关系是严重损害足球领域公平竞赛的因素，是严重损害足球核心价值的因素，应当坚决予以杜绝，防止假球、默契球死灰复燃的可能性。

第三节　职业联赛

在中国足球协会的赛事体系中，职业联赛仅指中国足球协会组织主办的中超、中甲、中乙、女超、女甲以及五超联赛。

一、职业联赛体系

（一）男子

中超：中国足球协会超级联赛。

中甲：中国足球协会甲级联赛。

中乙：中国足球协会乙级联赛。

五超：中国足球协会室内五人制超级联赛。

（二）女子

女超：中国足球协会女子超级联赛。

女甲：中国足球协会女子甲级联赛。

二、职业联赛比赛组织

主办单位指体育赛事的发起单位。

承办单位指体育赛事的具体实施单位。

协办单位指体育赛事的实施过程中提供协助或赞助的单位。

三、职业联赛升降级

职业联赛通常采取升降级制度，即首先按照比赛规程中的名次排序规定进行排名，然后根据一定规则确定出降级队伍与升级队伍。职业联赛一般采取“准入条件和竞赛成绩双达标”的原则确定升降级。在确定竞赛成绩原则时，例如升降级为升二降二，则可以递补的俱乐部仅限为原降级的两个俱乐部和下一级别联赛上赛季联赛的第三、第四名；如升降级为升三降三，则可以递补的俱乐部仅限为原降级的三个俱乐部和下一级别联赛上赛季联赛的第四、第五、第六名，以此类推。如以上俱乐部不能递补足额，则原则上不再进行递补。

如因上赛季本级别联赛的俱乐部（已降级的除外）未达到准入标准等原因失去本级别联赛参赛资格，而出现的名额空缺，则优先在上赛季本级联赛已降级的球队中按上赛季的联赛成绩排名逐次递补，如本级别原降级俱乐部仍不能补齐，则再由上赛季下一级别联赛未能升级的球队中按上赛季的联赛成绩排名逐次递补。如因上赛季下一级别获得升级名次成绩但俱乐部未能获得上一级别联赛的准入资格等原因，而出现的原升级名额空缺，则优先由上赛季下一级联赛中未能升级的俱乐部中按上赛季的联赛成绩排名逐次递补，如下一级别俱乐部不能补齐，则再由上一赛季原级别联赛已降级的球队中按上赛季的联赛成绩排名逐次递补。同时原则上联赛参赛资格的递补只能在两个赛季之间进行。

确定竞赛成绩时，有多种排名方式。以中超联赛为例，中超联赛采用主客场双循环赛制。每队胜一场得 3 分，平一场得 1 分，负一场得 0

分。中超联赛当年度比赛全部完成后，积分多者名次列前。如果两队或两队以上积分相等，依下列顺序排列名次：

1. 积分相等队之间相互比赛积分多者，名次列前。

2. 积分相等队之间相互比赛净胜球多者，名次列前。

3. 积分相等队之间相互比赛进球数多者，名次列前。

4. 所属俱乐部的预备队在本赛季预备队联赛中的积分列前者，名次列前。

5. 所属俱乐部的 U19 精英梯队在本赛季相应组别青超联赛中积分多者，名次列前。

6. 积分相等队在当年中超联赛全部比赛中净胜球多者，名次列前。

7. 积分相等队在当年中超联赛全部比赛中进球数多者，名次列前。

8. 公平竞赛积分高者列前（红黄牌减分，每张黄牌减 1 分、每张红牌减 3 分）。

9. 以抽签办法决定名次。

在不少的新闻报道中总会对最后名次按照抽签的方法决定的行为进行报道，并加以否定，却不知该种决定名次的方法在赛会制的小组赛中是一种不鲜见的决定名次方法。

第四节　纪律处罚

一、纪律处罚法律性质及主体

社团自治是行业协会行使自治管理权能的重要表现。其中社团罚则又在社团自治权中占有较大的比重。学术界有关社团罚则的正当性来源有多种解释，较为普遍的解释是，行业协会本质上是一种关系网络，在关系网络中，非法律的惩罚（即社团罚则）比法律惩罚更有效，这有赖于社会团体的关系网。但与其说体育处罚规则产生于成员之间的关系性互惠，更适合把它解释成是产生于体育的游戏竞技性。任何一种游戏都要有其自身的规则，否则游戏无法进行，而体育运动特别需要规则，因为体育运动本身就是一种游戏活动，它需要游戏规则来维系，这便是体育规则。可以说，体育规则是任何一个体育项目存在的必要前提，也是判定竞技各方胜负的规则依据。体育运动的竞技性特征又内在地要求要有处罚规则来维护体育规则的有效施行。

我国《体育法》第35条规定："国家鼓励、支持体育社会团体按照其章程，组织和开展体育活动，推动体育事业的发展。"并且在第47、48条中进一步规定阐述了设定体育处罚规则的合法性和必要性。该法规定，在竞技体育中从事弄虚作假等违反纪律和体育规则的行为以及在体育运动中使用禁用的药物和方法的，由体育社会团体按照章程规定给予处罚。概言之，体育罚则设定的正当性源于体育行业自治的内在需要。鉴于本书主要谈及的是足球行业的内容，因此本节主要是从足球行业内的罚则为切入点。目前中国境内的最高级别足球行业管理组织为中国足球协会，中国足球协会目前由13个专项委员会以及3个法律委员会组成，法律委员会分别为纪律委员会、仲裁委员会和道德与公平竞赛委员会。其中纪律委员会是本节所要介绍内容的主体。纪律委员会是中国足球协会行使社团自治权的保证，也是使用足球行业处罚规则的主体，《中国足球协会章程》赋予了纪律委员会处罚权。纪律委员会为中国足球协会的分支机构，分别由主任、副主任及委员若干人组成。主任及多数委员应拥有法律职业资格。

二、纪律处罚的种类

按照国际足联、亚足联、中国足球协会现行有效的纪律准则中关于处罚种类的规定，纪律处罚主要分为以下两类：一类是比赛过程中的纪律处罚，一类是事后追加的纪律处罚。

（一）比赛过程中的纪律处罚

这一类处罚是裁判员根据比赛的实际情况作出的，主要分为两类，适用对象包括球员和非球员的其他人。

1. 警告（黄牌）。黄牌警告是比赛过程中裁判员对球员非严重性地违反体育道德的行为进行的警告（参见《足球竞赛规则》第12章）。

2. 罚令出场（红牌）。罚令出场是在比赛过程中裁判员罚令某人离开比赛场地及其周围区域，包括替补席。被罚令出场的人可以进入看台，除非罚令出场包括体育场区域。

因此，实际上裁判员在比赛过程中出示的红黄牌或罚离替补席等措施实质上是纪律处罚。

（二）事后追加的纪律处罚

裁判员作出的处罚不是本书所要介绍的重点，虽然也是对体育社团自治权及社团罚则的一种表现，但我们在这里更多的是要向大家介绍以下内容——事后追加的处罚。

1. 处罚的成因。违背足球竞赛规则、纪律准则、各类规程等要求的行业内容组织或个人违规违纪行为或事件均有可能受到此类处罚。足球比赛中大多数行为是由于球员、非球员的其他人员不遵守行业规则或者说严重违背行业要求而导致被行业相关法律机构处罚。少数行为是由于比赛 90 分钟之外的非竞技类违规，或裁判员在执法过程中的错漏判而被法律机构追加处罚的。

2. 处罚的类型。

（1）警告。警告是对违规者最轻的一种处罚，如再次出现违规行为，将对违规者实施进一步纪律处罚。它与裁判员在比赛过程中给出的黄牌警告不同，属于法律机构追加处罚的概念范畴。

（2）通报批评。通报批评是较轻的一种处罚，如再出现违规行为，将对违规者实施进一步纪律处罚。现实情况下，对于组织机构使用这种类型的频率最高，单靠通报批评显然不能起到最大的震慑力，因此，此类对组织常适用的处罚类型往往与每年的组织评分及评奖挂钩，未来也可能与有关组织的准入资格息息相关。

（3）停赛。停赛是禁止参与下一场比赛或下一项赛事并（或）禁止进入比赛场地或周边地区。被停赛的球员或教练员不得出现在上场球员名单上，并不得进入替补席。

对于停赛的时间限制，不同的组织要求不同，就中国足球协会目前的规定而言，停赛的最长期限不超过 36 场或者 36 个月，因此它可以比赛场次、天数或者月的形式出现。而对于停赛的规则来说，不同的组织有不同的停赛处理规则，同一个组织在不同的时期为了符合当时的管理需求，其停赛处理规则也会有变动。对中国足球行业而言，2018 年中国足球协会采取了“处罚与执行分离”的新做法。一直以来，中国足球协会纪律委员会在处罚决定中往往会明确处罚的对象、处罚的种类、处罚执行的比赛、处罚的场次/期限等，但由于纪律委员会是一个长期从事研究的机构，并不十分掌握逐年新增的比赛类型，且在司法实践中，“审执分离”也是保证法律机构公正性的一种有效形式。因此，从 2018 年开始，中国足球协会在修订新版纪律准则的同时，出台了《执行细则》，据此确定了中国足球协会目前已存在的主要比赛类型的停赛规则及原则，由赛事主管部门依据该细则以及纪律委员会的处罚决定（仅写明处罚对象、处罚类型、处罚的场次/期限）来执行。此举虽然更加合理和简便，但由于处罚的追踪系统目前还在建设过程中，难免在交叉的比赛体系中有疏漏执行的可能，目前也只能靠人力去一一追踪。

（4）禁止从事任何与足球有关的活动。禁止从事任何与足球有关的活动是指禁止被处罚对象从事任何与足球有关的活动（包括但不限于投资、管理、比赛或其他）。

它应当算得上是纪律处罚种类中对个人、组织处罚程度最重的一类处罚，可以简称为“禁业”，往往会在处罚中写明禁业期限。因为此类处罚严重性最甚，因此在适用时会综合考虑各种因素，一般只有当行为恶劣性达到难以原谅的程度，情节十分严重，影响较大或特大的情况下，才会考虑禁业的适用可能。就如解释所言，这种禁业不单单是不能参与比赛或者管理，甚至连间接的投资都不允许，绝对杜绝其进入足球行业的可能性。

（5）禁止转会。禁止转会是指被处罚对象在处罚有效期内不得进行转入或者转出的行为。它可以同时适用于个人或者组织，对于个人来说，被禁止转会可能会影响到职业发展，而对于俱乐部来说，球员即为资产，禁止转会，不仅是对俱乐部资产的锁定，不允许套现或者交易，更会影响到当赛季的成绩与排名。

（6）无观众比赛。无观众比赛是指要求会员协会和俱乐部的球队在没有观众的情况下进行某一场比赛。这类处罚虽然是对会员协会、球队的一种直接处罚——减少比赛日收入，但是实质上更是对球迷的变相惩罚，球迷无法到场支持自己喜爱的队伍或者球员，是一种间接损失。

(7) 在中立场地进行比赛。在中立场地进行比赛是指要求会员协会和俱乐部的球队在另外一个省（市）或同一个省（市）的另一个地区进行某一场比赛。每个队伍都有自己的主场，而主场的管理者又是会员协会组织的赛区，因此被处罚在中立场地比赛，其效果有点类似于无观众比赛，缺少/没有支持者在现场呐喊助威，比赛观赏性降低。不仅如此，对球队、赛区管理者而言，在中立场地比赛各方面成本也会增加，因此惩罚力度也更大。

(8) 禁止在某一体育场（馆）比赛，是指禁止会员协会或俱乐部的球队在某一体育场（馆）比赛。

(9) 减少转会名额。减少转会名额是指减少俱乐部在被处罚期间的具体转会名额数量。足球行业组织不论是国际还是国内都有转会期，这对于球队及球员来说，是非常重要的改变当前职业状况的“窗口”，俗称“窗口期”。在中国，转会期一年有两次，分别在年初及年中，年初的窗口期时间较长，由于我国的四季时令缘故，一般的比赛从每年的12月至来年的2月均为间歇期，如一支球队被处罚减少转会名额，那么球队将无法在该转会期内完成自己的引援计划，更进一步影响到全年的比赛状态和成绩。

(10) 限制引进外籍球员。限制引进外籍球员是指俱乐部在被处罚期间减少直至禁止引进外籍球员。比如在中超、中甲联赛中均有外援的人数限制，而目前中国球队争相引进世界上水平较高的外籍球员，来提升自己队伍的整体实力。如被处罚限制引进外援，那么会直接影响到球队的水平或者成绩。

(11) 取消比赛结果。取消比赛结果是指一场比赛的结果没有得到承认。它可能发生在比赛过程中发生重大的弄虚作假或者操作比赛等违反体育道德的情况下。

(12) 取消比赛资格。取消比赛资格是指禁止参与下一场比赛或下一项赛事，或禁止进入比赛周边区域，取消会员协会和俱乐部的球队参加当前和（或）未来中国足球协会举办的相关赛事资格的处罚。

（13）取消注册资格。取消注册资格是指取消会员协会、俱乐部球队或个人在中国足球协会注册的资格。它的性质类似于禁止从事任何与足球有关的活动，关闭了会员协会、球队、个人本赛季或者以后在足球行业内参与活动的可能，但并不妨碍投资或者管理的工作，相较于“禁业”而言，程度较轻。

（14）扣分。扣分是指扣除俱乐部在中国足球协会主办的比赛的积分（包括已获得的以及此后将会获得的积分）。

（15）降级。降级是指将俱乐部降至下一个级别或者几个级别的联赛。比如按照中国足球协会 11 人制的联赛体系，从中超降到中甲、中乙，它不同于目前职业联赛本身所设计的升降级制度，与球队成绩不挂钩，而是因为违规违纪受到处罚的被迫型降级，且无候补升级的可能。

三、纪律处罚的对象

1. 球员。球员是事后追加的纪律处罚种类的主要对象之一。正如前述内容的介绍，球员因为违规违纪的行为，依据《纪律准则》《注册管理规定》《转会规定》《代理人管理规定》等规范性文件，而受到纪律委员会的直接或者追加处罚。

对于球员的处罚，往往包括通报批评、停赛、限制或禁止转会、取消注册资格等。且其处罚按照《执行细则》的规定，“处罚随人走”，即无论球员所在球队是否升降级，或者球员是否转会，都会由球员背负到新的级别或者俱乐部继续执行。当然，如球员是国际转会，按照现行的国内行业规定，有一定的时间限制，目前是 24 个月内有效，如处罚生效后 24 个月内，该球员回到国内继续注册的，除纪律委员会另有决定外，仍应执行剩余的纪律处罚。当然，如果球员在这 24 个月内彻底放弃足球职业，则另当别论。

2. 俱乐部（队）。俱乐部（队）与球员一样，是足球行业被管理的主要对象，同样在俱乐部（队）违反了《纪律准则》《注册管理规定》《转会规定》《代理人管理规定》等规范性文件后，也会被纪律委员会直接或者追加处罚。

对于俱乐部（队）的处罚类型主要包括罚款、禁止转会、扣分、降级、取消注册资格等。

3. 代理人。足球代理人按照中国足球协会2018年2月修订的《代理人管理规定》的内容是指收取费用或免费代表球员或俱乐部为达成并签署转会协议或签订工作合同而进行谈判的自然人或法人。每一名球员在一个代理协议有效期周期内只能委托1名代理人办理相关转会工作，在与另一名代理人建立委托关系之前应当解除前一名代理人的委托关系。在3年内委托代理人的数额总数最多不能超过3名代理人。球员同时授权多名代理人的，一经核实，纪律委员会将予以处罚。如代理人违反前述规定，可给予代理人以下处罚：警告、罚款、暂扣证书1年、吊销代理人资格证书、取消注册资格、停止参与足球活动等。

4. 赛区。从字面来看赛区是比赛区域的意思，或者是指与比赛有关的场地、空间之意。但是足球比赛中的赛区实质上是指赛区委员会，是以比赛为关联，以比赛场地为核心所确定比赛秩序需要管理的时间、空间、对象。时间是指从比赛筹备到结束，空间包括比赛场地、道路、酒店，对象包括球迷、官员、球员等。在比赛秩序所确定的管理范围内，往往地域的特征最为明显，所以通称为赛区。该部分内容原本主要存在于《全国足球赛区安全秩序规定》，于2018年修订《纪律准则》时，纳入第三章第八节“赛区秩序”中。

5. 对官员、会员协会、教练员等其他主体的处罚。基本内容与球员、俱乐部（队）、赛区重合。

四、纪律处罚的程序

不论是国际足联还是其他国家协会，抑或是中国足球协会，其纪律处罚的程序都是相对完整的，例如我国的处罚处理程序就参考了国际足联、亚足联的纪律委员会处理方式，同时参考了部分国内的司法实践程序，形成了现在的委员会工作方式。在现行的《纪律准则》第四章中都有明确的规定。

下面进行几个重要部分的简单介绍：

（一）纪律委员会的组织

纪律委员会的人员组成并没有人数上限，包括主任、副主任及委员，以上成员均为外聘的足球、法律专家。同时纪律委员会由中国足球协会秘书处配备执行秘书1名，负责日常的工作筹备等，并不参与决策。工作的形式主要是委员会合议或者通讯表决，一般而言，3人以上参会及表决即可。为了保证纪律委员会工作的公正，效仿司法实践，《纪律准则》中也有回避的规定。

（二）处罚的流程

1. 收集材料。比赛官员对比赛中发生的违规违纪事件，应在事件发生后24小时内，向纪律委员会做出书面报告并提供相关资料，在特殊情况下可在48小时内提交。没有任何报告的情况下，纪律委员会也可以对其发现的违规违纪行为继续处理。

2. 审核受理。执行秘书会对投诉报告进行整理，报告主任，由主任决定是否受理。

3. 处理。纪律委员会可以合议或者通讯的方式进行研究讨论，一般情况下，应在接到报告后的24～72小时内作出处理决定，特殊情况下可采取临时处理措施，并告知当事各方。

4. 处罚的通知及执行。在纪律委员会作出处罚决定后，应当向有关各方发出通知，由赛事主管部门监管执行。纪律委员会的处理决定一经发出或者公布立即生效。

5. 当事人的听证权利。纪律委员会可以根据实际情况对涉嫌违规违纪的当事人发出听证通知，当事人在收到听证通知之后的24小时内应当予以书面等有效形式回复是否参加听证，并可在听证前或听证会上提交相关书面、电子证据材料。24小时内不确认的，视为放弃听证权利，事后另行递交的材料，纪律委员会不再予以认定。紧急情况下，纪律委员会可以临时通知当事人参加听证。

听证可以采取当场听证、电话听证、书面听证等形式。当场听证的，应当携带身份证明参加。听证当事人使用非中文语言的，应当由中文翻译陪同参加听证会，否则其听证效力不予认定。

6. 当事人的申诉权。受理申诉的机构为中国足球协会仲裁委员会。此处的申诉是由于被处罚对象对处罚结果不服。具体可申诉的处罚结果类型详见《纪律准则》第98条。对于纪律处罚的申诉将在后边的章节提到。

第五节 行业仲裁

体育仲裁是以解决体育争议为目标的解纷机制之一。在一国的体育争议解纷体系中，主要有以下几种方式：①向体育协会所属的国内或国际体育联合会请求解决争端；②向适当的有管辖权的国内法院起诉；③适用体育仲裁方式解决纠纷。行业仲裁主要解决竞技性体育争议、商事性体育争议和惩戒性体育争议。本节中的仲裁特指中国足球协会仲裁委员会的仲裁程序。

一、仲裁概述

中国足球协会仲裁委员会是中国足球协会处理行业内部纠纷的仲裁机构，是中国足球协会的分支机构，负责处理中国足球协会管辖范围内与足球运动有关的行业内部纠纷。中国足球协会执委会对仲裁委员会的组成、管辖权和仲裁程序作出规定。

二、仲裁受理范围

根据《仲裁规则》的规定，仲裁委员会受理的案件范围如下：

1. 对中国足球协会纪律委员会作出的处罚决定不服，且允许向仲裁委员会申请仲裁的。

2. 会员协会、足球俱乐部、球员、教练员、代理人相互间，就注册、转会、参赛资格、工作合同、代理人合同等事项发生的属于行业管理范畴的争议。

3. 仲裁委员会认为应当受理的其他争议。

三、仲裁程序

根据《仲裁规则》的规定，仲裁委员会决定受理的案件，应当于决定受理后10日内，由仲裁委员会主任在全体仲裁委员中指定包括首席仲裁员在内的3名仲裁员组成仲裁庭，共同审理案件。实践中，仲裁委员会在受理案件后，会向案件的申请方与被申请方送达《案件受理与组庭通知书》，被申请方的答辩期限也由此开始计算。答辩期满后，仲裁委员会将会向申请方、被申请方与其他仲裁相关人送达《开庭通知书》，仲裁庭采取不公开审理的方式进行。

根据《仲裁规则》的规定，当存在下列情形之一时，仲裁中止：

1. 一方当事人尚未在中国足球协会注册或注册备案的。

2. 一方当事人因不可抗拒的事由，不能参加案件审理。

3. 仲裁裁决的作出必须以相关事项的处理结果为依据，而该相关事项尚无处理结果的。

4. 其他仲裁庭认为应当中止的情形。

中止审理的原因消除后，由当事人向仲裁庭提出申请，恢复案件的审理。

根据《仲裁规则》的相关规定，在案件审理期间，当事人有以下情形之一的，仲裁庭可以进行缺席审理及/或径行裁决：

1. 未按仲裁庭指定时间提出答辩的。

2. 未按仲裁庭通知的时间出庭或中途退庭的。

3. 未按仲裁庭的要求提供案件材料或相应证据的。

4. 拒绝对庭审笔录签字确认的。

5. 拒绝履行相关配合义务的。

6. 其他严重影响或妨碍仲裁程序正常进行的。

与普通的民商事仲裁一样，仲裁庭进行仲裁的基本原则为：以事实为基础，以法律为准绳。另外，仲裁庭应当依照行业规定、参照国际惯例，并遵循公平、公正原则作出裁决。对于提请中国足球协会仲裁委员会处理的案件，实行一裁终局制度；仲裁委员会作出的裁决是该案件的最终结果。在对案件作出裁决前，仲裁庭可以先对争议双方进行调解。双方当事人经调解达成和解的，应当签订书面和解协议，仲裁庭应当根据和解协议的内容制作调解书；调解书与裁决书具有同等效力。当事人自行达成和解协议的，可以请求仲裁庭根据该和解协议制作调解书，也可由申请方撤回仲裁申请。仲裁庭审理因不服纪律委员会的处罚而申请仲裁的案件，仅对纪律委员会在作出处理决定的过程中是否违反了相关规定进行审查，并作出驳回申请或撤销处理决定的裁决。

四、申请仲裁的期限

根据《仲裁规则》的规定，申请人向中国足球协会仲裁委员会申请仲裁的，应当根据不同案件，分别于下列期限内提出：

1. 对纪律委员会作出的处罚决定不服而申请仲裁的，自处罚决定公布之日起7日内。

2. 因其他案件申请仲裁的，从其知道或者应当知道权利被侵害之日起1年内。

超过上述期限申请仲裁的，不予受理。但是对上述期限的理解中国足球协会仲裁委员会有的裁决按照时效制度理解，有的裁决按照除斥期间制度执行，没有统一的标准。结合上下文的理解，作者认为该期间按照除斥期间制度理解更为合适。①仲裁规则中在该点上并没有关于中断、中止的制度设置；②仲裁规则规定超出期限的结果是不予受理，与期间的制度类似；③行业仲裁制度的最大特点在于高效性，这必然要求在制度设置上对期间从严把握。

五、仲裁裁决的执行

裁决履行期限：当事人应当依照裁决书或调解书规定的期限自动履行义务；裁决书或调解书未规定期限的，应当自裁决书或调解书送达后10日内履行。根据《纪律准则》的规定，违反或者不执行中国足球协会以及体育仲裁法庭、国际足联、亚足联决定的自然人或组织，中国足球协会可作出下列处罚：

1. 追加罚款、暂停参赛、减少转会名额、扣分、取消注册资格等。

2. 对不服从体育仲裁法庭、国际足联或亚足联裁决且拒付罚款及相关款项的组织，将从联赛保证金或分成款中扣除有关款项，以支付体育仲裁法庭、国际足联或亚足联裁定的款项。如罚款、数额超出联赛保证金或分成款数额且该俱乐部拒付超出部分的，将依据《纪律准则》

第 79 条第 1 款追加处罚。

3. 中国足球协会其他规范性文件有特别规定的，按特别规定执行。

另，在中国大陆境内，足球领域认可体育仲裁法庭（CAS）效力。

六、对纪律处罚的仲裁

因不服纪律委员会作出的处理决定，当事人可以向仲裁委员会提请仲裁、进行申诉。但根据《纪律准则》的相关规定，并不是所有的纪律处罚决定都可以被申诉，只有满足条件（处罚内容需达到一定量级）的处罚才能进行申诉。

根据《仲裁规则》的规定，当事人应当在纪律处罚公布之日起 7 日内向仲裁委员会提交仲裁申请书及相关证据材料。

因不服纪律委员会的处罚决定继而提出申诉的仲裁案件，由于一方当事人较为特殊，因此在该类案件在仲裁程序上与一般案件有颇多不同之处：

当事人对其申请或者答辩所依据的事实承担举证责任。在因不服纪律委员会的处罚而提请仲裁的案件中，纪律委员会应当对其作出处罚决定的依据承担举证责任。

前文提到，一般仲裁案件中，仲裁庭可以先对争议双方进行调解，当事人亦可自行达成和解协议；但对纪律委员会作出的处罚决定不服进而提请仲裁的案件，不适用调解。

对于审限而言，一般仲裁案件的裁决应当于仲裁程序开始之日起 6 个月内作出；而对纪律委员会的处罚决定不服而申请仲裁案件的裁决，应当于仲裁程序开始之日起 3 个月内作出。

仲裁庭在庭审过程中，会对案件的实体问题进行详细的调查，以便公正、公平地作出裁决。但对于申诉案件，仲裁庭仅对纪律委员会在作出处理决定的过程中是否违反了相关规定进行审查，并不涉及具体处罚内容的更改，裁决结果只有两种：驳回申请人的仲裁申请或撤销纪律委员会的处罚决定。

另外，对于因不服纪律委员会的处罚决定而提请仲裁的案件，在裁决结果作出前，原处罚决定的内容需继续执行，并不因仲裁而中止。

第六节　足球诚信

腐败的法律定义为："堕落，歪曲或污秽；诚信，美德或道德原则受到损害，特别是通过贿赂损害公职人员的职责。"但是，其在体育中的表现有所不同。体育产业是一个价值上百亿美元的产业，它与政治、私人利益有着复杂的联系。这意味着整个体育部门容易滋生腐败现象，并且绝大多数交易和决策都是封闭式的。这便可以使腐败变得不受限制、不受惩罚。究其原因在于，任何体育组织在其各自的体育领域内都有着绝对垄断的地位。垄断会带来绝对的权力集中，而绝对的权力集中会带来绝对腐败。体育与腐败的关系有着深厚的历史根基。腐败在体育运动中最初的表现形式为单纯通过贿赂裁判员和球员来操纵比赛，并在历史中不断演变。时至今日，其表现为：运动员的兴奋剂使用、获得高额职业联赛赞助或洲际联赛奖金的回扣、以从非法体育博彩中获利以及获取其他商业或政治利益等为目的的操纵体育比赛、职业俱乐部主席从球员转会中获得非法利益、企业和政府为建筑合同操纵投标、通过购买俱乐部或球员及其形象权与体育赞助和广告进行洗钱等不胜枚举的不同类型的体育腐败形式。在这其中对于社会及体育本身威胁性最大的体育腐败形式应属兴奋剂问题与操纵比赛问题。而两者相较之下，操纵比赛的问题则更为严重，正如雅克·罗格伯爵（Count Jacques Rogge）的解释："兴奋剂会影响一个运动员，但操纵比赛的影响是整个竞赛。"职业竞技体育比赛的跌宕起伏的过程和无法预计的结果是吸引观众与体育迷的关键，也是产生经济效益的最主要动力，从而能够使其不断健康稳定的发展。操纵比赛对于体育公正性打击的表现就是提前固定比赛过程或者结果，从而使得比赛失去观赏性，即失去职业竞技体育的最大魅力。操纵比赛会导致观众与体育迷的大量离开，造成经济利益的巨额损失，是对职业竞技体育的颠覆性打击。足球作为目前世界第一大竞技体育项目，拥有最为广泛的球迷和数量最多的观众，以及令人心动的巨大经济利益。因此，足球运动也是对操纵比赛最为困扰的职业竞技体育。

一、消极比赛与操纵比赛

（一）消极比赛

消极比赛是指为了避开提前与某些对手在淘汰赛中相遇，而选择在小组赛中故意输球，从而为夺取更大胜利创造有利条件。其中一种是自觉的，为了比赛双方的利益，而不惜损害另一方或另几方利益，这实际上就是"假球"，另一种是胜负与自己的名次、利益关系不大的情况下，不思进取，消极比赛，可能损害也可能不损害第三方利益，但都损害足球利益和观众利益的行为。2000 年版《中国足球协会违规违纪处罚办法》规定，消极比赛是指参赛球队或球员违反体育道德，丧失体育精神；比赛表现与行业对其实力评价具有明显差距；比赛结果明显损害第三方利益；造成恶劣影响的行为。赖焕春认为"消极比赛是一种临场比赛的心理情绪，并通过竞赛过程中的比赛行为，有目的有意识地主动输掉比赛"。[1] 针对足球等项目，熊文等人认为，"消极比赛是在特定情景下，参赛选手（队伍）为了达到某种目的——最终获得好的名次或经济利益等，故意输给（或弃权于）对方，并损及第三方利益的行为"。[2]

（二）操纵比赛

操纵比赛即俗称的假球，是指个人或组织为本人或他人获取不正当利益，违反相关的体育管制法律、体育竞赛规则和纪律规范，而对体育赛事的过程或结果进行非常规改变的安排，或去除同赛事结果相关的全部或部分不确定性因素，产生重大社会危害的行为。

操纵比赛的表现形式之一就是赌球。赌球是指人们拿足球比赛有关的客观事实进行赌博的行为。从法律上讲，因为用球赛的相关事实作为输赢的评判手段，它的构成要件已经符合了赌博的要求，所以可以认定

---

〔1〕 赖焕春："竞技体育运动员消极比赛成因分析"，载《科技创新导报》2012 年第 33 期。

〔2〕 熊文、上官戎、骆军保、何铁："竞技体育不道德现象的表现、特点及危害"，载《浙江体育科学》2007 年第 6 期。

赌球是一种新型的赌博方式。赌球与博彩是焦不离孟般的关系存在。既然是一种赌博方式，相关部门都会有相应的政策出台，针对球类的赌博给予一定的管理和规范。体育彩票，算是一种合法的赌球方式，允许成年人根据自己对关注的球队进行理性的博彩。地下赌球和黑庄，是被绝对禁止但又长期滋生、屡禁不止的行为，只因赌球能够给庄家带来巨额的利润，一批批非法的人员和组织才会铤而走险。

二、年龄造假

年龄造假对其他共同参赛者具有相当的负面影响，在竞技体育市场化的当下，世界性、区域性的竞技体育赛事经常会被一国以上的公众所关注，从而产生更加深远的影响。

首先，年龄造假会导致比赛参与标准被打破，使得赛事举办方不能按照公告的标准进行比赛布置，影响赛事的质量与认同度；其次，年龄造假会导致竞技体育所追求的公平性丧失，更多的年龄造假是为了获取竞技体育的优势，从而获得好成绩，这使得比赛所倡导的公平竞争被影响，正如高中生和小学生进行足球赛一般，其优势的获得并不完全得自其技术优势，使得比赛失去了原有的公平性；再次，年龄造假在国家赛事、区域性赛事中被曝光后，不仅有碍于球员的职业形象，而且损害了某一国球员之整体形象，甚至影响该国体育领域的信誉，导致各国的球员、观众对该国球员产生不信任感，影响赛事正常进行；最后，年龄造假使得本应当获得比赛机会的青少年球员无法获得比赛机会，失去继续从事足球运动的动力，而年龄造假的球员在成年后使俱乐部或国家对其竞技水平所能达到的程度出现了错误的判断，进而影响整个青少年足球体系的建立，影响俱乐部、国家队和整个国家足球水平的发展。

三、专委会任职的廉洁性要求

中国足球协会本身并没有建立诚信体系，没有基本的黑名单制度，也没有有关外聘人员、官员的回避制度。但作为足球从业人员，各专委会成员包括裁委会、纪委会、仲裁委等均应当依据《中国足球协会章程》，及时向中国足球协会相关部门报备在足球行业中的任职情况，向中国足球协会相关部门说明任何可能引起与中国足球协会专委会职责产生潜在利益冲突的情况；保证与当事人、代理人之间无任何足以影响案件处理的亲属、财产、职业关系，与事件的结果无私人的利害关系。不对外发表不利于中国足球的言论，维护中国足球形象。

中国足球协会应当建立下列专委会的回避或利益冲突制度，加强廉洁性要求：

1. 专项委员会成员本人及其近亲属不得担任会员协会、俱乐部官员代理人。

2. 专项委员会成员本人及其近亲属不得为会员协会、职业俱乐部提供有偿或无偿服务。

3. 专项委员会成员本人及其近亲属不得担任职业俱乐部、球员诉讼/仲裁代理人。专项委员会成员本人现职单位不得为会员协会、职业俱乐部提供有偿或无偿服务。

4. 专项委员会成员应当选择一个最密切地域作为回避地域。

5. 专项委员会成员在仲裁、处罚、人事考核、任免、奖惩、录用、聘用等公务活动中，若涉及本人及其亲属的，则不得参加有关调查、讨论、审核、决定，也不得以任何方式施加影响。

6. 专项委员会成员所在单位其他人员担任其他委员会案件代理人时，专项委员会成员应当就该案件向本委员会和处理案件的委员秘书进行书面备案。

7. 专项委员会成员在离任后 2 年内，不得为职业俱乐部、会员协会或球员提供有偿或无偿服务。

8. 专项委员会成员在离任后，终身不得代理与本委员会相关案件。

第七节　财政公平法案

欧足联财政公平法案（UEFA Financial Fair Play，简称 FFP）是由欧足联于 2010 年颁布的一项针对欧足联旗下赛事参赛球队的财政法案。财政公平法案旨在规范各俱乐部的财政行为，为足球俱乐部的财政增加更多纪律性和合理性；减轻转会费和球员薪水的压力，控制通货膨胀的影响；控制俱乐部财政赤字，鼓励俱乐部在收支范围内竞争；鼓励俱乐部对青少年足球和基础设施的长期投资；保护欧洲俱乐部足球的长期发展；确保俱乐部及时地消除债务。该法案已于2013～2014赛季正式生效。财政公平法案的两项基本规定是：收支平衡和滞纳金规定。违反财政公平法案或审核未通过的球队，将会受到欧足联的处罚，包括警告、罚款以及减少赛事报名人数，严重者将被取消欧足联赛事的参赛资格。可以说，即使不追求巨额利润，保持财政平衡和健康也应该是所有商业主体的共同目标。如果任由一队独大，忽视稳妥经营的小俱乐部利益，最终会影响足球运动的整体发展。[1] 不过，欧足联在推行财政公平法案时亦遇到极大的阻力。包括穆里尼奥等著名足球界人士都发表过抨击财政公平法案的言论。

2015年6月，欧足联通过了一项议案，同意放宽财政公平法案，未来俱乐部如果希望在转会市场上花更多的钱，他们只需要向欧足联提出申请，并且提交未来规划证明自己的引援花费并非"孤注一掷的赌博"，而是可以通过合理的商业模式，并在三个赛季内实现收支平衡。2017年3月，欧足联公布了其管辖范围内所有顶级联赛俱乐部的最新财政基准报告。首先，俱乐部经营状况大为改观，盈利能力明显提升。2015～2016赛季，对欧洲足球俱乐部而言，FFP的推行不仅维护了欧洲足球俱乐部的财政健康，且在竞技层面，丝毫没有降低欧洲足球的中心地位和比赛质量，达到了制订法案的目的。FFP改变了大多数俱乐部的建队哲学和思路，使球员这一人力资源得到合理的分配和利用。

2011年起，欧足联范围内的球员自由转会比例由17%上升到40%，俱乐部为避免付出巨额转会费与解约金，往往采用交换、租借、自由转会、签订短期合同的方式引进球员，合同的细节体现出球员薪资需要与出场次数、临场表现紧密挂钩。FFP在本质上依然没有减轻球员转会费和工资的飞速上涨给俱乐部财政带来的沉重压力，欧洲俱乐部总支出依

---

〔1〕 陈蔚："在中超实行财政公平政策的思考"，载《体育成人教育学刊》2016年第6期。

旧呈现逐年上升趋势，球员工资始终占据总支出60%以上的份额。FFP没有缩小豪门俱乐部与小俱乐部之间的实力差距，“马太效应”仍然明显。由于大俱乐部具有良好的造血和商业吸金能力，可以通过“大进大出”的手段规避FFP的限制。而本身亏损、结构不合理的小俱乐部，为避免处罚只得更加缩紧预算。而紧缩财政、削减预算一定程度上会降低球队实力，对于小俱乐部，利润与实力间的平衡很难实现。最后的结果依然是“强者更强，弱者更弱”。

一、中超联赛是否需要财政公平法案

国务院办公厅公布的《中国足球改革发展总体方案》提出：改革完善职业足球俱乐部建设和运营模式要求完善俱乐部法人治理结构，加快现代企业制度建设，立足长远，促进俱乐部健康稳定发展，努力打造百年俱乐部，避免俱乐部随投资者变更而在城市间频繁迁转、缺乏稳定依托的现象。该方案第12条特别提及：“探索实行球队和球员薪金总额管理，有效防止球员身价虚高、无序竞争等问题”。这不仅仅是一个政治性的文件，也符合基本的经济学理论基础。为了实现这样的目标，中超目前有必要对目前中超球队在转会费、签字费及其他开支方面不顾一切地滥用资金，无视负债的状况进行一定的管制。

第一，中超联赛至今还不是世界主流足球联赛，我们应正视这样的定位。中国虽然是世界第二大经济体，但总体上还是一个发展中国家。在足球水平不高，国家还未成为超级大国的背景下，在足球联赛中一掷千金而未创造相应价值的行为与国家和联赛的整体形象不符。

第二，中超的发展必须符合基本经济规律。我国既然把足球也视为一项产业，就必须以商业眼光来考虑每一项经济行为究竟能不能获得预期的回报。虽然从整体考虑，足球俱乐部只是母公司产业链上的一环，母公司在主业、与政府关系、广告效应等综合考虑，可能没有亏损或者亏损不多；但在微观层面上，足球俱乐部对母公司有不小的影响，我们很难想象江苏苏宁足球俱乐部2016年在国内外转会市场投入1亿多欧元如何收回成本。欧洲豪门球队为了欧冠可以放手一搏，如果打入欧冠，获得的回报会是巨额利益。而目前中超和亚冠在经济上的回报还完全无法与欧冠和英超相提并论。然而，每年全国只能产生一个联赛冠军，恒大的成功经验并不能直接复制给所有的中超俱乐部。现如今中超俱乐部的不少投资人已经是在我国股市主板上市的企业，应该更加重视经营平衡，把上市公司规范管理的理念带到足球俱乐部的经营中去。

第三，高价高薪降低了中国球员的国际竞争力。中国球员在国内转会中也能卖到8000万元人民币的天价是对球员能力的肯定，但这只是在供求关系不平衡时的特殊价格体现，而对球员能力的反映却只是其中一小部分。背负高身价未必对所有人都是好事，即使是成名已久的球星托雷斯，在2011年以5000万英傍的身价加盟英超豪门切尔西后不能适应球队，并且从此竞技状态就开始走下坡路。给年轻球员过高的工资也容易使球员的进取心降低，即使有机会去欧洲联赛踢球也可能因为考虑经济因素而放弃。好球员配得上高工资当然是正确的逻辑，但还是应该和联赛的整体档次及水平相匹配。

第四，如果放任无序竞争可能导致联赛崩溃。对足球俱乐部而言，追求好的联赛成绩这个目标无可厚非，要取得好的名次必须投入资金引进优秀的球员和教练，这样的路径也没错。但是如果投入的巨额资金没能达到预期的成绩，投资的目标就可能无法达成，继而成为一笔巨额亏损。如果参加联赛的俱乐部呈现普遍亏损的情况，甚至普遍面临巨额亏损，就会形成债务危机，进而导致破产的风险。

因此，无论是实行与欧足联财政公平法案类似的政策，或是采取与美国篮球职业联赛类似的“工资帽”或奢侈税制度，中超联赛的管理者有必要正视当前中超这种疯狂烧钱的现象，务必要通过行之有效的措施保证每支球队财政健康，风险可控。从长远来说，只有降低虚高的转会费价格，控制薪酬规模，才能增加中国本土球员在中超联赛的上场机会和出国踢球的机会，从而真正对提高中国足球水平起到帮助作用。过去足协仅仅注意到球员的工资比普通社会公众平均收入高太多，而从限薪的角度予以规范。但在实际执行中，就产生了很多阴阳合同来规避限薪令，从而产生了更多的纠纷。

如果市场主体均是理性经营，遵守基本经济规律，反映在市场经营上是盈亏平衡并且有盈利的模式和趋势，那么行政管理部门或行业主管部门的确不需要过多干预。目前中国经济处于转型期，足球产业虽广泛被看好但尚未形成成熟的盈利模式，不顾收支状况而一味进行“军备竞赛”，最终会给俱乐部经营带来巨大隐患。[1] 此时，足球产业的领导部门应当适时推出一定的引导性文件，起到舵手的作用，使中国职业足球这艘大船平稳行驶，经得起风浪。待到市场成熟开放后，行政干预的手段可以逐渐退出。

二、引援调节费

引援调节费是经中国足球协会和第三方审计机构审查，根据国内、国际球员转会协议，对处于亏损状态的俱乐部收取的等额的费用。俱乐部引入外籍球员资金支出的转会费标准为不超过4500万元人民币/人次，内援转会费标准为2000万元人民币/人次，因转会所缴纳的引援调节费用将全额返还本俱乐部用于青训，并不得冲抵俱乐部青训预算。如引援支出超出以上标准，则不享受此项政策，仍然等比例全额收取引援调节费用，该项费用全部纳入中国足球发展基金会。无论采用买断合同还是先租后转的方式都适用于引援调节费的规定。中国足球协会的该项政策类似于全额累进税率的征收方式。但全额累进分界点上呈现跳跃式递增，属于一刀切的处理方式，征缴对象不尽合理，因此，适用超额累进税率的征收方式更适合该项政策所要达到的目的。

本章小结： 在足球俱乐部运营过程中，会涉及球员、教练员、俱乐部及足球协会等多个主体，法律关系较为复杂。因此，我们不仅应从微观上把握俱乐部的准入、退出规则和职业联赛升降级规则，还应了解什么样的违规行为会被处罚，更应从宏观上建立中国足球廉洁机制，从而完善我国职业足球俱乐部建设和运营模式。

---

〔1〕 陈蔚：“在中超实行财政公平政策的思考”，载《体育成人教育学刊》2016年第6期。

第五章

足球行业商务法律关系

本章旨在介绍足球行业的各项商业权利。为了让读者对足球行业的各项商业权利有一个更直观的认识，以各项商业权利的不同主体作为区分，将其分为赛事权利、俱乐部权利、球员权利三个类别，并对赛事权利中的媒体权、采访权、赞助权、体育商誉权；俱乐部权利中的冠名权、特许权、体育域名、体育经营秘密；球员权利中的肖像权、形象权、收取签字费的权利、商标权与姓名权进行了详细具体的介绍。为了让读者对各项商业权利的认识更全面，本章中在名词解释的基础上引用了法条规定、知名学者论述、权威判决、标志性事件辅助介绍各项权利的内涵。在本章的最后，从实践性、国际通行理论、行业特点等多个角度论述了足球行业商业权利的保护。

足球运动蓬勃发展与其拥有一套成熟的商务运作模式密不可分。现阶段转播权收入和广告收入仍然是足球产业最为可观的收入组成部分，但随着中国足球产业的发展，足球俱乐部、赛事运营、体育用品、足球场地、足球培训、足球娱乐等领域也逐渐开展起来，这其中就涉及了足球行业特有的法律关系。在本章中，只是为了方便读者理解将足球行业中的商务权利分成了赛事、俱乐部和球员，但其中显然有的权利是交叉的，并不是指仅在某一项下才会拥有该权利，例如冠名权是俱乐部权利，但也可能会出现在赛事权利中，此点需要读者注意。

第一节　足球赛事

体育赛事分为国际性体育赛事、全国性体育赛事和地方性体育赛事。全国单项协会主办或作为主办单位之一的体育赛事，其名称可以使用“中国”“全国”“国家”“中华”字样或具有类似含义的词汇。未经相关部门确认，其他体育赛事不得冠以“中国”“全国”“国家”“中华”字样或具有类似含义的词汇。我国的竞技体育赛事体系包括两个子体系：一是举国体制模式——以奥运项目为主、以全运会为核心的国内各级、各类综合性运动会和单项体育竞赛，其中以全运会为核心的全国性体育竞赛是我国竞技体育赛事体系的主要组成部分。二是某些已经实现职业化的运动项目——以俱乐部为主体的职业联赛，如中国足球超级联赛。

一、足球赛事定义

由国际足联、洲际足联、相关协会主办或授权的足球赛事称为有组织的足球赛事。其中又分别定义了正式比赛与官方比赛。正式比赛是指由国际足联或亚足联主办的各类比赛；由中国足球协会主办的，包括男子或女子、成年或青少年的各级联赛、杯赛、锦标赛及其他比赛；经中国足球协会批准，由会员协会主办的其所辖范围内的男女各级联赛、杯赛、锦标赛；由会员协会批准举办的其他比赛。官方比赛是指在有组织的足球赛事框架下进行的比赛，例如国家联赛、杯赛以及俱乐部国际锦标赛等，但不包括友谊赛和测试赛。在这其中的几个概念不尽相同，在包括国际足联在内公布的不同文件中使用了不同的概念，需要仔细加以甄别使用。

二、赛事划分

足球运动发展至今，已经形成了种类繁多的各项赛事。根据划分标准的不同，足球赛事可以划分为以下几类：

1. 根据参与足球赛事球员的性别划分，足球竞赛可以分为男子足球比赛和女子足球比赛。

2. 根据赛事任务和目的划分，可以分为联赛、邀请赛、锦标赛（杯赛）、表演（友谊赛）、冠军赛。

3. 根据足球赛事场上人数、规则上的不同，可分为 11 人制、9 人制、7 人制、5 人制足球竞赛等。

4. 根据足球赛事参与者的年龄组成来划分，可以分为儿童足球竞赛、青少年足球竞赛、中老年人足球竞赛和混合制足球竞赛。

5. 根据足球赛事参与者的职业来划分，可以分为工人足球竞赛、农民足球竞赛和军人足球竞赛。

三、中国足球职业联赛

由中国足球协会组织主办的中超、中甲、中乙、女超、女甲以及五超联赛。

中超：中国足球协会超级联赛。

中甲：中国足球协会甲级联赛。

中乙：中国足球协会乙级联赛。

女超：中国足球协会女子超级联赛。

女甲：中国足球协会女子甲级联赛。

五超：中国足球协会室内五人制足球超级联赛。

四、业余赛事

（一）中国足球协会会员协会冠军联赛

中国足球协会会员协会冠军联赛（Chinese Football Association Member Association Champions League），简称“中冠联赛（CMCL）”，由中国足球协会主办，是全国业余足球水平最高的比赛。该赛事于 2002 年创办，先后使用全国足球业余（丙级）队联赛、全国足球业余联赛和中国足球协会业余联赛等名称，2018 年更名为中国足球协会会员协会冠军联赛。该赛事向上对接中国足球协会乙级联赛，向下对接中国足球协会地方会员协会联赛，是中国足球联赛系统的第四级别联赛。

赛事分为预赛和决赛两个阶段，其中预赛阶段为会员协会省市联赛，由中国足球协会指导，地方会员协会主办；决赛阶段分为大区赛及总决赛，由中国足球协会主办，地方会员协会承办。

（二）中国足球协会杯赛

中国足球协会杯赛（Chinese Football Association Cup），简称为“中国足协杯”，是中国足球协会举办的国内男子足球最高水平的淘汰制足球杯赛。中国足协杯，前身为1956年举办的全国足球锦标赛。联赛职业化后，新的足协杯于1995年开始，2007年至2010年间停办，2011年恢复赛事。2012年起中国乙级联赛球队、业余球队开始成为足协杯参赛球队的重要组成部分，真正实现了全民参与，全民足球。因此，足协杯赛不属于职业联赛。

（三）U系列锦标赛、精英梯队联赛

比赛是提高运动成绩的有效手段之一，对于年轻球员更是如此。中国足球协会主办了由各个职业俱乐部梯队参加的联赛，目的是积累比赛经验、发现人才。参赛对象是各个俱乐部的年轻球员，一般以两岁年龄差为一段，分为U21联赛、U19联赛、U17联赛等。

五、全运会足球比赛

全运会是国家体育总局主办的全国综合性运动会，是我国国内水平最高、规模最大的综合性运动会。全运会足球比赛，即全国运动会足球比赛，其作为全运会最“重”的一项比赛，历来是最受人们瞩目的焦点。

六、国际比赛

国际比赛是指属于国际足联不同会员协会的两个球队间的比赛（两个俱乐部之间、一个俱乐部和一个代表队或两个代表队之间）。

（一）世界杯

从1900年开始，奥林匹克运动会上就设足球比赛，但因国际奥委会规定只能由业余队员参赛，各国的职业球员无法进入国家队，使得奥运会的足球比赛水平不能代表世界最高水平。为此，国际足联1928年在荷兰首都阿姆斯特丹举行会议，决定以后每4年举行一届世界足球锦标赛。参赛队员不受职业和非职业选手的限制，各国都能组织本国最高水平的球队参赛。比赛还决定设专门的流动奖杯——“里梅杯”，即

“雷米特杯”，也叫“金女神杯”，同时还规定哪个国家三次获得冠军，将永久地占有这座奖杯。1970 年巴西队首先第三次获得冠军，永久地占有了金女神杯。1971 年国际足联重新制作了新的奖杯，命名为“国际足联世界杯”，并规定此杯为永久性流动杯。近几届世界杯决赛阶段均是 32 只球队参加，中国男子足球国家队自 2002 年唯一一次打入世界杯决赛圈后至今未再进入过世界杯决赛圈。

（二）奥运会足球比赛

从 1916 年第 1 届现代奥运会举办以来，奥运会足球比赛每 4 年一届。除 1916 年、1940 年、1944 年因两次世界大战未举行奥运会外，只有 1932 年洛杉矶奥运会上没有足球比赛项目。在前 3 届比赛中，对参赛的足球队没有统一的规定，到第 4 届时，参赛的才都是国家队。比赛最初属表演性质，1912 年第 5 届奥运会才将足球列为正式比赛项目。1930 年，由于世界杯足球赛允许职业选手参加，奥运会足球赛的统治地位便让位于世界杯足球赛。随着参赛队数增多，从 1956 年第 16 届墨尔本奥运会开始，球队先进行地区外围赛。奥运会足球决赛名额的分配是：欧洲（包括以色列）5.5 席，南美洲 2 席，亚洲 3 席，大洋洲 0.5 席，中北美及加勒比海地区 2 席，非洲 3 席。1996 年第 26 届奥运会上首次将女子足球列为正式比赛项目，参加决赛阶段比赛的有 8 支队伍。

从足球被正式列入奥运会比赛项目后，球员资格几经变化。最早的规定是，参加奥运会比赛的球员必须是业余选手。在 1960 年第 17 届时，国际奥委会规定，凡参加过世界杯比赛的足球队员不得参加奥运会足球比赛；1972 年第 20 届时，国际奥委会决定停止执行这一规定。1978 年国际足联代表大会规定，欧洲和南美洲参加过世界杯足球比赛（包括预选赛和决赛）的球员不得参加奥运会的足球比赛；1983 年国际奥委会和国际足联主席会议再次重申，禁止所有职业队员和虽不是职业队员但参加了世界杯足球赛的队员参加 1984 年第 23 届奥运会足球比赛；1984 年 4 月，国际足联主席阿维兰热宣布，除不准欧洲和南美洲参加过世界杯足球比赛的队员参加奥运会外，今后不再区分职业和业余队员，但奥运会足球比赛将对参赛队员的年龄加以限制。1993 年国际足联执委会决定，允许每支参加奥运会足球决赛队中有3名年龄超过23岁的队员。这一规定标志着奥运会足球比赛将成为年轻职业选手的竞技舞台，检阅各国足球后备实力的演兵场。

（三）世界青年足球锦标赛（19岁以下）

1977年国际足联决定每两年举办一届世界青年足球锦标赛。开始两届为试办性质。因此比赛得到美国可口可乐公司的赞助，又称为国际足联—可口可乐世界青年锦标赛，奖杯被称为国际足联—可口可乐杯。1981年在澳大利亚举办的第3届世界青年足球锦标赛得到国际足联的正式承认，被命名为“国际足联世界青年锦标赛—可口可乐杯”。因此，第3届世界青年足球赛又被称为第1届世界青年足球锦标赛。该赛事要求参赛队员年龄必须在19岁以下。各大洲的青年足球锦标赛即为该赛事的预选赛。

（四）世界少年足球锦标赛（17岁以下）

为了进一步推动世界足球运动发展，缩小足球运动发达和不发达国家间的差距，1985年在中国试办了国际足联16岁以下柯达杯世界足球锦标赛，比赛获得圆满成功。经过1987年和1989年两届的进一步试行，该赛事在1991年正式成为国际足联的世界少年（17岁以下）锦标赛，全称为“国际足联17岁以下柯达杯世界锦标赛”，每两年举行一次。

（五）五人制足球比赛

五人制足球运动是现代足球运动发展多元化的结果，是足球运动的一个变种。顾名思义，五人制足球，即在比赛中，每支球队只能派5名队员在场上比赛，1名守门员，4名攻防队员。五人制足球与普通足球除了在比赛人数上的不同外，比赛场地、球门、比赛时间等也不相同。五人制足球比赛可以在室内或者室外进行。

（六）国际足联女子世界杯/世界女子足球锦标赛

国际足联女子世界杯（FIFA Women's World Cup），简称女足世界杯，即世界女子足球锦标赛。在国际足联倡导下，1988年6月在中国广东成功地举办了有12个国家参加的国际女子足球邀请赛，为正式举办世界女子足球锦标赛奠定了基础。1991 年第 1 届世界女子足球锦标赛在中国广东举行。这项比赛同男子世界杯一样，每 4 年举行一届，进入决赛的 16 支球队必须由各大洲预选赛产生。决赛阶段比赛的名额分配如下：欧洲 5 个名额，南美洲 1 个名额，北美及加勒比海地区 2 个名额，非洲 2 个名额，大洋洲 1 个名额，亚洲 3 个名额，加东道主和上届冠军队。

（七）国际足联俱乐部世界杯

国际足联俱乐部世界杯简称世俱杯，是一项由国际足联主办，来自六大洲的顶级俱乐部参与的国际性足球锦标赛。首届世俱杯于 2000 年 1 月在巴西举行，国际足联希望赛事能够改变洲际杯（丰田杯）原本的欧洲及南美洲球会对决的状态，使这项新赛事能够吸纳全球六大洲的顶级球会参与，可惜国际足联未能与洲际杯主办机构达成协议，因此洲际杯得以继续举行，而世俱杯如常于 2000 年举行。世俱杯是国际足联着力推广主办的一项国际足球赛事，旨在让全世界各大洲的冠军能像世界杯一样捉对厮杀，让各大洲俱乐部也拥有一个世界级别的赛事。有些球迷会误认为世俱杯是丰田杯的延伸进化，事实上这个观点是不完全正确的。本身赛事的主办方就不同，世俱杯是国际足联，而丰田杯是欧足联和南美足联合办。在 2000 年世俱杯第一次主办的时候丰田杯依然在进行，1998 年的丰田杯冠军皇家马德里还拥有一个参赛资格。而在 2005 年世俱杯重新进行时，国际足联在这之前就已经与洲际杯（丰田杯）的主办方达成一致，将丰田杯和世俱杯合二为一，丰田杯正式消失在历史的长河之中，而世俱杯此时才正式变成唯一的世界性的俱乐部赛事。

（八）中国杯

中国杯国际足球锦标赛是由中国足球协会、万达集团、广西壮族自治区体育局以及南宁市政府主办的唯一以“中国杯”命名的国际足联 A 级赛事，参赛国家队可获得国际足联正式积分。“中国杯”每年一届，首届比赛 4 支国家队参赛，随后逐步增加到 8 支国家队。2017 年 1 月 10 日至 15 日，首届中国杯国际足球锦标赛在广西南宁市举办。来自欧洲、美洲的 3 支一流国家队与中国国家队举行了 4 场比赛，为球迷献上了一场高水准的国际足球盛宴。中国杯由万达体育公司拥有知识产权，除此项赛事之外，今后中国不再举办此类级别的国际足球赛事。

第二节　赛事权利

《国际足联章程》（2012 年 7 月版）在“会员协会的独立性”条款中规定，“每个会员协会应独立管理本协会的事务，不受第三方的影响”。在“比赛和赛事的权利”章节中的“权利”条款中规定“国际足联、其会员协会以及各洲足联为由其管辖的各项比赛和赛事的所有权利的原始所有者，且不受任何内容、时间、地点和法律的限制。这些权利包括各种财务权利，视听和广播录制，复制和播放版权，多媒体版权，市场开发和推广权利以及无形资产如会徽及其他版权法规定的权利”。

《中国足球协会章程》中载明：中国足球协会是唯一代表中国的国际足球联合会会员和亚洲足球联合会会员；在其“资产管理、使用原则”章节中明确规定“本会主要经费来源”包括“出售广播电视转播权收入”，“体育业务相关收入”，“无形资产许可使用、转让及其他派生收入”，“其他合法收入”；在“赛事及比赛规则”章节“赛事权利”中明确“本会为中国足球运动的管理机构，是本会管辖的各项赛事所产生的所有权利的最初所有者。这些权利包括各种财务权利，视听和广播录制、复制和播放版权，多媒体版权，市场开发和推广权利以及无形资产如徽章和版权等”。“本会根据需要采取以下方式使用赛事权利：独自使用赛事权利；同第三方合作使用；完全通过第三方来行使权利”。在“比赛管理”条款中写明“全国各级正式比赛”“由本会直接管理”。中国足球协会是各项赛事所产生的所有权利的最初拥有者。这些权利包括各种财务权利、视听和广播录制、复制和播放版权、多媒体版权、市场开发和推广权利以及无形资产如徽章等。

一、体育赛事转播权

体育赛事转播权是指体育赛事的主办方授权给媒体组织播送、播放体育赛事并由此获得报酬、取得经济效益之权利。其权利内容主要是指权利所有人在法定或约定的范围内向公众传播或许可（授权）他人向公众传播信息作品。体育赛事转播权属于体育赛事主办方。体育赛事转播画面是对正在进行的体育赛事进行录制，且进行剪切制作后呈现给电视观众及网络用户用于欣赏的画面（包括声音）。该面面内容包括回看、特写，场内、场外，全场、局部的画面，以及全场解说。赛事画面是以体育比赛为主要内容的图像和伴音的集合，可以通过电视、网络等方式传播而被观众欣赏。

体育赛事画面按制作播出的实时性分为赛事直播、赛事录播、赛事集锦；按照媒体的传输方式分为有线电视、无线电视、卫星直播电视以及互联网视频、手机视频、IPTV（交互式网络电视）等新媒体方式。体育赛事画面有别于体育赛事本身。体育赛事本身因其过程与结果的偶然性，故不属于著作权或邻接权的客体，对此学界观点较为一致。然而，学理上对体育赛事转播的性质及保护模式却存有明显分歧。从著作权保护的角度，大致可以分为“广播组织权说”“制品说”“作品说”。从法律调整的角度，又分为著作权法和反不正当竞争法两种学说。

对于体育赛事的转播，应通过画面（图像）来进行，即将信号和画面区分开来，可以实现更为充分的保护。直播的体育赛事画面其载体为信号，录播或延播的体育赛事转播画面其载体为各类存储器。如该画面（图像）构成作品则相关权利人可享有著作权的保护，即使仅构成录像制品，相关权利人亦可控制交互式的网络传播侵权行为。

体育赛事转播节目的制作是一项集科学技术、人文情感和艺术效果为一体的竞赛场面的真实还原，是人类各类大型集体活动的艺术大片，涉及转播规划、信号制作的系统工程。赛事转播节目制作的原则首先遵循某项赛事或运动传统形成的制作方式，集合了最新的运动技术，采用最新的科技设备手段呈现运动员不断超越运动极限的激情、精彩完美的技术动作，记录每一个不可复制又眨眼即逝的难忘瞬间。赛事信号的转播制作是一项对所有竞赛和非竞赛场馆进行认真仔细勘查，严密设计规划，研究各个单项竞赛规则，最后实施转播的艰难工程。场馆转播（信号）制作是针对某一个单项比赛进行节目直播制作的具体实施工作。通过制作可以使观看转播的观众产生身临其境的，甚至于优于现场观众观看的奇特效果。该制作有别于一般电视节目的制作，随着通信技术的发展，现场采集和拍摄制作的手段越来越多，为突出现场的实时同步效果，通常使用慢动作回放、虚拟图形、超级慢动作等现代电视技术来提升转播效果。随着技术的进步，特别是20世纪70年代以后电子现场制作转播模式的运用和发展，观众在家观赏的节目往往已经不是“原汁原味”的对比赛现场的客观录像，而是由制作者精心选择和编排的结果。所以，目前体育赛事组织者、行业权利方以及部分学者认为体育赛事转播画面构成著作权法所规定的作品。从赛事的转播、制作的整体层面上看，赛事的转播、制作是通过设置不确定的数台或十数台或数十台固定的、不固定的录制设备作为基础进行拍摄录制，形成用户、观众看到的最终画面，但固定的机位并不代表形成固定的画面。用户看到的画面，与赛事现场并不完全一致，也非完全同步。这说明了其转播的制作程序，不仅仅包括对赛事的录制，还包括回看的播放、比赛及球员的特写、场内与场外、球员与观众、全场与局部的画面，以及配有的全场点评和解说。[1] 而上述画面的形成，是编导通过对镜头的选取，即对多台设备拍摄的多个镜头的选择、编排的结果。而这个过程，不同的机位设置、不同的画面取舍、编排、剪切等手段会导致不同的画面，或者说不同的赛事编导，会呈现不同的赛事画面。就此，尽管法律上没有规定独创性的标准，但应当认为对赛事录制镜头的选择、编排，形成可供观赏的新的画面，无疑是一种创作造劳动，且该创造性从不同的选择、不同的制作，会产生不同的画面效果恰恰反映了其独创性。[2] 即赛事录制形成的画面，符合我国著作权法对作品独创性的要求，应当认定为作品。即通过摄制、制作的方式，形成画面，以视听的形式给人以能够取

〔1〕桂爽：“互联网环境下体育赛事节目的著作权保护兼评凤凰网直播中超赛事案”，载《电子知识产权》2015年第9期。

〔2〕李雨竺：“体育赛事直播节目著作权保护探究——以新浪诉凤凰网直播中超赛事案为视角”，载《法制博览》2015年第31期。

得不同欣赏体验的视听感应的作品，应构成著作权上的作品。[1]

二、采访权

（一）赛前新闻发布会

赛前一日，主场赛区必须在赛区新闻官的组织下召开赛前新闻发布会。赛前新闻发布会应安排在比赛前一日官方训练前的25分钟，并在比赛体育场进行；无论球队是否进行官方训练，都必须按要求参加赛区组织的赛前新闻发布会。与此同时，参赛双方各自的主教练和1名首发球员必须参加赛前新闻发布会。

（二）赛后新闻发布会

比赛结束15分钟内，主场赛区必须召开有参赛双方主教练参加的赛后新闻发布会（先召开负队发布会，后召开胜队发布会，如比赛为平局则先召开客队发布会）。

（三）公开训练

公开训练一般是指官方训练。根据比赛规程，要求参赛队伍的官方训练必须向媒体开放。如果俱乐部不希望开放其官方训练，则需至少将其前部分时间的训练向媒体公开。如果官方训练在比赛体育场进行，媒体可进入区域需与比赛日其可进入区域相同，并且这些区域必须由安保人员维持秩序。

（四）瞬采

比赛结束前10分钟，主播台人员须通知赛区协调员瞬间采访所选择的球员。俱乐部新闻官须按照赛区协调员的要求安排球员进行瞬间采访。比赛结束后，相关球员和官员在赛区新闻官指定区域（替补席与更衣室之间）接受主播台瞬间采访。

三、赞助权

赞助权是指球员以自身形象为企业品牌进行宣传为之获得更好的宣传效果从而获得收益的权利。赞助人与受赞助人基于互利签署商业协议，赞助人依约提供经济或其他支持，以便在赞助人的品牌、产品与受

---

〔1〕 朱榕："刍议体育赛事直播节目的作品定性"，载《闽西职业技术学院学报》2016年第2期。

赞助人的赞助产品之间建立联系。作为回报，受赞助人赋予赞助人享有推广这种联系的权利或/和某种约定的直接或间接的权益。[1]

赞助反映的是一种合同关系，但是这种合同类型的双方主体具有特殊性，双方的权利义务也具有特殊性，目前我国《合同法》分则没有赞助合同这种类型，体育赞助有体育赛事的赞助、体育场馆的赞助、体育组织的赞助、运动员的赞助等，按赞助内容的不同可分为赛事转播赞助、冠名赞助、特许经营赞助等。而体育赛事的赞助，是体育赛事组织举办的主要财源。

四、体育商誉权

体育商誉权是指体育经营主体（包括体育俱乐部、体育赛事的主办方、体育用品经营商等）因其经营活动（信誉、生产效率、管理水平和服务质量等）中具有的经济能力而在社会上获得的积极评价。如不同体育俱乐部在资产品牌价值评估中，具有较高商誉度的体育俱乐部的品牌价值在评估中就具有较高的市场价值。[2]

五、体育赛事标志、体育商标、体育标志

体育赛事标志在我国通常以商标权与特殊标志来体现权利。商标是商品的生产者、经营者在其生产、制造、加工、拣选或者经销的商品上或者服务的提供者在其提供的服务上采用的，用于区别商品或服务来源的，由文字、图形、字母、数字、三维标志、声音、颜色组合，或上述要素的组合，具有显著特征的标志。[3] 特殊标志是指经国务院批准举办的全国性和国际性的文化、体育、科学研究及其他社会公益活动所使用的，由文字、图形组成的名称及缩写、会徽、吉祥物等标志。

体育商标是用来区别不同体育用品生产者、经营者提供的商品或服务的一种标志，它反映了特定的商品质量、特色或服务，便于人们认牌购买或消费，以防止与他人在同种商品或类似商品及服务上的混淆。如红双喜（乒乓球拍）、李宁（服装）、耐克（运动鞋）、阿迪达斯（服

---

〔1〕 向会英："论体育赞助的法律规范与保护"，载《体育科研》2011 年第 3 期。

〔2〕 张玉超："我国体育知识产权保护制度研究"，华南师范大学 2012 年博士学位论文。

〔3〕 刘聪："论地理标志的法律保护"，大连海事大学 2012 年硕士学位论文。

装和用品)、安踏、鸿星尔克等。[1] 经国家核准注册的商标为注册商标，受到我国商标法律保护，商标注册人享有商标专用权。商标注册人依法支配其注册商标并禁止他人侵害的权利，包括商标注册人对其注册商标的排他使用权、收益权、处分权、续展权和禁止他人侵害的权利。

体育标志是指以体育名称、徽记、吉祥物和其他形式表现出来的多位一体的若干记号，这些记号从不同层面反映和描述着各类体育组织或体育活动。通过不同的体育标志，人们认识了丰富多彩的体育事物。可以说，形态不同、性质各异的体育事物，都有着显示自己身份的独特标志，如各项赛事的会徽、会标、吉祥物标志、组委会名称、中国奥委会、中国单项运动管理中心的标志等。近几年，我国积极申请和承办国际大赛，如北京奥运会、广州亚运会、深圳世界大学生运动会、第2届南京世界青奥会等，同时，我国为了积极保护上述国际赛事的知识产权不受侵害，分别制定了相应知识产权保护的全国性行政规章和地方性法规，主要有《体育法》《特殊标志管理条例》《奥林匹克标志保护条例》《北京市奥林匹克知识产权保护规定》等法律制度。[2]

六、其他权利

其他权利还包括酒店权、广告权、商品权、推广权、旅行权。

第三节　俱乐部权利

一、冠名权

冠名权是指在某种事物的名称前面加上自己名号的权利。通常也认为冠名权是指在各项活动的筹办和举办过程中，由于赞助单位向竞赛的组织者提供了赞助，组织者将某种实物或活动冠以该单位的名称体现该单位的形象或确定其为协办单位的一种回报形式。这种形式可以加强企

---

〔1〕 张玉超：“我国体育知识产权的基本法律问题研究”，载《中国体育科技》2014年第2期。

〔2〕 张玉超：“我国体育知识产权保护制度研究”，华南师范大学2012年博士学位论文。

业及品牌的宣传，提升企业知名度及形象。

二、特许权

特许权就是特许人授予受许人的某种权利，在该权利之下，受许人可以在约定的条件下使用特许人的某种工业产权和知识产权，他可以是单一的业务元素，如商标、专利等；也可以是若干业务元素的组合。体育特许权是体育组织或个人通过一种合同的形式，收取受许人一定的费用后允许受许人在其生产的产品上使用该组织或个人的商标或专用标识的权利。体育特许权以竞技成绩为基础，以体育组织及企业的社会公众形象决定体育特许产品的市场需求，交易价格具有不确定性，同时体育特许权经营对于体育组织和企业双方都具有风险。

特许产品是企业生产经营的被特许使用授证人的专用标识或商标的产品。体育特许产品指企业生产经营的被特许使用体育组织（或个人）的专用标识或商标的产品。体育特许产品涉及各类体育用品、纪念品、邮品、球星卡、吉祥物、一般生活用品和商业机会等。

特许经营一词译自英文 franchising，与直营连锁、自由连锁并列，是连锁经营的三种类型之一。特许经营是一种拓展业务、销售商品和服务的营业方法，而非一个行业。国外对特许经营的定义是：特许经营是特许人和受许人之间的契约关系，对受许人经营中的特定领域、经营诀窍和培训，特许人有义务提供或保持持续的兴趣；受许人的经营是在由特许人所有和控制下的一个共同标记、经营模式和/或过程之下进行的，并且受许人从自己的资源中对其业务进行投资。我国对特许经营的定义为：特许经营是指特许者将自己所拥有的商标（包括服务商标）、商号、产品、专利和专有技术、经营模式等，以特许经营合同的形式授予被特许者使用，被特许者按照合同规定，在特许者统一的业务模式下从事经营活动，并向特许者支付相应的费用。[1] 体育特许产品经营一般泛指体育部门和企业双方合作，从事体育特许产品生产和销售的一系列经济活动的总称。现阶段，体育特许产品经营有“他营”和“自营”

---

〔1〕 李同江：“特许经营基本法律问题研究”，武汉大学 2003 年硕士学位论文。

两种方式。

三、体育域名

体育域名即涉及体育的域名，包括体育组织机构、企业、团体的网址，包括竞技体育、群众体育和体育产业相关内容的网址，包括体育运动和体育明星介绍的网址等。体育域名是一种无形财产，即属于体育经营性标记。因域名蕴涵着巨大的商业价值，并和商标类似，均具有指明信息服务来源的识别功能。一些专家将域名列为营业标识性知识产权客体范畴，称其为“企业的网上商标”。目前，我国体育域名侵权现象日益严重，如我国取得北京奥运会举办权后，出现了许多有关和变形使用奥林匹克域名的现象，这些注册奥林匹克域名的组织和个人向奥林匹克运动知识产权权利人索要价格不菲的域名转让费，这些域名要么长期闲置不用，要么刊载一些与奥林匹克不相关甚至是诋毁奥林匹克运动的信息内容，给国际奥委会和奥林匹克运动造成了非常坏的影响。[1] 现行《互联网域名管理办法》实行先申请先注册的原则，除了维护国家利益和社会公众利益，禁止注册或限制注册外，对于广大域名申请人并无实质条件要求。所以，申请门槛低，抢注成本低，利益驱动强，使得抢注有价值的域名而后向实际知识产权权利人索要域名转让费逐渐成为一种运营模式。

知名球员域名抢注类型包括：①知名球员姓名在未经球员许可的情况下被注册为域名。②域名注册者将自己的姓名注册为域名，该域名注册者与知名球员重名。③知名球员的姓名已被注册为商标或其他商业标记，域名注册人再将该姓名注册为商标，与在先商业标识冲突。④域名注册人并未直接将知名球员姓名注册为域名，而是在该姓名的基础上添加字符、进行变形等，并将相似但不完全相同的字符注册为域名。

四、体育经营秘密

体育经营秘密是指为体育产业各生产经营部门所掌握，公众不知的信息或资料，这种信息能使所有者在同行业的生产经营中取得优势。一

---

〔1〕 张玉超：“我国体育知识产权保护制度研究”，华南师范大学2012年博士学位论文。

般包括体育产业的经营决策、体育用品质量控制方法、体育经营管理方案、体育产业发展战略规划、运动竞赛管理系统及方法、体育专家咨询网络、营销网络、客户名单、销售方法等。[1] 比如奥林匹克运动市场开发中未被公开前的奥运TOP计划，又如北京市2010年5月份举办的国际马拉松比赛所掌握的运动员信息、未公开的赛程路线及商务开发方案。在足球领域中，球员薪酬体系、训练及恢复方法等均是核心的体育经营秘密。

第四节　球员权利

一、肖像权

美术意义（或摄影）上的肖像，是指通过绘画、摄影等艺术手段，使肖像权人的人物形象在物质载体上再现的一种观赏造型作品。法律意义上的肖像，则蕴含了肖像权人基于其肖像而享有的人格利益。[2] 就肖像的范围，国内外都存在诸多争议。在我国，多数学者将肖像限于自然人的面部特征。王利明教授认为肖像具有个人性、面部性、再现性和可辨性。张俊浩教授也认为完全不涉及人体五官的形象作品，例如背面、蒙面或颈以下局部人体作品均不构成肖像。法律上肖像权是一种专属于自然人的人格权，是自然人对自己通过造型艺术或者其他形式，在客观物质载体上再现自己的形象（肖像）所拥有的不可侵犯的专有权。公民在自己的肖像上所体现的人格利益，是我国法律规定保护肖像权的对象。它包含基于肖像所体现出的人格利益上之精神利益和财产利益。

构成侵犯公民肖像权的行为，通常应具备两个要件：一是未经本人同意，二是以营利为目的。常见的侵犯公民肖像权的行为，主要是未经本人同意、以营利为目的使用他人肖像做商业广告、商品装潢、书刊封面及印刷挂历等。对于侵犯肖像权的行为，受害人可自力救济，例如请

---

〔1〕 张玉超："我国体育知识产权保护制度研究"，华南师范大学2012年博士学位论文。
〔2〕 曾振华："广告侵权的诱因分析"，载《新闻爱好者月刊》2008年第8期。

求交出所拍胶卷，除去公开陈列的肖像等，也可以依法请求加害人停止侵害、排除妨碍、消除影响或赔偿损失等。[1] 赔偿损失请求权，不以财产损害为要件。《中华人民共和国广告法》第33条规定，广告主或广告经营者在广告中使用他人名义、形象的，应事先取得他人的书面同意；使用无民事行为能力人、限制民事行为能力人的名义、形象的，应当事先取得其监护人的书面同意。根据上述标准，一般情况下，只要未经肖像权人同意并以营利为目的使用肖像，就构成侵权。

二、形象权

形象权是指真实人物的姓名、肖像或其他表明其身份的个性特征被付诸商业使用的权利；权利人将自己的姓名、形象及创作的作品、角色、标志等通过商业性的使用而取得经济利益的可能性权利；真实自然人对其姓名、肖像、声音等人身性因素中所具有的商业价值的专有权。[2] 形象权不是法定的权利，至今并没有一部法律以形象权为题进行专门立法。形象权的相关保护主要通过民法中关于肖像权的规定以及知识产权法和反不正当竞争法的一些相关规定来进行保护。

运动员自身人格标志进行商事使用的权利称之为运动员的形象权，其区别于一般人格上的肖像权，更具有商业价值。运动员形象权是未固定化的法律概念，在法律承认和规定了运动员形象权的国家，运动员本人是自身形象权的主体，我国对运动员利用自己形象进行商业活动给予了一定的引导和管理；内容包括对自己形象享有的使用、收益和禁用权；客体是由姓名、肖像以及其他能够被用于商业目的并能够确定是运动员本人的运动员的整体形象。

三、收取签字费的权利

在足球球员转会中，新俱乐部会付款给原俱乐部转会费和可能的违约金。为了促成球员支持该项转会，新俱乐部还会付给球员一笔钱，这

---

〔1〕 丁西泠："互联网'人肉搜索'对公民人格权侵犯问题研究"，中山大学2010年硕士学位论文。

〔2〕 蔡璞、袁张帆："体育运动员的形象权及其法律保护"，载《首都体育学院学报》2004年第4期。

就是签字费。签字费属于不计算在球员工资以及转会费和违约金之内的转会费用，其主要目的是在不破坏现有俱乐部薪资结构的前提下吸引球员加盟俱乐部。随着签字费的普遍适用，签字费除了上述功能外，又演化出避税功能、转移支付功能以及锁定第三方所有权功能，签字费可以根据效力的时间分期支付。当然收取签字费不仅会出现在球员签约的时候，教练员或者其他具有一定价值的人员在签约时也可能出现签字费。

四、商标权与姓名权

在市场经济之前，姓名主要发挥区分功能，姓名权更偏向于一种人格权利；市场经济时代，商家往往通过明星代言、知名活动赞助、注册区分度较高的商标等来提高自己商品或服务的知名度，如姚明、田亮、易建联、郭晶晶等都进行过商品代言，名人姓名也被赋予更多的商业价值。

第五节 商业权利保护

一、伏击营销

伏击营销也称埋伏式营销或隐性市场行为，国内始终没有一个针对伏击营销的明确和统一的定义，自国外翻译过来的版本也有很多种，如“隐性市场行为”“寄生营销”“伏击营销”“隐蔽营销”等，这些名称本质上指的都是一种活动，即“Ambush Marketing”。

实施隐性市场行为的体育赛事企业，是指与赛事本没有赞助支持关系、没有使用许可关系、没有事实商业联系的企业，通过某些营销手段，利用体育赛事标志，有意削弱或伏击通过赞助营销产生财产善意要求的竞争对手，企图产生混淆，使公众误认为该公司拥有赞助权的行为。隐性市场行为并非正式法律概念，本身也具有很大的伸缩尺度。该类行为侵权方式十分隐蔽、手段多种多样、影响范围广泛，多体现为企业违背公平竞争原则，以商业为目的，从事以下行为：

1. 未经体育赛事标志权利人授权，以潜在商业目的制造或者销售体育赛事标志。

2. 未经体育赛事标志权利人许可，以潜在商业目的将可能使人认为行为人与体育赛事标志权利人之间有赞助或者其他支持关系而使用体育赛事标志的其他行为。

3. 未经体育赛事标志权利人许可，以潜在商业目的销售、进口、出口有含体育赛事商标的产品。

二、体育训练方法及恢复手段属于商业秘密

体育训练方法、战术布置打法及恢复手段、营养配方、体育经营活动的特殊营销技术的财产性来源于其作为知识产权的客体的性质。在民事法律领域内，知识产权是一种私权，属于民事权利的范畴，根据民事法律关系对人身权和财产权的划分，知识产权是一种财产权，因此知识产权的客体具有财产属性。因其表现为一定的技术信息或经营信息，具有“商业秘密”的属性。

三、体育赛事节目画面是否构成作品

众所周知，每年国内外都会举办很多大型体育赛事，无论是对体育赛事的直播和转播，都涉及极大的经济利益，体育赛事节目本身的性质也是近些年法律界研究的热点和焦点。近年来对于赛事节目画面是依据著作权保护还是按照不正当竞争路径保护产生了争议，归根结底是在保护的力度上出现了分歧，需要说明的是，按照不正当竞争路径赔偿的数额要远远低于侵犯著作权保护的路径。随着体育产业的飞速发展，体育赛事相关的经济价值不断攀升，腾讯公司与美国职业篮球联赛签署了价值5亿美元为期5年的合作协议，体奥动力（北京）体育传播有限公司更是以80亿元人民币（后协议变更为续5年110亿）的天价与中超公司达成中超联赛的全面合作。但如此“高昂”的体育赛事在法律保护上却面临着身份缺位、制度缺失的尴尬。一般认为，体育赛事不同于转播体育赛事形成的体育赛事节目，后者可以作为作品或录像制品受到著作权法的保护，但体育赛事本身能否受到著作权法的保护；如果不符合原创性的要求，是否仍可以作为其他权益受到保护，应当如何进行保护等问题，仍是困扰知识产权理论及司法实践的难题，亟须对此进行深入

细致的分析和探讨。

（一）体育赛事能否受著作权保护的争论

对于体育赛事能否受著作权法保护，现有观点大体上可以分为三类，即肯定说、否定说以及邻接权说。肯定说认为："运动竞赛表演是体育的重要智力成果，且具有思想性、技艺性和可固定性，应被看作著作权的客体。"[1]"虽然我国现行《著作权法》没有明确运动竞赛的作品属性，但运动竞赛表演的动作设计与舞蹈动作设计一样具有独创性，且具有可复制性，不属于著作权的排除对象，又符合'作品'的特征，理应受著作权法的保护。"[2] 否定说认为，体育赛事或者说竞技体育，不属于文学、艺术和科学领域内的智力成果，不是著作权法保护的客体，不受著作权法保护。[3]"竞技体育活动展示的是运动力量和技巧，不是以展示文学艺术或科学美感为目标，不能构成著作权法意义上的作品。"邻接权说则认为，体育赛事转播权属于著作权邻接权中的表演者权。体育界以及电视传媒界很多人认为体育赛事转播权应该属于著作权邻接权中的表演者权（邻接权的一种）。其依据就是体育竞赛表演是运动员、教练员、体育科研人员、体育经营人员等体育工作者劳动成果的主要表现形式，属于著作权法意义上的表演者权，只不过这种权利由体育赛事的组委会统一行使，而赛事直播、新闻报道以及录像都是表演者权中财产权利的具体表现形式。[4]

（一）对抗性体育与艺术性体育的区分

鉴于体育运动项目的多样性，对体育赛事能否受版权保护的探讨不应笼统地肯定或一概地否定，而是应当秉持类型化的思维去审视体育赛事的法律保护。虽然很多传统的诸如足球、篮球等对抗性体育比赛的主要功能或目标在于竞技，在于更多的进球或更高的比分，但也有一些诸如花样游泳、艺术体操等比赛项目，它们虽然也体现竞技性，需要一定

〔1〕马法超："体育赛事转播权法律性质研究"，载《体育科学》2008年第1期。
〔2〕马法超："体育相关无形财产权问题研究"，北京体育大学2007年博士学位论文。
〔3〕王自强："体育赛事节目著作权保护问题探讨"，载《知识产权》2015年第11期。
〔4〕李岩："民事法益类型化研究"，中国社会科学院2011博士后论文。

的力量和技巧，但更讲求艺术性和欣赏性，要求技术动作具有创造性并且可鉴别。而且运动员动作组合的创造性和多样性，是否表达出特定的心境或思想变化，是裁判员进行评判的重要指标。与对抗性体育运动仅关涉球队、参加者之间的直接竞争不同，诸如滑板、单板滑雪、滑冰、自行车特技等运动的一大特点在于动作设计的精彩性，这些往往涉及令人惊艳的空中跳跃和旋转。他们可能会参加一些竞争性的比赛，但更多的表演是为了让观众体验一种美感，享受体育的乐趣。在此种意义上，自由多变的极限运动更接近于花样滑冰、体操、杂技，与足球或者篮球存在较大差别。[1]

为此，就体育赛事的可版权性而言，应当对众多的体育赛事项目进行类型化。根据体育赛事是否具有艺术性或美感价值，可以将体育赛事区分为对抗性体育赛事（Adversarial Sports）和艺术性体育赛事（Aesthetic Sports）。前者主要表现的是运动员的竞技水平，以速度、力量、分数等取胜。后者则主要表现的是技术动作的美感或艺术价值，追求的是一种体育美，以美取胜。在艺术性体育运动中，运动员除了基本的体能训练，更多则是进行各种技术动作或套路的创新。[2]

在此种意义上，体育赛事本身能否受版权保护应当视对抗性体育与艺术性体育而有所区别。具有原创性的艺术性体育赛事可以受到著作权法的保护，而对抗性体育赛事则很难受到著作权法的保护。[3]

（三）对抗性体育赛事承载了著作权保护之外的财产利益

如果一件作品因不具有独创性，或者不属于著作权法保护的对象范围，一般情况下应属于公共领域，任何人都可以使用。但这并不是绝对的，而是有条件的。即只有在该作品没有同时承载其他民事财产利益或价值时才会进入公共领域。因此，如果体育赛事承载了版权法保护的表

---

〔1〕 凌宗亮：“体育赛事转播权法律保护的类型化及其路径——兼谈《民法典·民法总则专家建议稿》第114条的修改”，载《法治研究》2016年第3期。

〔2〕 凌宗亮：“体育赛事转播权法律保护的类型化及其路径——兼谈《民法典·民法总则专家建议稿》第114条的修改”，载《法治研究》2016年第3期。

〔3〕 凌宗亮：“体育赛事转播权法律保护的类型化及其路径——兼谈《民法典·民法总则专家建议稿》第114条的修改”，载《法治研究》2016年第3期。

达之外的其他财产利益，仍然可以获得其他法律的保护，并不受排除规则的限制。[1] 事实上，体育赛事转播权所承载的巨大经济利益已成为不争的事实。

体育赛事是不具有独创性的，体育赛事节目虽然具有独创性，但由于它有限的独创性，不属于电影作品和以类似摄制电影的方法创作的作品，虽然我们可将体育赛事节目画面视为作品，但体育赛事节目不因其画面属于作品而属于作品，它应作为录像制品受到著作权邻接权的保护。

（四）司法实践中的观点

关于体育赛事节目是否构成作品的争议，在国内绕不开新浪公司诉天盈九州公司侵犯著作权及不正当竞争纠纷案（以下简称新浪案）。对于体育赛事节目画面是否构成作的学理上的各种讨论中，各种观点在前述已经有所论述，但最终北京知识产权法院通过审结新浪案，对体育赛事节目有关的焦点问题做了全面的分析，并进行了最终的司法认定。北京知识产权法院认定涉案体育赛事节目不构成电影作品或以类似摄制电影的方法创作的作品，但当涉案体育赛事节目满足固定要件时，可以构成录像制品。北京知识产权法院认为，《著作权法》第 3 条第 9 项规定的“其他作品”需要以“法律、行政法规规定”为前提，法院无权在法定作品类型之外设定其他作品类型。在诉讼过程中，新浪公司提供了《中超联赛公用信号制作手册》，同时表示中超赛事转播团队需要具有相当的转播水准，且需按照公用信号制作手册的要求进行公用信号的制作。虽然独创性是各种类型作品的共同属性，但因不同类型作品独创性判断的角度及高度均有所差异，所以法院结合电影作品的特点从独创性判断高度及角度两方面进行了分析：

我国著作权法规定了著作权及与著作权相关的权利（下称邻接权）两个权利体系。新浪案所涉作品类型为电影作品，与之对应的，在邻接权体系中规定有录像制品。《著作权法实施条例》第 5 条规定：“录像

---

〔1〕 凌宗亮：“体育赛事转播权法律保护的类型化及其路径——兼谈《民法典·民法总则专家建议稿》第 114 条的修改”，载《法治研究》2016 年第 3 期。

制品，是指电影作品和以类似摄制电影的方法创作的作品以外的任何有伴音或无伴音的连续相关形象、图像的录制品”。结合《著作权法实施条例》第4条中有关电影作品的规定，应当认为，连续画面或者属于电影作品，或者属于录像制品。因连续画面这一表现形式同时涉及著作权及邻接权两类权利，故为确保著作权法整体逻辑结构的合理性，指导具体案件中的相关认定，新浪案中有必要首先明晰电影作品与录像制品之间的区别。

实践中，达成共识的是，二者的区别与独创性相关，分歧主要体现在区别在于独创性的有无，还是独创性程度的高低。对于这一问题，不仅著作权法及其实施条例中未予规定，相关参与之立法人员所作著作权法释义中亦未涉及，且因目前并不存在涉及录像制品的国际公约，故亦不存在公约的相关解读。法院从著作权法的体系化、著作权与邻接权制度历史发展及司法实践的现有做法角度对该问题进行了分析。

首先，从我国著作权法的体系角度分析。我国著作权法规定的邻接权客体中除录像制品外，亦包括版式设计、录音制品、表演及广播。各类邻接权客体虽有区别，但亦具有共性。因此，可采用体系化分析的方法，总结不同邻接权客体之间的共性，分析著作权与邻接权之间的区别，并将其推演至本案所涉录像制品与电影作品的区分中。具体而言，如果除录像制品以外的其他邻接权客体均不具有个性化选择，则在并无相关权威性法律文件存在相反界定的情况下，基于邻接权客体的共性，可推知录像制品不能具有个性化选择。但如果其他邻接权客体中存在具有个性化选择的情形，则可得出相反的结论。录音制品的情况亦并无不同。《著作权法实施条例》第5条第2款规定，“录音制品，是指任何对表演的声音和其他声音的录制品”。依据该规定，录音制品可以是对作品的表演的录制，亦可以是对非作品（即其他声音）的录制。在对于音乐作品的录制中，即便针对同一个歌手演唱的同一首歌曲，同一演奏者演奏的同一乐曲，不同录制者所制作录音制品的声音效果亦很可能存在区别，这一区别显然是由不同录制者的个性化选择所导致的。在对于不构成作品的其他声音（例如自然界的各种声音）的录制中，因此类录音制品并不受现有作品所限，故不同录制者的个性化选择不仅体现在对声音的录制上，同时更体现在对声音的选择上，因此，其具有更大的个性化选择空间。但即便如此，其仍只能属于录音制品的范畴。上述分析说明，在不少情况下，邻接权客体中存在具有个性化选择的情形，这一情形说明，同为邻接权客体的录像制品，并不排除个性化选择情形的存在。因此，简单地以是否具有个性化选择、是否具有独创性来区分著作权的对象和邻接权的对象，在逻辑上是难以论证的，也是说不通的。基于此，在我国著作权法将一系列连续画面同时规定为电影作品与录像制品的情况下，二者的差别仅可能在于独创性程度的高低，而非独创性的有无。其次，从著作权及邻接权制度的历史发展角度分析。邻接权制度并非我国著作权法独有的制度，不少国家著作权法中亦存在著作权及邻接权的划分。与此相应的，在国际上不仅存在著作权条约，亦存在相应的邻接权条约，如《保护表演者、录音制品制作者和广播组织的国际公约》（即罗马公约)、《世界知识产权组织表演和录音制品条约》(即 WPPT)。此外，《与贸易有关的知识产权协定》（即 TRIPs 协定）中亦包括有相关邻接权内容。因我国著作权法中的邻接权制度是在借鉴他国做法及条约规定的基础上建立的，因此，了解邻接权产生的历史渊源亦有利于理解录像制品与电影作品之间的区别。就国际层面而言，虽然各国规定有所不同，但表演、录音制品、广播等是较为常见的邻接权客体。作为影响最大的著作权条约，《保护文学和艺术作品伯尔尼公约》（即伯尔尼公约）在历次修订过程中，其客体范围虽然不断扩张，但却在多次修订会议中将上述客体明确排除在该条约之外。虽然独创性是重要的考虑因素，但并非唯一因素。以典型的表演、录音制品、广播等邻接权客体为例。就录音制品是否纳入公约，与会者的反对理由之一在于其是具有“工业性质”的产品。关于广播，则反对理由之一在于其多是某个公司或团体的一群人来完成的，要确定作者是谁将是非常困难的问题，录音制品的情况亦是如此。因此，在关于确定电影作品的作者问题已经引发了各方巨大的争议的情况下，为讲求实际，将录音制品或广播排除在伯尔尼公约的保护范围之外，可以防止此类问题进一步发生。不给表演著作权保护，理由之一则是直到20世纪初，因为表演所具有短暂性及其表演场地等的限制，没有人能够复制和传播，故除了合同法和不正当竞争法之外，表演者几乎不需要什么其他保护。随着技术的发展，产生了通过制止非法固定和传播的需要时，由于表演者的行动太晚，可能也是由于组织太涣散，表演者没能获得类似作者的保护。在此情况下，基于现实需求而产生的邻接权国际条约中所保护的邻接权客体并不当然排斥具有个性化选择的情形。典型事例是前文中提到的对“其他声音”进行录制而形成的录音制品，这类录音制品无论是罗马公约中，还是WPPT中均有所体现。在上述公约的发展进程中，虽然并无录像制品的身影，但在录像制品与录音制品具有某些相同特点，且录音制品不排除个性化选择的情况下，对于录像制品同样不能排除具有个性化选择的可能性。事实上，在大多数情况下，哪怕是机械录制的场合，摄像机及其镜头的设置亦体现了摄制者的选择和判断。综上，尽管邻接权产生的初衷是保护在作品传播过程中传播者的投入，而非独创性的表达，但著作权及邻接权制度的形成和发展历史表明，邻接权客体的形成由各种复杂的历史文化传统、特定的历史条件等所决定。可以说，对某些体现了个性化选择的表达是采取著作权保护还是邻接权保护，一定程度上取决于该国法律的制度设计和安排（例如，对于录音制品，美国因不存在邻接权制度，所以将其作为作品保护，而德国则将其作为邻接权客体保护），我国同样如此。在录像制品在我国被纳入邻接权体系的情况下，不能排除录像制品具有个性化选择的可能。因体育赛事属于客观事件，具有纪实性质，如涉案连续画面构成作品将属于纪实类电影作品，所以法院从纪实类电影作品的独创性判断角度出发进行了分析，认为此类电影作品的独创性至少可能体现在如下三个方面：

1. 对素材的选择。中超直播团队的直播素材必然是中超联赛中的各场比赛，这一素材并非由直播团队所选择。退一步讲，即便直播团队对于播或者不播以及播哪场比赛具有选择权，该选择亦并非独创性意义上对素材的选择。因此，如果将整体赛事作为素材，直播团队并无选择权。当然，每场比赛客观上可以被分为若干个时间段，从而每个时间段亦可被视为单独的素材，但因对于赛事直播而言，如实反映比赛进程是其根本要求，因此，直播团队并无权选择播放或不播放某个时间段的比赛，而是必须按照比赛的客观情形从头至尾播放整个比赛，因此，如果将各个时间段的比赛作为素材，直播团队亦无选择权。

2. 对素材的拍摄。在素材的选择不具有独创性的情况下，如果直播团队在对素材的拍摄方面体现了较高的个性化差异，则其同样可能达到电影作品的独创性高度。但中超赛事公用信号的统一制作标准、对观众需求的满足、符合直播水平要求的摄影师所常用的拍摄方式及技巧等客观因素却极大限制了直播团队在素材拍摄上可能具有的个性选择空间。具体而言，在体育赛事的直播中，各个成熟赛事基本上均有严格的公用信号制作手册，虽然不同赛事手册的完备程度不同，但原则上各直播团队均需按照手册严格执行直播任务。在公用信号制作手册涉及的各具体内容中，对于拍摄画面个性选择空间影响最大的在于机位的设置，这一内容在2013年及2014年公用信号制作手册中均有明确记载，各个机位的摄像机有具体负责的特定区域，这一规定使得每个摄像机在拍摄空间上受到了严格的限制。虽然即便在拍摄空间受到限制的情况下，不同的摄像所拍出的画面亦会有所不同。但同样不能忽视的是，在这一拍摄过程中，赛事直播团队的摄影师还会受到以下两个因素的进一步限制：其一为观众的需求，其二为符合直播水平要求的摄影师所常用的拍摄方式及技巧。体育赛事公用信号的直播目的在于使观众可以更好地欣赏比赛，如何更好地满足观众需求是在这一过程中必然会考虑的因素。因此，对于赛事每个具体机位的摄影师而言，理论上其虽可以在该机位所负责区域内完全按自己意愿拍摄，但实则不然，其必然会尽可能从观众需求的角度进行考虑，这显然进一步限制了摄影师的选择空间。此外，因被上诉人表示只有符合一定水准的直播团队方可获得涉案赛事的直播资格，而对于达到一定水准的摄影师而言，其所掌握的拍摄技巧虽不完全相同，却有很大的重合性，因此，在符合观众需求后的可个性化选择的空间内，同等水准摄像师所具有的拍摄技巧同样对于其个性化选择起到限制作用。可见，上述客观因素极大地限制了直播团队在素材拍摄上的个性化选择空间。

3. 对拍摄画面的选择及编排。在直播过程中，摄像师将其拍摄的画面传输给直播导演，导演对收到的各个机位的画面选择后直播，其中包括选择特定的慢动作镜头。在这一过程中，虽然不同的直播导演所作选择可能存在差异，但如实反映赛事现场情况是赛事组织者对直播团队的根本要求。因此，导演对于镜头的选择必然需要与比赛的实际进程相契合。当然，比赛本身是不可控的，但这并不意味着对于比赛的进程不能合理预期。直播导演会基于其对规则、流程以及比赛规律的了解，尽可能使得其对画面的选择和编排更符合比赛的进程，而这一能力对于同等水平的直播导演而言并无实质差别，相应地，不同直播导演对于镜头的选择及编排并不存在过大的差异。在赛事直播中，通常认为慢动作和集锦最能体现导演的独创性劳动，但实际上对于慢动作的选择同样有章可循，在一些特定情形下（如射门、犯规等），使用慢动作是直播导演的常规做法，上述情形的存在使得不同直播导演所体现出的个性化程度有限。不仅如此，对于一些镜头的选择及慢动作的使用在公用信号制作手册中亦有要求，比如，在中超赛事的公用信号制作手册中明确要求：开场前“3：15～2：15 队长挑边、裁判近景”、开场前“2：15～1：30 主队首发队员近景”、开场前“1：30～1：00 双方教练近景”等。对于慢动作的使用情形则规定有“足球的越位、身体接触中小动作犯规、球落地进门、界外判定、红黄牌判定等”，“运动员鬼脸、嗜睡的婴儿、狂热的球迷”等，这些都直接影响了导演的个性化选择。集锦则属于较为特殊的情形。集锦的制作不受比赛实时性的影响，直播导演通常是在上下半场或全场的全部镜头中进行选择，故其可能具有较大的个性化选择空间。因此，如果仅就集锦本身而言，其可能达到较高的独创性程度。但需要指出的是，主张构成电影作品的是整场比赛公用信号所承载连续画面，而非集锦。中超赛事公用信号中的赛事集锦仅包括 4 分钟（制作手册中明确规定，“上半场结束后提供 2 分钟的 Highlights……终场运动员离开赛场后开始提供 2 分钟的 Highlights”），而前文中已提到，电影作品应是作者通过对情节或素材的运用而形成的足以表达其整体思想的连续画面。这一特点要求从电影作品的整体上考虑其独创性，而非仅考虑部分内容。因此，4 分钟集锦虽然可能具有较大的个性化选择空间，但其并不足以使整个赛事直播连续画面符合电影作品的独创性高度要求。

综上可知，就纪实类电影作品的三个独创性判断角度而言，在素材的选择上，中超赛事公用信号所承载的连续画面基本不存在独创性劳动。而在被拍摄的画面以及对被拍摄画面的选择及编排均受到相关客观因素限制的情况下，中超赛事公用信号所承载连续画面的个性化选择空间已受到极大限制。

同时法院也没有否认任何情况下的中超赛事直播公用信号所承载连续画面均不可能符合电影作品独创性的要求，也说明了在具体案件中，涉案体育赛事直播并未受上述限制，或者存在其他独创性的体现，则其当然可能构成电影作品。最后法院认为，中超赛事公用信号直播存在着赛事本身的客观情形、赛事直播的实时性、观众的需求、信号的直播标准等客观限制因素，使得赛事信号所承载连续画面在素材的选择方面基本上并无个性化选择，而在对素材的拍摄、对被拍摄画面的选择及编排等方面的个性化选择空间则相当有限。因此，从类型化的角度分析，完全受上述因素限制的中超赛事直播信号所承载的连续画面，在独创性高度上较难符合电影作品的要求，赛事公用信号所承载连续画面并未达到电影作品所要求的独创性高度。

四、赛事广播权

足球生活中一种常见的生活形态就是酒吧等营业场所在赛事期间播放世界杯等足球赛事电视节目。不少人认为在整个转播过程中，无论是影院还是酒吧，都只是一个接收的终端，接收者只是打开了一个接收器，不会影响到任何人的权利，从未想象酒吧经营者会涉嫌侵权。一般人也更愿意接受这种“不侵权”的结论，甚至会认为构成“侵权”是很荒唐的。已经为收看电视节目支付了有线电视费，那么收看行为就不应当构成侵权，但不难理解的是，这种收看行为如果是在家庭中用于自我欣赏的用途则不存在侵权的行为，但是在公众场所播放给顾客看则是出于商业目的的播放行为而不再是收看行为，该行为则涉嫌侵权。

《著作权法》第10条第11项规定的广播权，即以无线方式公开广播或者传播作品，以有线传播或者转播的方式向公众传播广播的作品，以及通过扩音器或者其他传送符号、声音、图像的类似工具向公众传播广播的作品的权利。其中的第三层含义即是指在酒吧、影院等营业场所向不特定的公众群体播放赛事节目，该权利并非《著作权法》中的表演权或放映权，而是广播权或是在学术中所称的机械表演权。因此，对于足球文化中的亲友们聚在一起一边喝酒聊天一边看比赛的酒吧文化，即在赛事期间在营业场所播放世界杯比赛等电视节目，该行为实际上是涉嫌侵权的。

五、行业垄断

关于足球行业中的垄断问题，最高人民法院在审理有关广东省足协的一个案件中表达了基本观点。该案是粤超公司关于广东省足协在五人制足球联赛的组织是否涉嫌垄断问题而提出的。

最高人民法院认为，由于广东省足协对球员的注册管理职能，参加五人制足球联赛的球员只有参加广东省足协举办的比赛，才有可能使比赛中的上场时间和表现名次等资历得到广东省足协的认可，进而为转为职业球员创造条件，而对于非广东省足协举办的足球比赛，球员参加比赛的经历和成绩则难以得到广东省足协的认可，可见广东省足协相较于其他经营主体对球员有较大的影响力和控制力。其次，足球队或足球俱乐部的发展前景之一是成为职业足球队或俱乐部。但《中国足球协会室内五人制甲级联赛竞赛规程》第3条规定，各参赛俱乐部（运动队）必须隶属中国足球协会的各足球协会才能参加国家比赛，也就是说，广东省的足球俱乐部或足球队必须是广东省足协会员，并通过广东省足协才能参加国家比赛，这使广东省足协在吸引足球俱乐部或足球队参加自己所举办或授权举办的足球比赛方面，具有一般经营者无法比拟的优势。最后，依据《广东省足球协会章程》第58条规定，足球裁判员应每年参加由广东省足协组织的年度培训，并通过考核、注册才能获得当年从事裁判工作的资格。虽然广东省足协对足球裁判员技术级别晋升、注册等不具有管理职能，但其担负着培训、考核裁判员并使其获得年度执裁资格的职能，还掌握着影响裁判员考核内容的比赛资源，这使广东省足协比其他市场经营者更容易争取较高水平的裁判员参加其举办或其授权举办的足球赛事。综上，考虑到广东省足协在历史上形成的在足球业的特殊地位、一定的足球公共事务管理职能，以及其与广东省足管中心“一套人马、两块牌子”的组织架构，使其对组织五人制足球联赛的基本要素具有较强的控制力、行业资源整合能力和社会影响力，其他经营者在市场基本要素方面对其有较高程度的依赖性等因素，应当认定广东省足协在五人制足球联赛的组织（商业化运营）市场中具有支配地位。粤超公司关于广东省足协在五人制足球联赛的组织（商业化运营）市场具有支配地位的主张成立。

根据该案最高人民法院的逻辑，在相关市场是可以存在多个联赛的。如果有一些投资人要建立新的联赛，比如建立新的职业足球联赛或者职业篮球联赛，一旦中国足球协会和中国篮球协会加以限制，那就意味着体育协会涉嫌限制竞争，即体育协会限制新的联赛参与到相关市场竞争，将受到反垄断法的规制。加之国家体育总局出台了《关于推进体育赛事审批制度改革的若干意见》，取消了对大部分赛事的审批。这就意味着成立新的职业联赛已经不存在法律上的问题，且国家体育总局在《关于推进体育赛事审批制度改革的若干意见》中指出：“总局一如既往地给予支持和鼓励，全国单项协会更多地从技术、规则等方面进行指导。”如此一来，打破现有的单一联赛格局将不存在法律上的障碍，而且参与到相关市场竞争的新联赛将受到我国反垄断法的保护。[1] 然而需要我们特别注意的是，我们还要考虑到体育的特殊性和国际通行的准则。

本章小结：足球运动之所以发展为一项体育产业，其中一个重要因素就在于其商业化完善。其中商业化的重要组成部分就是足球行业的各项商业权利，运用商业权利是足球行业商业化的基石，对于商业权利的保护就是对足球行业商业化的保护。

---

〔1〕 姜熙：“开启中国体育产业发展法治保障的破局之路——基于中国体育反垄断第一案的思考”，载《上海体育学院学报》2017年第2期。

第六章
球场伤害

本章旨在介绍球场伤害的责任承担、法律关系。通过过错形式将球场伤害分为故意侵权、过失侵权、重大过失三类，通过对是否具有主观故意、注意义务违反、注意义务与损害结果之间的因果关系帮助读者从侵权责任的角度区分看似相同或近似的球场伤害间不同的法律特征。从产生的必然性、行为的过失性、主体的特定性以及时空的特定性分析球场伤害区别于其他类型伤害的自身特点。最后，分析球场伤害行为的基础法律关系，并结合行业特点，探寻球场伤害纠纷的解决途径，探寻责任保险在足球运动中的运用。

第一节　伤害责任

近年来，我国职业体育、大众体育、学校体育和户外运动中都出现了体育伤害纠纷增加的趋势，有资料显示，中华全国体育基金会仅2005年就受理了全国竞技体育伤害事故的申请赔付案件共计2514例。在司法实践中，相关法律未对体育伤害作出明确规定，法官由于对体育特殊性的认识不同，在判决上存在很大差异。〔1〕

一、球场伤害的分类

导致伤害的原因很多，可以按过错形式将球场伤害分为故意侵权、

〔1〕 韩勇："同场竞技运动员间伤害的侵权责任"，载《体育学刊》2013年第1期。

过失侵权和重大过失侵权。

（一）故意侵权

故意侵权在体育中主要是指采用违反这项运动规则、明显是故意要对其他参与者造成人身伤害的不法行为。然而要证明伤害的故意是很困难的，尤其是在那些传统的对抗性运动中，如在橄榄球规则中，攻击性在一定程度上被允许，尤其是在项目管理机构制定的规则范围内更是如此。而且，原告的故意侵权诉求还可能被被告的抗辩打败。被告最重要的抗辩是同意或风险自担，“一个人若愿意，则没有过错”。那些显而易见违反项目规则的故意行为不能被认为是同意，因为它们不是该项目参与者可以合法预期会遇到的伤害类型。

（二）过失侵权

过失侵权是指加害人违反了自己的注意义务，造成他人损害。过失侵权并非故意从事该行为，而是无意伤害对方，不具备伤害的故意。过失侵权是一个谨慎的人在相同情况下应尽合理的注意义务而没有尽到注意义务，由此给受害人造成损害的行为；其构成要件包括：注意义务；违反该注意义务；损害及因果关系。

（三）重大过失侵权

所谓重大过失的行为，是指故意从事该行为，但是没有伤害的故意，就是有理智的人知道此行为“会使其他人的身体受到不合理的伤害”，但仍然如此行事。通常在身体损害案件中，有过失就足以认定责任。但在一些特定情形下，法院或立法者认为，如果适用过失标准，对于被告显然过于严厉，甚至有失公正。如果一个人知其行为可能造成的危险，或者知道能够让处于同一位置上的他人明显感觉到危险的相关事实，同时，相对于风险的大小而言，采取防范措施给他带来的负担非常轻微，则此人若未采取防范则构成重大过失。[1]

二、球场伤害的特点

（一）产生的必然性

球场伤害无法避免。因为足球运动是一种同场竞技的身体运动，其

---

[1] 茆倩娣：“论民法中的重大过失”，苏州大学2012年硕士学位论文。

不仅是一场运动，更是与自己的身体极限做斗争，与对手做斗争，与环境做斗争，对抗性和竞争性都很强，因此足球运动中的风险是与生俱来的，伤害难以避免，无论是小到擦伤、碰伤、扭伤，还是大到残疾或死亡的伤害，在足球运动中都不罕见。

（二）行为的过失性

体育是社会生活的一个特殊领域。在体育竞技中，一般而言，发生的伤害大多不是故意加害的结果，而是由于加害人的过失造成的。足球运动中也是如此。足球参与者因为对规则的违反导致对手受伤，队医因为过失未能对受伤球员进行合理救治，裁判员因为过失在场上场面失控时未能及时做出应对导致球员受伤……对于球员而言，足球运动都有其竞赛规则，用以保证竞赛的顺利开展和保护参与者的安全，不遵守规则的犯规动作是造成大量体育伤害的主要原因，而且教练员、裁判员、俱乐部、赛事组织者、场馆所有人和管理人的过错也主要表现为过失而非故意。

（三）主体的特定性

球场伤害的加害人，通常是参与体育项目的相关人员，既可能是球员或观众，也可能是教练员或裁判员、队医，还可能是体育活动组织者、场馆所有人和管理人。

（四）时空的特定性

球场伤害一定会在特定的时间和地点内发生，即伤害是在竞赛中，在竞赛场馆内发生的伤害。

三、球场伤害纠纷解决途径

（一）行业自治

足球行业自治是解决球场伤害问题的最常见途径。每一个正式体育项目都有项目规则，各个国际单项体育联合会的规则都包括：章程、行为准则、纪律准则、纠纷解决规则、竞赛组织规则、项目场上规则。在场上规则和纪律准则中，都对体育参与者的行为进行规范，阐明不被接受的行为的种类及违法规则的罚则，体育组织赋予裁判和纪律委员会权力来实施这些规则。足球运动亦是如此。国家或地区的足球协会，作为会员都必须承诺和遵守国际足球联合会的规则；在所有国家或地区足球协会的管辖范围内，参与足球运动的所有俱乐部、运动队、教练员、球员、裁判员和官员都必须遵守国际足球联合会的规则；如果有违反规则的行为发生，比赛中的裁判会对违规者做出惩罚；由于裁判的处罚权有限，如果行为构成对规则的严重违反，项目中其他有更高处罚权限的部门或人员，如纪律委员会会根据规则赋予的权限做出追加处罚。对纪律委员会的处罚不服，被处罚人和利益相关人可以提起申诉，由仲裁机构解决纠纷；如果会员不执行生效的处罚，体育组织将以禁赛、开除等为手段，来保证处罚的实施。如果足球运动中的暴力和伤害发生频率过高或程度过于严重，相关协会往往会修改规定，保护参与者的安全。

因此，虽然体育组织的规范是杜绝和减少体育中各种不当行为的最有效手段，但仅有体育组织的规范是不够的，在体育组织的处罚和保障制度无法弥补受伤者所受的损失时，受伤者往往要寻求国家司法机构的帮助。

（二）民事诉讼

球场伤害造成的损害后果，在通过受害人自我救济、体育组织处罚等私力救济方式不能得到有效救济时，受害人可以通过民事诉讼来救济，但需要符合以下条件：

1. 致害行为属于违法行为。违法是指行为在客观上与法律规定相悖，主要表现为违反法定义务、违反保护他人的法律和故意违背善良风俗致人以损害。体育伤害中的违法，是指体育参与者违反法定义务、违反法律和规则、违背体育职业道德和职责致人损害。[1]

2. 造成一定的损害事实。损害事实是指因一定的行为致使权利主体的人身权利、财产权利以及其他利益受到侵害，并造成财产利益和非财产利益的减少或灭失的客观事实，体育参与者在体育中受到的伤害一般属于人身伤害。在一般的侵权行为中，损害后果的程度其实与过错并无直接关系。然而由于体育中存在着固有的风险，当只造成轻微伤害

---

〔1〕 赵宽松：“我国竞技体育伤害侵权责任认定”，北京交通大学2012年硕士学位论文。

时，应视为受害人风险自担，无需追究加害人在此过程中是否存在过错。

3. 违法行为与损害后果间有因果关系。侵权法中的因果关系是违法行为作为原因，损害事实作为结果，在它们之间存在着前者引起后者，后者被前者所引起的客观联系。

4. 致害人有主观过错。所谓过错，就是“违法行为人对自己的行为及其后果所具有的主观心理状态”。过错有故意和过失两种基本形态。在体育中发生的伤害，较少为加害人故意，加害人的主观过错一般是过失。过失有两种不同的心理状态：一为疏忽一为懈怠。无论疏忽还是懈怠，都是过失行为，都是加害人对自己应负的注意义务的违反。所谓疏忽，就是“行为人对自己行为的结果，应当预见或者能够预见而没有预见”；而懈怠，则是指“行为人对自己行为的结果虽然预见了却轻信可以避免”。

（三）刑事诉讼

体育作为一个特殊领域，体育有自律的传统，在体育竞赛中发生的伤害，球员常常可以免于刑事责任，体育伤害的损害后果往往通过受害人自我救济、体育组织处罚等私力救济方式或民事诉讼来实现，而远离刑事处罚。[1] 但是，体育场也并非刑法的法外之地，随着场上暴力升级，一些严重的场上暴力行为，如恶意犯规造成受害人重伤或死亡，可能构成犯罪。足球运动亦是如此，若球场伤害造成严重后果，符合刑法的相关规定，可能会被追究刑事责任。

四、球场伤害特殊问题研究

（一）体育中的风险自担和同意

球员对一项体育运动的固有风险的所谓同意，或球员被指应风险自担，经常被提出作为禁止受伤参与者进行侵权赔偿的理由。

（二）过分激进的行为是否应被容忍

即使大家能够达成共识，认为需要遏制过度暴力的体育行为，许多

---

〔1〕 韩勇：“北美体育暴力的刑事诉讼与抗辩”，载《武汉体育学院学报》2011 年第 12 期。

心理学家还是认为，体育活动中往往存在着固有的相当大的侵略性，并提出了一个两难的政策问题：如果现有数据表明侵略性，甚至暴力行为在一些体育项目中被接受和鼓励，那么社会如何追究从事这种行为的运动员的侵权责任？如果一个运动员已经被培养成这种以反社会的方式在场上比赛的状态，那么该运动员应该为其在场上被刺激后做出的反应承担个人责任吗？现状是，即使是违反规则和造成伤害的暴力行为也应该被保护，使其免于侵权责任，因为在竞技体育创造的环境中伤害是不可避免的。但如果没有一些限制，体育可能会成为那些最愤怒、肆意和破坏性行为的避风港。

第二节　责任保险

足球作为一项身体对抗性较强的体育运动，产生损害有其必然性，无论是职业足球层面还是业余足球层面，都需要一定的保障制度来弥补体育运动带来的不利后果，但我国现状是保险范围窄，保障不够充分。

我国《优秀运动员伤残互助保险试行办法》所涉及的保险范围主要是针对优秀运动员在训练、比赛过程中发生的伤残事故（但以个人名义参加商业性比赛的除外）。而优秀运动员是指全国各省、市、自治区及计划单列市所属正式在编、享受体育津贴奖金制并从事奥运会和全运会项目的运动员。我国《优秀运动员伤残互助保险试行办法》十几年来所涉及的保险费缴纳标准和保险金额给付标准都没有提高。该办法所指的伤残互助保险遵循自愿参保的原则。个人按运动项目伤残风险实行分类缴费，自愿缴费（40～100 元/年），团体投保，由中华全国体育基金会具体负责。从法理上分析，一个优秀运动员每年最高只要交 100 元的保费，就可享受最高达 30 万保险金额的赔付（世界冠军可获双倍理赔，即 60 万元）。但我国运动员伤残鉴定标准并未体现竞技体育的职业特殊性，优秀运动员伤残互助保险最高赔付额，对于不幸伤残的运动员来说，有可能仍然只是杯水车薪，仍远不能满足重、特级伤残运动员的治疗、护理、康复的高昂且长期的费用需求，这与竞技体育的高风险性极不相称。可以说，这种伤残互助保险作为中国运动员伤残保险的主要形式，它只是属于社会救助范畴，是针对优秀运动员的一种特殊抚恤金，由此所获得的理赔金也并不是真正意义上的保险理赔金，并没有真正意义上体现体育商业保险市场运作机制的效果。而且，由于运动员的伤残可能会具有延迟性，也就是表现为具有一定的潜伏期，因此，运动员退役后才表现出来的延迟性伤残到哪里鉴定、如何鉴定、鉴定后如何获得赔偿存在很大的操作问题。[1]

通过对球场伤害责任承担、安全保障义务、球场伤害的特点进行分析有助于探寻球场伤害纠纷的解决途径，在球场伤害必然发生的前提下，化解因此产生的纠纷。同时，探寻球场伤害责任保险制度以切实降低球场伤害对球员的损害结果。在职业足球运动中，责任保险实现起来更加困难重重。众所周知，足球系对抗性运动、集体性运动，其激烈程度决定了伤病系影响球员价值的重要因素之一，同时，球员价值的波动性巨大，一旦伤病侵袭，球员价值贬损甚巨。那么保费如何核定还没有一个特别成熟的模型。在商业保险中，保险公司现有的险种仅限于象征性的集体性保险，例如整个中超联赛或者国家队的严重伤病，赔付金额仅限于100万元，但是明显低于球员商业价值贬损的赔付根本达不到保险的最终目的。中国足球职业保险还任重而道远。

---

〔1〕 张彦丽："后奥运时期我国运动员社会保障制度的反思"，载《劳动保障世界（理论版)》2011年第2期。

附　录

中华人民共和国体育法

（2016 年修正）

目　录

第一章　总则

第一条　为了发展体育事业，增强人民体质，提高体育运动水平，促进社会主义物质文明和精神文明建设，根据宪法，制定本法。

第二条　国家发展体育事业，开展群众性的体育活动，提高全民族身体素质。体育工作坚持以开展全民健身活动为基础，实行普及与提高相结合，促进各类体育协调发展。

第三条　国家坚持体育为经济建设、国防建设和社会发展服务。体育事业应当纳入国民经济和社会发展计划。

国家推进体育管理体制改革。国家鼓励企业事业组织、社会团体和公民兴办和支持体育事业。

第四条 国务院体育行政部门主管全国体育工作。国务院其他有关部门在各自的职权范围内管理体育工作。

县级以上地方各级人民政府体育行政部门或者本级人民政府授权的机构主管本行政区域内的体育工作。

第五条 国家对青年、少年、儿童的体育活动给予特别保障，增进青年、少年、儿童的身心健康。

第六条 国家扶持少数民族地区发展体育事业，培养少数民族体育人才。

第七条 国家发展体育教育和体育科学研究，推广先进、实用的体育科学技术成果，依靠科学技术发展体育事业。

第八条 国家对在体育事业中做出贡献的组织和个人，给予奖励。

第九条 国家鼓励开展对外体育交往。对外体育交往坚持独立自主、平等互利、相互尊重的原则，维护国家主权和尊严，遵守中华人民共和国缔结或者参加的国际条约。

第二章 社会体育

第十条 国家提倡公民参加社会体育活动，增进身心健康。

社会体育活动应当坚持业余、自愿、小型多样，遵循因地制宜和科学文明的原则。

第十一条 国家推行全民健身计划，实施体育锻炼标准，进行体质监测。

国家实行社会体育指导员技术等级制度。社会体育指导员对社会体育活动进行指导。

第十二条 地方各级人民政府应当为公民参加社会体育活动创造必要的条件，支持、扶助群众性体育活动的开展。

城市应当发挥居民委员会等社区基层组织的作用，组织居民开展体育活动。

农村应当发挥村民委员会、基层文化体育组织的作用，开展适合农村特点的体育活动。

第十三条 国家机关、企业事业组织应当开展多种形式的体育活动，举办群众性体育竞赛。

第十四条 工会等社会团体应当根据各自特点，组织体育活动。

第十五条 国家鼓励、支持民族、民间传统体育项目的发掘、整理和提高。

第十六条 全社会应当关心、支持老年人、残疾人参加体育活动。各级人民政府应当采取措施，为老年人、残疾人参加体育活动提供方便。

第三章 学校体育

第十七条 教育行政部门和学校应当将体育作为学校教育的组成部分，培养德、智、体等方面全面发展的人才。

第十八条 学校必须开设体育课，并将体育课列为考核学生学业成绩的科目。

学校应当创造条件为病残学生组织适合其特点的体育活动。

第十九条 学校必须实施国家体育锻炼标准，对学生在校期间每天用于体育活动的时间给予保证。

第二十条 学校应当组织多种形式的课外体育活动，开展课外训练和体育竞赛，并根据条件每学年举行一次全校性的体育运动会。

第二十一条 学校应当按照国家有关规定，配备合格的体育教师，保障体育教师享受与其工作特点有关的待遇。

第二十二条 学校应当按照国务院教育行政部门规定的标准配置体育场地、设施和器材。

学校体育场地必须用于体育活动，不得挪作他用。

第二十三条 学校应当建立学生体格健康检查制度。教育、体育和卫生行政部门应当加强对学生体质的监测。

第四章 竞技体育

第二十四条 国家促进竞技体育发展，鼓励运动员提高体育运动技术水平，在体育竞赛中创造优异成绩，为国家争取荣誉。

第二十五条 国家鼓励、支持开展业余体育训练，培养优秀的体育后备人才。

第二十六条 参加国内、国际重大体育竞赛的运动员和运动队，应当按照公平、择优的原则选拔和组建。具体办法由国务院体育行政部门规定。

第二十七条 培养运动员必须实行严格、科学、文明的训练和管理，对运动员进行爱国主义、集体主义和社会主义教育，以及道德和纪律教育。

第二十八条 国家对优秀运动员在就业或者升学方面给予优待。

第二十九条 全国性的单项体育协会对本项目的运动员实行注册管理。经注册的运动员，可以根据国务院体育行政部门的规定，参加有关的体育竞赛和运动队之间的人员流动。

第三十条 国家实行运动员技术等级、裁判员技术等级和教练员专业技术职务等级制度。

第三十一条 国家对体育竞赛实行分级分类管理。

全国综合性运动会由国务院体育行政部门管理或者由国务院体育行政部门会同有关组织管理。

全国单项体育竞赛由该项运动的全国性协会负责管理。

地方综合性运动会和地方单项体育竞赛的管理办法由地方人民政府制定。

第三十二条 在竞技体育活动中发生纠纷，由体育仲裁机构负责调解、仲裁。

体育仲裁机构的设立办法和仲裁范围由国务院另行规定。

第三十三条 体育竞赛实行公平竞争的原则。体育竞赛的组织者和运动员、教练员、裁判员应当遵守体育道德，不得弄虚作假、营私舞弊。

在体育运动中严禁使用禁用的药物和方法。禁用药物检测机构应当对禁用的药物和方法进行严格检查。

严禁任何组织和个人利用体育竞赛从事赌博活动。

第三十四条 在中国境内举办的重大体育竞赛，其名称、徽记、旗帜及吉祥物等标志按照国家有关规定予以保护。

第五章 体育社会团体

第三十五条 国家鼓励、支持体育社会团体按照其章程，组织和开展体育活动，推动体育事业的发展。

第三十六条 各级体育总会是联系、团结运动员和体育工作者的群众性体育组织，应当在发展体育事业中发挥作用。

第三十七条 中国奥林匹克委员会是以发展和推动奥林匹克运动为主要任务的体育组织，代表中国参与国际奥林匹克事务。

第三十八条 体育科学社会团体是体育科学技术工作者的学术性群众组织，应当在发展体育科技事业中发挥作用。

第三十九条 全国性的单项体育协会管理该项运动的普及与提高工作，代表中国参加相应的国际单项体育组织。

第六章 保障条件

第四十条 县级以上各级人民政府应当将体育事业经费、体育基本建设资金列入本级财政预算和基本建设投资计划，并随着国民经济的发展逐步增加对体育事业的投入。

第四十一条 国家鼓励企业事业组织和社会团体自筹资金发展体育事业，鼓励组织和个人对体育事业的捐赠和赞助。

第四十二条 国家有关部门应当加强对体育资金的管理，任何组织和个人不得挪用、克扣体育资金。

第四十三条 县级以上各级人民政府体育行政部门对以健身、竞技等体育活动为内容的经营活动，应当按照国家有关规定加强管理和监督。

第四十四条 县级以上地方各级人民政府应当按照国家对城市公共体育设施用地定额指标的规定，将城市公共体育设施建设纳入城市建设规划和土地利用总体规划，合理布局，统一安排。

城市在规划企业、学校、街道和居住区时，应当将体育设施纳入建设规划。

乡、民族乡、镇应当随着经济发展，逐步建设和完善体育设施。

第四十五条 公共体育设施应当向社会开放，方便群众开展体育活动，对学生、老年人、残疾人实行优惠办法，提高体育设施的利用率。

任何组织和个人不得侵占、破坏公共体育设施。因特殊情况需要临时占用体育设施的，必须经体育行政部门和建设规划部门批准，并及时归还；

按照城市规划改变体育场地用途的，应当按照国家有关规定，先行择地新建偿还。

第四十六条 国家发展体育专业教育，建立各类体育专业院校、系、科，培养运动、训练、教学、科学研究、管理以及从事群众体育等方面的专业人员。

国家鼓励企业事业组织、社会团体和公民依法举办体育专业教育。

第七章 法律责任

第四十七条 在竞技体育中从事弄虚作假等违反纪律和体育规则的行为，由体育社会团体按照章程规定给予处罚；对国家工作人员中的直接责任人员，依法给予行政处分。

第四十八条 在体育运动中使用禁用的药物和方法的，由体育社会团体按照章程规定给予处罚；对国家工作人员中的直接责任人员，依法给予行政处分。

第四十九条 利用竞技体育从事赌博活动的，由体育行政部门协助公安机关责令停止违法活动，并由公安机关依照治安管理处罚法的有关规定给予处罚。

在竞技体育活动中，有贿赂、诈骗、组织赌博行为，构成犯罪的，依法追究刑事责任。

第五十条 侵占、破坏公共体育设施的，由体育行政部门责令限期改正，并依法承担民事责任。

有前款所列行为，违反治安管理的，由公安机关依照治安管理处罚法的有关规定给予处罚；构成犯罪的，依法追究刑事责任。

第五十一条 在体育活动中，寻衅滋事、扰乱公共秩序的，给予批评、教育并予以制止；违反治安管理的，由公安机关依照治安管理处罚法的规定给予处罚；构成犯罪的，依法追究刑事责任。

第五十二条 违反国家财政制度、财务制度，挪用、克扣体育资金的，由上级机关责令限期归还被挪用、克扣的资金，并对直接负责的主管人员和其他直接责任人员，依法给予行政处分；构成犯罪的，依法追究刑事责任。

第八章 附 则

第五十三条 军队开展体育活动的具体办法由中央军事委员会依照本法制定。

第五十四条 本法自1995年10月1日起施行。

中国足球协会章程

（2017年）

定义：

国际足联：国际足球联合会。

亚足联：亚洲足球联合会。

中国足协：中国足球协会。

洲际足球联合会：地处同一大陆或地理区域，且得到国际足联认可的各会员协会的集体组织。

国家（地区）协会：得到国际足联认可的足球协会。除非文中有明显不同含义，国家（地区）协会是国际足联和亚足联的会员。

国际足球理事会：负责批准和修改《足球竞赛规则》的国际组织。

会员大会：中国足协的最高权力机构。

执委会：执行委员会，中国足协会员大会的执行机构。

特别会员大会：为履行特殊职责，在必要情况下，由执委会提议而临时召开的会员大会。

会员：由会员大会批准加入，具有中国足协会员资格的地方足球协会、行业足球协会和其他组织。

俱乐部：在中国足协会员注册，遵守国际足联、亚足联和中国足协及其所属会员的章程、规程、规定和决议，参加中国足协主办的比赛，具有独立法人资格的组织。

官员：所有在中国足协、中国足协会员及俱乐部中负责竞赛、技术、医务、新闻、商务及行政事务的管理人员，委员，裁判、助理裁判，教练，培训人员及其他负责人员（球员除外）。

球员：在中国足协或中国足协会员注册的运动员。

自然人：本会管辖范围内的足球从业人员。

法人：本会管辖范围内具有独立法人资格的足球组织。

体育仲裁法庭：位于瑞士洛桑的国际体育仲裁法庭。

民事法庭：中国国内负责处理相关法律纠纷的国家司法机构。

第一章 总 则

第一条 名称与地址

（一）本协会的正式名称为：中国足球协会，简称为：中国足协。英文名称为：Chinese Football Association，英文缩写为：CFA。

（二）中国足球协会住所设在北京市。

（三）中国足球协会的简称、会旗、会徽等在国家社团登记管理机关备案。

第二条 依据

本章程依据《中华人民共和国宪法》、《中华人民共和国民法通则》、《中华人民共和国体育法》、《社会团体登记管理条例》、《国际足球联合会章程》以及《亚洲足球联合会章程》的有关规定制定。

第三条 性质

（一）中国足协是中华人民共和国从事足球运动的组织自愿结成的全国性、非营利性、体育类社团法人。中国足协作为独立法人，遵守中华人民共和国宪法、法律、法规和国家政策，依法自主开展活动。

（二）中国足协是团结全国足球组织和个人共同发展足球事业、具有公益性质的社会组织，根据法律授权和政府委托管理全国足球事务。

（三）中国足协是中华全国体育总会和中国奥委会的单位会员，遵守中华全国体育总会与中国奥委会的章程及有关规定。接受行业管理部门和登记管理机关的业务指导与监督管理。

（四）中国足协是唯一代表中国的国际足球联合会会员和亚洲足球联合会会员。

第四条 宗旨、职责及义务

（一）宗旨

1. 广泛开展足球运动，实现普及与提高、群众足球与竞技足球互相促进，通过足球促进人的全面发展和社会文明进步。

2. 倡导公平竞赛，弘扬体育精神，充分发挥和全面实现足球的教育功能和社会价值。

3. 完善中国足球管理体制和运行机制，提高足球管理水平，探索中国特色足球改革发展道路。

4. 夯实足球发展的人口基础、设施基础、管理基础、文化基础，团结全国足球从业人员，大力发展足球事业。

5. 整合资源，形成合力，充分发挥市场机制作用，激发活力，创造公平诚信环境，鼓励保护平等竞争。

6. 参加国际足联和亚足联的正式比赛和活动，促进国际交流和合作，增进与各国家和地区足球协会、俱乐部及运动员之间的友谊。

7. 加强会员、俱乐部以及足球从业人员之间的联系与交流，服务本会会员，维护会员合法权益，帮助、扶持会员发展足球运动。

8. 倡导维护足球比赛完整性。反对腐败、使用兴奋剂、操纵比赛等损害比赛和足球从业者利益的行为。

（二）职责

1. 全面负责足球项目的管理；研究制定足球发展的方针政策、规划、计划和行业标准。

2. 指导、促进本会会员建设和开展工作，形成覆盖全国、组织完备、管理高效、协作有力、适应现代足球管理运营需要的协会管理体系。

3. 管理各类全国性足球竞赛，制订竞赛制度、竞赛计划和规程并组织实施。

4. 负责足球专业人才的培养，构建足球技术发展的理论体系。

5. 普及发展社会足球，不断扩大足球人口规模。

6. 构建青少年后备人才培养体系；推动和发展校园足球运动。

7. 促进俱乐部健康稳定发展。严格准入，规范管理职业足球俱乐部，充分发挥其在职业联赛中的主体地位和重要作用。

8. 组织管理各级国家队。增强国家荣誉感和社会责任感，打造技艺精湛、作风顽强、能打硬仗、为国争光的国家足球队。

9. 推进足球文化建设；促进足球产业的发展；制订足球场地设施和器材的标准。

10. 开展国际组织、国家和地区间的交流和技术合作，制定对外活动计划并组织实施；广泛联系和团结社会各界人士，充分发挥桥梁和纽带作用。

11. 与会员合作并监督管理在本会辖区内组织的各级各类国际比赛。

12. 对违反国际足联、亚足联及本会的章程、《足球竞赛规则》和有关规定，以及有损于足球比赛的行为进行监管及处罚。

（三）义务

本会及本会会员，包括足球俱乐部以及球员和官员承诺并履行如下义务：

1. 遵守中华人民共和国法律、法规和规章。

2. 遵守国际足联和亚足联章程及有关规定。

3. 承认并遵守国际足球理事会制定和修改的《足球竞赛规则》。

4. 遵守公平竞赛原则和体育道德风尚。

5. 服从国际体育仲裁法庭、国际足联和亚足联的终审裁决。

第五条 反对歧视

（一）本会反对任何偏见。

（二）本会会员不得以种族、性别、宗教、语言、政治和其他任何原因歧视任何国家、地区、会员组织和个人，否则将受到暂停或开除会员资格的处罚。

第六条 球员

（一）本会根据国际足联的有关规定，制定球员身份与转会的规则，对球员身份进行管理。

（二）球员根据本会的规定进行注册。

第七条 足球竞赛规则

（一）本会及本会会员执行国际足球理事会现行有效的《足球竞赛规则》。

（二）本会及本会会员执行国际足联现行有效的《五人制足球比赛规则》和《沙滩足球比赛规则》。

第八条 行为规范

本会的所有机构或人员在活动中应当遵守国际足联、亚足联以及本会的章程和道德规范等相关规定。

第九条 语言

（一）本会的正式工作语言是汉语。

（二）本会对外联络的主要语言是英语。

（三）本会章程及一切正式文件均以中文文本为准。

第二章 会 员

第十条 会员入会、会员资格的暂停、取消和开除

（一）会员的入会、会员资格的暂停、取消和开除由会员大会决定。

（二）拥护本会章程，有加入本会意愿，符合本章程的规定，可申请入会。

（三）被暂停、取消或开除资格的会员，有权申诉。

（四）会员退出，或会员资格被暂停、取消，即失去其各项会员权利，但其对本会及其他会员应当承担的经济责任并不免除。

第十一条 会员入会

（一）中国足球协会会员体现地域覆盖性和行业广泛性。下列组织可申请加入本会：

1. 省、自治区、直辖市的足球协会。

2. 地区、城市的足球协会。

3. 行业、系统的足球协会。

4. 青少年足球组织。

5. 女子足球组织。

6. 各类足球联赛组织。

7. 会员大会同意接纳的其他组织。

（二）申请成为本会会员，应当提交以下材料：

1. 申请书。申请书须对以下事项作出承诺：

（1）遵守本会、国际足联、亚足联章程及有关规定并履行会员义务。

（2）接受中国足协仲裁委员会和位于瑞士洛桑的国际体育仲裁法庭的

管辖。

(3) 保证不将在国际足联、亚足联和本会章程规定范围内的争议诉至民事法庭，国际足联、亚足联和本会章程另有规定的除外。

2. 合法有效的章程和各项规定。

3. 主要负责人名单。

4. 合法成立的证明材料。

5. 组织机构及其管辖范围内的设施和足球组织的详细信息。

（三）会员自获得会员资格之日起，应在30日内缴纳当年的会费。

第十二条 入会审批程序

（一）本会接到入会申请，由执委会根据本会关于会员准入审核的有关规定进行审查后，交会员大会审议。

（二）会员大会对执委会的建议有决定权，如执委会建议不同意入会申请，申请人有权向会员大会陈述其申请理由。

（三）经会员大会同意，申请人即获得会员资格。

第十三条 会员权利

（一）参加会员大会的权利。

（二）选举权、被选举权和表决权。

（三）提名本会执委会成员和分支机构候选人的权利。

（四）参加本会组织的有关比赛和活动的权利。

（五）获得本会官方信息和服务的优先权。

（六）参加本会援助和发展计划的权利。

（七）对本会工作提出批评、建议和监督的权利。

（八）发展会员。

（九）自愿入会和退会的权利。

（十）本会规定的其他权利。

行使上述各项权利应当符合本章程及相关规定。

第十四条 会员义务

（一）遵守并确保其管辖范围内的足球组织和足球从业人员遵守本会章程、规程、决议和决定，积极参加本会组织的各项竞赛和活动，维护本会合法权益。

在所辖范围内，依据本章程及本会相关规章制度和发展规划，独立开展足球工作并承担责任：

1. 普及足球运动，扩大足球人口。

2. 负责所辖范围内团体会员和个人会员的注册、管理，加强足球专业人才培养。

3. 在所辖范围内对职业足球俱乐部、业余足球俱乐部及足球从业人员进行注册、管理、监督和处罚的权利。

4. 开展青少年和女子足球运动，与教育部门合作开展校园足球活动。

5. 维护俱乐部权益，支持俱乐部工作，为加强俱乐部组织、思想和业务建设提供服务。

（二）遵守国际足球理事会制订的《足球竞赛规则》，在章程中明确规定其会员应遵守公平竞赛原则和体育道德。

（三）承认并接受中国足协仲裁委员会和国际足联争议解决机构对行业内纠纷的管辖权，并在其章程中载明。

（四）向本会报告其章程的修改和主要负责人的变更。

（五）未经本会许可，不组织或参加国际友谊比赛，不与被暂停会员资格的会员或本会不予承认的足球组织进行任何足球交往。不得和非本会会员的组织（个人）、遭到停赛或开除处罚的会员（个人）进行正式足球比赛。

（六）完成本会指派的各项任务，向本会反映情况，提供有关材料。

（七）依照本会的注册管理制度按时注册并足额缴纳会费。

（八）承担由国际足联、亚足联和本会章程所产生的各项义务。

任何会员不履行上述义务将根据本会相关规定进行处罚。

第十五条　暂停会员资格

（一）对出现下述情况的会员，会员大会有权决定暂停其会员资格，执委会有权决定临时暂停其会员资格：

1. 2 年内不参加本会的活动。

2. 不按时在本会进行年度注册。

3. 不向本会支付应缴纳的会费或其它款项。

4. 严重违反本会章程及有关规定，经提醒后仍不给予改正。

（二）在紧急情况下，执委会有权做出临时暂停会员资格的处罚决定，并立即生效。如执委会未解除该处罚，则处罚有效期持续到下次会员大会召开时结束。

（三）会员大会对执委会的临时暂停会员资格处罚进行表决，在与会会员的半数票数同意后，处罚生效。如果未能获得全体会员的半数票数同意，则处罚自动被取消。

（四）暂停会员资格的时间最长为2年。被暂停会员资格的会员在处罚期内不再享有会员权利，其他会员不得与被暂停会员资格的会员代表队进行正式足球比赛。

第十六条 取消会员资格

（一）已被暂停会员资格的会员，在处罚期内仍未对违纪行为进行改正的，会员大会有权决定取消其会员资格。

（二）取消会员资格，由执委会提出并列入会员大会的议程。

（三）取消会员资格，应当获得3/4以上与会会员同意。

第十七条 开除会员资格

（一）会员严重违反本会或国际足联、亚足联章程和有关规定，会员大会有权决定开除其会员资格。

（二）开除会员资格的程序与取消会员资格程序相同。

第十八条 会员退出

（一）会员要求退出，应先解决与本会及其他会员之间的财务问题后，至少提前6个月以书面形式通知本会，退会方可成立。

（二）会员未按时在本会注册，或被撤销（注销）登记，视为自动退出。

第十九条 省（市）足球协会、联赛组织、俱乐部、其他组织

（一）中国足协注册范围内的俱乐部、联赛组织、省市足球协会及其他组织应遵守：

1. 在本会章程规定的权利、义务和工作范围内开展工作。

2. 章程应报中国足协执委会备案。

3. 在本会管辖范围内，只有本会有权组织全国性最高级别足球联赛。

（二）上述各组织依法自行开展足球活动，不受其他外部力量阻碍和

制约。

（三）禁止关联关系。同一自然人或法人（包括公司股东及其下属子公司）不得同时控制两个以上的俱乐部或足球组织。

第三章 荣誉职务

第二十条 名誉主席、名誉顾问、顾问与荣誉会员

（一）本会执委会可决定聘请对中国足球事业有突出贡献的人士为本会名誉主席、名誉顾问、顾问或荣誉会员。

（二）以上荣誉职务人员受邀列席会员大会。

第四章 组织机构

第一节 会员大会

第二十一条 会员大会是由本会定期举行的所有会员参加的会议，是本会的最高权力机构。

第二十二条 会员大会的组成

（一）会员大会由47个会员构成。

（二）会员大会定期召开，至少每年召开一次。会员应选派代表参加会员大会。

（三）会员大会由主席或主席指定的副主席按程序主持。

（四）执委会成员和担任本会荣誉职务的人员，列席会员大会，参与会议讨论，无表决权。

（五）职业足球俱乐部列席会员大会，会员大会其他列席代表由执委会确定。列席代表可参与有关议题的讨论，无表决权。

第二十三条 会员大会的表决权

（一）只有本会的会员才有表决权，每个会员只有一票表决权。

（二）会员应指定一名代表行使表决权。

（三）会员直接出席会议才能行使表决权。会员不得以信函或其他委托方式投票。

（四）各会员的代表名单，应于会员大会召开15日之前书面提交秘书处。

第二十四条 会员大会的召集

（一）会员大会由执委会召集。

（二）会议时间、地点及主要内容由执委会确定，并于大会召开30日前书面通知会员。如因特殊情况，会前通知时间不足30日，执委会应有说明。

（三）会员大会的正式开会通知应于会议召开15日前发出，大会议程、主席报告、财务报告及会议其他主要文件等随同通知发出。

第二十五条 会员大会的提案

（一）本会会员或执委会成员有权提出会员大会提案。提案应以书面形式提交秘书处，提案截止日为当年会员大会召开15日前。

（二）提案由执委会列入会员大会议程。

第二十六条 会员大会的职权

（一）制定或修改本会章程。

（二）选举或罢免本会主席、常务副主席、副主席和执委。

（三）审议工作报告。

（四）审议中长期发展规划和专项报告。

（五）审议上一年度财务报告和下一年度财务计划和预算。

（六）根据执委会的建议指定审计机构。

（七）制定会费标准。

（八）吸收会员入会；暂停或取消、开除会员资格。

（九）决定本会机构的设立、变更和注销。

（十）决定法律机构的领导人选。

（十一）决定本会的终止事宜。

（十二）决定其它重大事宜。

第二十七条 会员大会召开的法定人数

（一）会员大会应有2/3以上的会员出席方能召开。

（二）如到会代表不足法定人数，应在2日内再次召开会员大会，原定议程不变；如到会代表人数仍然不足法定人数，可以直接召开会员大会，但到会代表人数应超过全体会员半数以上。

第二十八条　会员大会的决议

（一）除另有规定外，会员大会的决议，应获得与会会员超过半数通过方能生效。

（二）会员大会的决议表决方式，可采用举手（举牌）表决或投票表决。

第二十九条　选举

（一）选举根据《中国足协选举准则》的规定进行。选举方式为无记名投票。

（二）等额选举可以鼓掌通过。

（三）差额选举按如下方式进行：

1. 主席选举应获得与会会员超过半数票数通过。如有 2 个以上主席候选人，按照每轮投票淘汰得票最少候选人方式进行，直至产生最终的 2 名候选人。

2. 常务副主席、副主席、执委选举，获得票数多者当选。

第三十条　罢免

（一）本会会员可以提出罢免提案，由执委会审核后列入大会议程，大会讨论并作出决定。

（二）被罢免者有辩护权和申诉权。

（三）罢免提案应采取无记名投票方式进行表决，获得与会会员超过半数票同意即可通过。

（四）罢免提案一经通过，立即生效，被罢免者丧失原有职权。

第三十一条　特别会员大会

（一）接到 1/3 以上会员书面要求或执委会认为必要时，应在 3 个月内举行特别会员大会。该书面要求应写明需要讨论的议题。

（二）特别会员大会召开的时间、地点及内容，应于 15 日前通知会员。如因特殊情况，会前通知时间不足 15 日，执委会应有说明。

（三）特别会员大会只讨论列入正式议程的事项。

第三十二条　会员大会议程

（一）会员大会议程包括：

1. 点名。

2. 主席致词。

3. 通过议程。

4. 指定监票人。

5. 通过或修改章程、章程实施细则和会员大会议事程序等。

6. 选举或罢免主席、常务副主席、副主席和执委人选。

7. 通过工作报告。

8. 通过发展规划或专项工作报告。

9. 通过上一年度的财务报告和下一年度的财务计划及预算。

10. 确定会费相关事宜。

11. 决定吸纳、暂停、取消或开除会员资格。

12. 决定本会的终止事宜。

13. 其他事项。

上述第5—13项议程由本会根据会议议题确定。

（二）经与会会员半数投票通过，可修改会员大会议程。

（三）会员大会不讨论未列入议程的议题。

第三十三条 修改章程

（一）执委会或5个以上会员联名，有权提出修改章程的提案，提案应附修改说明，以书面形式提交秘书处。

（二）章程的修改案由执委会提交会员大会审议。

（三）章程修改，应经与会会员的2/3投票赞成后通过。

（四）本会修改的章程，应符合国家有关法律法规的规定。

第三十四条 会议纪要

秘书处负责代表大会会议纪要，纪要将提交下一届代表大会通过。

第三十五条 生效日期

除非另有规定，大会做出的决定立即生效。

第二节 执委会

第三十六条 执委会是会员大会的执行机构。

（一）执委会体现广泛代表性和专业性，由国务院体育行政部门代表、地方及行业足球协会代表、职业联赛组织代表、知名足球专业人士、社会人士和专家代表等21人组成。执委会成员包括：

1. 主席。

2. 常务副主席。

3. 副主席。

4. 执委。

（二）来自同一会员的执委会成员原则上不得超过1名，知名足球人士、社会人士、专家代表不受此限制。

（三）主席、常务副主席、副主席和执委每届任期4年，可连选连任，任期起止时间应在任命文件中载明。因特殊情况需延期换届的，须经会员大会讨论通过，并符合国家有关法律法规要求后可延期换届。

（四）如主席因故不能履行职责时，由常务副主席代理其职务，代理期限至主席恢复履职能力或下一次会员大会选举出新的主席为止。

（五）执委会成员不得同时担任本会纪律、仲裁或道德与公平竞赛委员会的成员。

（六）执委人数空缺在50%以内时，由执委会指定临时执委，直到下一次会员大会时选举产生执委人选。

（七）执委人数空缺超过50%时，应召开特别会员大会，补选剩余任期内空缺的执委。

（八）执委空缺是指执委因工作或者其他原因主动辞去职务、去世或连续3次不参加执委会等情况出现空缺。

（九）执委会依据本章程和《中国足球协会执委会工作规则》开展工作。

第三十七条　执委会职责

（一）执行会员大会的决议。

（二）领导各级机构开展工作。

（三）审议并向会员大会提交主席、常务副主席、副主席和执委候选人名单。

（四）决定和筹备召开会员大会或特别会员大会。

（五）起草工作报告。

（六）审议须提交会员大会的计划、规划、报告、议案等，并向会员大会提出建议。

（七）决定分支机构、办事机构的设立、变更、注销，决定分支机构主要负责人和成员。

（八）对本会主席、常务副主席、副主席或执委作出暂停职务决定，执委会的暂停决定期限为3个月以内。

（九）向会员大会推荐审计机构。

（十）根据主席提议，决定或罢免秘书长。

（十一）保证章程得以有效实施。

（十二）起草提交会员大会审议的章程修改草案，批准分支机构的管理规定或工作规范。

（十三）临时暂停会员资格。

（十四）设立、组织或取消全国性的正式比赛。

（十五）决定授予本会荣誉职务人员。

（十六）执委会有权对会员大会权限以外的所有事务做出决定，但根据本章程规定需要由特定机构处理的事务除外。

第三十八条 执委会成员任职资格

（一）具有良好品德，热爱足球事业。

（二）在足球或相关业务领域内有较大影响。

（三）最高任职年龄不超过70周岁。

（四）具有正常履行职责的身体条件。

（五）未被剥夺政治权利，且未受过刑事处罚。

（六）具有完全民事行为能力。

第三十九条 执委会成员产生程序执委会成员候选人由本会会员或执委会成员提名，候选人名单经执委会向会员大会提交。

第四十条 执委会会议

（一）执委会每年举行3次会议。执委会会议应有2/3以上成员出席方能召开。如主席认为有必要或有超过半数执委会成员提议，可增加召开。

（二）主席负责确定执委会会议议程和会议时间、地点。执委会成员如有提案，应当提前15日提交秘书处。会议议程应至少提前7日通知执委会成员。

（三）执委会会议可邀请第三方列席，但第三方无表决权。

（四）执委会可决定与决议事项有利害关系的执委会成员是否回避。

（五）执委会会议决议应经与会执委会成员超过半数表决通过方能生效。执委会成员直接出席会议才能行使表决权，不得以信函或委托代理方式投票。

（六）在执委会投票表决时，如遇票数相等，主席有最终决定权。

（七）执委会可聘请有关专家提供咨询和服务。

（八）执委会各项决定应当形成书面文件。

（九）除非另有规定，执委会的决议立即生效。

第三节　主席

第四十一条　主席职责

（一）主持会员大会、执委会会议。主席可授权常务副主席或副主席主持会议。

（二）指导、监督秘书长和秘书处工作。

（三）向执委会提名秘书长和各分支机构主要负责人。

（四）检查会员大会、执委会决议落实情况。

（五）领导执委会的工作。

（六）发展本会与国际足联、亚足联及其会员、有关政府机构和国际组织的友好关系。

第四十二条　主席的选举主席候选人由会员或执委会成员提名，由执委会提交会员大会表决通过。

第四十三条　法定代表人

（一）主席为本会法定代表人。因特殊情况，经主席委托、执委会讨论通过，并符合国家有关法律法规要求，可以由常务副主席或秘书长担任法定代表人。法定代表人代表本会签署有关重要文件。

（二）本会法定代表人不得兼任其他社会团体法定代表人。

第四十四条　主席办公会议制度

主席办公会议制度是指在执委会闭会期间，由主席召集，副主席、专职执委、秘书长参加的，落实章程关于执委会的职责要求，行使指导、管理、服务、监督的工作职能，全面主持中国足协各项工作的会议决策机制。

主席办公会议依据《中国足球协会主席办公会议规则》召开并工作。

第四节　专项委员会和特设委员会

第四十五条　专项委员会

（一）专项委员会为本会常设委员会，是本会分支机构。在授权范围内依工作规范协助执委会处理本会专项事务。

（二）本会设战略发展委员会、道德与公平竞赛委员会、纪律委员会、仲裁委员会、新闻委员会、财务委员会、场地器材委 员会、医学委员会、竞赛委员会、技术委员会、裁判委员会、青少年委员会、女子足球委员会、五人制与沙滩足球委员会、运动员委员会、职业联赛理事会等 16 个专项委员会。

（三）除道德与公平竞赛委员会、纪律委员会和仲裁委员会外，各专项委员会的主任应由执委会的成员担任。专项委员会设主任、副主任及委员若干人，执行秘书 1 人。每届任期 4 年，可连选连任。

第四十六条　专项委员会的职责

（一）执委会制订《专项委员会规范总则》（以下简称《规范 总则》），对专项委员会的设立原则、成员条件、工作机制等作出 规定。

（二）专项委员会负责本专项领域内中长期发展规划、年度 工作计划、经费预决算等工作。专项委员会根据《规范总则》制 订本专项领域的工作细则或管理规定，经执委会批准后实施。

（三）专项委员会主任负责本委员会工作，根据本会授权处理相关业务，并向执委会定期汇报工作。

（四）专项委员会主任负责与本会秘书处共同确定本委员会会议日程，确保各项任务的完成。

第四十七条　特设委员会

执委会在必要时可以临时设立特设委员会，是本会分支机构，处理特殊任务。执委会制定其工作规范和职责，特设委员会向执委会负责。

第五章　法律机构

第四十八条　本会建立预防与惩处并重的足球行业法治教育体系、执法和监督体系。

第四十九条 纪律委员会、道德与公平竞赛委员会

（一）纪律委员会、道德与公平竞赛委员会是本会的纪律、道德机构，为本会的分支机构。

（二）两个委员会的职责由委员会工作规范规定。

（三）两个委员会成员不得同时担任本会其他机构职务。

（四）两个委员会分别由主任、副主任及委员若干人组成。主任及多数委员应拥有法律职业资格。

（五）执委会负责制定本会《纪律准则》和《道德准则》。

第五十条 罚则

依据国际足联、亚足联有关规定，本会制定纪律处罚种类如下：

（一）对自然人和法人的纪律处罚种类

1. 通报批评。

2. 警告。

3. 罚款。

4. 退回奖项。

5. 禁止转会。

6. 取消注册资格。

7. 禁止从事任何与足球有关的活动。

8. 中国足球协会规定的其他处罚。

（二）对自然人的其它纪律处罚种类

1. 警告（黄牌）。

2. 罚令出场。

3. 停赛。

4. 禁止进入运动员休息室和/或替补席。

5. 禁止进入体育场（馆）。

（三）对法人的其它纪律处罚种类

1. 进行无观众的比赛。

2. 在中立场地进行比赛。

3. 禁止在某体育场（馆）比赛。

4. 取消比赛结果。

5. 比分作废。

6. 扣分。

7. 取消比赛资格。

8. 降级。

9. 减少转会名额。

10. 暂停引进外籍球员。

11. 重赛。

（四）制定和执行上述纪律处罚，不得违反中华人民共和国有关法律规定。

第五十一条　仲裁委员会

仲裁委员会是本会的仲裁机构，为本会的分支机构。负责处理本会管辖范围内与足球运动有关的行业内部纠纷。执委会应对仲裁委员会的组成、管辖权和仲裁程序作出规定。

第五十二条　管辖权

（一）除本章程和国际足联另有规定外，本会及本会管辖范围内的足球组织和足球从业人员不将争议诉诸法院。有关争议应提交本会或国际足联的有关机构。

（二）争议各方或争议事项属于本会管辖范围内的为国内争议，本会有管辖权。其他争议为国际争议，国际足联有管辖权。

第五十三条　体育仲裁法庭

（一）根据国际足联章程，任何对国际足联做出的最终的、具有约束力的裁决上诉，应当向位于瑞士洛桑的体育仲裁法庭提出，但下列情形除外：由协会或洲际足联独立、合理组成的仲裁机构做出的裁定，或违反《足球竞赛规则》的裁定，或4场以下、3个月以内的禁赛处罚的裁定。

（二）在不违反我国有关法律法规的前提下，本会及本会管辖范围内的足球组织和足球从业人员均应服从国际足联相关机构或体育仲裁法庭做出的所有终审决定

第六章　办事机构

第五十四条　秘书处

（一）秘书处是本会常设办事机构。

（二）秘书处职责

1. 执行会员大会、执委会的决议。

2. 执行专项委员会的决议。

3. 处理本会日常行政事务。

4. 筹备会员大会、执委会及分支机构会议等。

5. 形成会员大会、执委会和分支机构的会议纪要。

6. 负责本会各类文件的整理存档。

第五十五条　秘书长

（一）秘书长全权负责秘书处工作，依据本章程及《中国足球协会秘书处工作规则》开展工作。

（二）秘书长由主席提议，经执委会表决通过。

（三）秘书长在主席指导、监督下，承担以下职责：

1. 主持秘书处的日常工作。

2. 聘任秘书处的专职工作人员，向主席提议秘书处管理层人选。

3. 统筹安排会员大会、执委会、分支机构的会议。

4. 参加会员大会、执委会、分支机构会议。

5. 负责编写会员大会、执委会、分支机构会议纪要。

6. 落实会员大会、执委会、分支机构的决议。

7. 妥善管理中国足协账务。

8. 负责中国足协的通讯往来。

9. 负责处理对外关系，协调各分支机构工作。

第七章　赛事及权利

第五十六条　赛事权利

（一）根据《国际足联章程》和《中华人民共和国体育法》规定，本会作为中国足球运动的管理机构，是本会管辖的各项赛事、活动所产生的所有权利的最初所有者。这些权利包括但不限于各种赛事权利、知识产权、市场开发和推广权利以及财务权等。

（二）本会可根据需要以单独、合作或授权等方式行使上述权利。

（三）本会保障和维护中国足协及会员组织比赛所产生的商务资源

权利。

（四）本会保障和维护俱乐部自身拥有及参加比赛时所产生的商务资源权利。

（五）本会及其会员有权在其管辖范围内，授权传播涉及足球比赛、足球活动的图像、声音及其他数据。

第五十七条 比赛管理

（一）本会对在其管辖范围内进行的足球比赛实行注册管理。

（二）全国各级正式比赛、国家队参加的公开比赛、由国际足联或亚足联委托本会承办的比赛，由本会直接管理。

（三）本会会员所辖区内各俱乐部（队）之间的比赛、不同会员俱乐部（队）之间的双边及多边比赛、跨国家或地区俱乐部（队）之间的双边及多边比赛，由会员管理。

第五十八条 比赛申报

（一）凡属《国际足联章程》、《亚足联章程》及相关规定应当申报的比赛，由本会申报。

（二）在会员管辖范围内，由会员主办的分属不同会员的职业俱乐部双边及多边成年比赛，或有其它国家或地区代表队或俱乐部（队）参加的比赛，应当按照本章程及本会赛事管理有关规定向本会申请报批或备案。

第五十九条 赛事管理费

（一）按照国际足联、亚足联有关规定，在本会管辖范围内举办的国际性或跨地区赛事应缴纳赛事管理费。

（二）如本会与会员、俱乐部签有办赛协议，以协议约定为准。

第六十条 国际比赛

（一）国际足联独家享有组织国际足联各会员队伍之间、职业联盟、俱乐部之间的国际比赛的权利。未经国际足联执委会批准不得进行任何国际比赛。此外，根据国际足联规定，必要时需获得有关洲际足联的许可。

（二）本会及会员、注册俱乐部应当服从国际足联、亚足联竞赛日程安排。

第六十一条 国际交往

（一）未经国际足联批准，本会及本会辖区内俱乐部不与非国际足联会员或洲际足联临时会员及其俱乐部进行足球比赛和交往。

（二）除特别情况外，未经中国足协、有关足协及国际足联的批准，本会辖区内的任何俱乐部不得加入该足协或参加该足协辖区内的比赛。

（三）未经本会批准，本会会员及本会辖区内俱乐部不得成立跨地区联赛组织或俱乐部联合体。

第八章 财 务

第六十二条 财政年度

本会财政年度为每年 1 月 1 日至 12 月 31 日。

第六十三条 经费来源

（一）会费。

（二）注册费

（三）在核准的业务范围内开展活动和服务的收入。

（四）比赛收入。

（五）捐赠。

（六）财政补助。

（七）国际组织专项补助。

（八）利息。

（九）其他合法收入。

第六十四条 经费开支

（一）支出

1. 年度预算中规定的支出。

2. 会员大会批准的其他支出。

3. 执委会因履行职权产生的支出。

4. 为更好地实现本会目标产生的其他支出。

（二）本会经费应当用于本章程规定的业务范围和事业的发展，不得在会员中分配。

第六十五条 财务管理

（一）本会建立严格的财务管理制度，保证会计资料合法、真实、准确、完整。

（二）本会配备具有专业资格的会计人员。会计不得兼任出纳。会计人员应当进行会计核算，实行会计监督。会计人员调动工作或离职时，应当办清交接手续。

第六十六条 资产管理

（一）本会的资产管理应执行国家规定的财务管理制度，接受会员大会和财政部门的监督。资产来源属于财政拨款或者社会捐赠、资助的，应当接受审计机关的审计和社会监督。

（二）本会的资产，任何组织和个人不得侵占、私分和挪用。

第六十七条 审计

（一）由独立的审计机构负责对本会进行财务审计。

（二）本会换届或更换法定代表人之前应进行财务审计。

第六十八条 会费

（一）会费标准由执委会提出建议，经会员大会表决通过。各会员缴费数额相同。

（二）本会会员应在每年1月31日前按标准缴纳当年会费。

第九章 其 他

第六十九条 终止

（一）本会完成宗旨或自行解散或由于分立、合并等原因需要注销的，由执委会提出终止动议。

（二）本会终止动议须经会员大会表决通过。

（三）本会终止前，须成立清算组织，清理债权债务，处理善后事宜。清算期间，不开展清算以外的活动。

（四）本会在社团登记管理机关办理注销登记手续后即为终止。

（五）本会终止后的剩余资产，在业务主管单位和社团登记管理机关的监督下，按照国家有关规定，用于发展足球事业。

第七十条 数字

本章程规定的数字，“以上”、“以下”、“提前”包含本数，“超过”、“不足”不包含本数。

第七十一条 未尽事宜本章程未尽事宜，由执委会作出决定。

第七十二条 章程的实施

本章程经 2017 年 1 月 18 日在武汉召开的会员大会通过，自社团登记管理机关核准之日起生效。

本章程由本会执委会负责解释。

中国足球协会注册管理规定

（2016 年）

定义：

如上下文无另行说明，本规定中出现的下列词语的含义为：

国际足联：国际足球联合会。

亚足联：亚洲足球联合会。

中国足协：中国足球协会。

会员协会：依照《中国足球协会章程》，由中国足协会员大会批准加入，具有中国足协会员资格的地方足球协会、行业足球协会和其他足球组织。

地市级会员协会：经中国足协会员协会会员大会批准具有会员资格的，在会员协会所辖行政域内的地市级或区级足球协会。

有组织的足球活动：根据国际足联及中国足协有关规定，由中国足协及会员协会组织、主办、批准及备案的足球比赛和其他足球活动。

职业联赛：由中国足协组织主办的中超、中甲、中乙、女超、女甲以及五甲联赛。

中超：中国足球协会超级联赛

中甲：中国足球协会甲级联赛

中乙：中国足球协会乙级联赛

女超：中国足球协会女子超级联赛

女甲：中国足球协会女子甲级联赛

五甲：中国足球协会五人制甲级联赛

职业球员：与参加职业联赛的足球俱乐部签订了工作合同，且从事足球活动的收入大于实际支出的球员。

业余球员：除职业球员以外的球员。

注册：是指中国足协在注册期内对会员协会、职业联赛参赛俱乐部、职业球员、执教职业联赛参赛俱乐部队的教练员、具有国家级以上级别的裁判人员、经中国足协考核批准的球员代理人等相关足球组织及从业人员进行登记及审核的行为。

备案：是指中国足协会员协会在注册期内对其所辖行政区域内的地市级会员协会、未参加职业联赛的足球俱乐部、业余球员、未执教职业联赛参赛俱乐部队的教练员、国家级（不含国家级）以下级别的裁判人员、球员代理人等相关足球组织及从业人员进行注册后，将相关材料及数据报中国足协备案的行为。

费用计算单位：本规定所涉及的所有费用计算单位均为人民币。

第一章　总　则

第一条　注册是各级、各类组织和人员参加或举办有组织的足球活动以及从事相关业务活动的基本条件；是中国足协依章管理的基础；是中国足协制定全国足球运动发展政策、方针和策略的基本依据。为保证注册或备案工作的规范、有序进行，根据《中国足球协会章程》，制定本规定。

第二条　中国足协负责统领全国足球行业的注册工作，并负责对注册工作进行管理、监督、组织、指导、制定有关规范与标准、调查与学术研究。

第三条　中国足协管辖范围内的各级会员协会、足球俱乐部、足球学校、教练员、球员、裁判人员、球员代理人等各级各类组织和人员均须办理注册或备案。

第四条　球员及教练员注册或备案每年进行两次，第一次注册或备案时间为每年1月1日至3月15日，受理注册申请的截止日期以年度第一次转会的具体注册期为准，受理备案申请的截止日期为3月15日；第二次注册或备案时间为每年7月1日至9月15日，受理注册申请的截止时间以第二次转会的具体注册期为准，受理备案申请的截止时间为9月15日，更换教练员补办注册除外。其他相关足球组织及从业人员的注册或备案按相应条款规定的时间执行。有关截止时间以收到各会员协会通过“会员协会注册管理信息系统”软件远程发送的各类注册数据时间为准。

各会员协会所提交的相关注册和备案材料，如在内容、形式、格式、提交时间、提交方式等任何方面不符合要求，未缴纳有关费用或不满足其他附随条件，均视为未提交。

各级、各类组织或人员在当年的注册或备案申请未获得批准前，不得参加中国足协主办、批准或管理下的各级、各类足球赛事和足球活动，或从事有关足球业务。由中国足协特别批准的情况除外。

第五条 中国足协设有注册专门管理机构，主要职责如下：

（一）制定、修订与完善相关注册管理制度。

（二）负责对中国足协注册信息系统的管理与维护。

（三）负责对会员协会、参加职业联赛的足球俱乐部、执教职业联赛俱乐部队的教练员、职业球员、具有国家级以上级别的裁判人员，经中国足协考核批准的球员代理人及相关足球从业人员实施注册管理。

（四）负责对经会员协会核准注册的地市级会员协会、足球学校、未参加职业联赛的足球俱乐部、教练员、业余球员、裁判人员等相关足球从业人员的注册资料进行备案管理。

（五）统计、整理各种注册数据，核查各级、各类组织和人员参与相关足球活动的资格。

（六）负责组织会员协会注册人员的业务培训，定期召开相关注册工作会议。

第二章 会员协会注册

第六条 会员协会注册应具备下列条件：

（一）承认并遵守《中国足协章程》，严格执行中国足协的各项规章制度和管理规定。

（二）有专门的办公场所和相应的管理部门，并设有专门机构和人员，负责办理各项注册工作。

（三）已制定本协会章程，以及相关规章制度和管理规定。

（四）已制定年度工作计划、上年度财务报告和本年度财务预算。

（五）已在民政部门登记注册，按时进行年审并获得通过。

第七条 会员协会的注册工作主要分为以下两类：

（一）办理会员协会自身注册所需办理的各项事宜。

（二）履行会员协会职责所需办理的各项事宜。

第八条 在注册工作中，会员协会的基本职责包括：

（一）制定本协会章程及有关管理规定，向中国足协提交本协会注册所需上报的材料，监督、指导及协助其所辖范围内的各类足球组织和从业人员按照中国足协相关规定办理注册。

（二）负责办理在其所辖范围内的（含代管部分）足球俱乐部、足球学校、球员、教练员、裁判人员、球员代理人及相关足球从业人员的注册与管理。

（三）负责按相关规定和要求收集、统计、汇总其所辖范围内需报中国足协注册和备案的材料与数据，并对各类注册材料与数据严格审核，确保提交的材料与数据内容对应准确。严格按照中国足协规定的时间提交材料与数据。

（四）负责办理中国足协要求或注册工作实际需要的其他事宜。

第九条 会员协会办理注册所需提交的材料及程序如下：

（一）填写《中国足球协会会员协会注册表》一式二份。中国足协批准注册后，由中国足协和会员协会各自保存1份。如系首次注册，则由中国足协颁发注册证书，此后每年需由中国足协在注册证书上进行年度注册确认。

（二）首次注册的会员协会应提交协会章程，此后章程如有修改应在年度注册时重新提交。

（三）提供《中华人民共和国组织机构代码证》和《社会团体法人登记证书》复印件。

（四）提交其办公地点、设施、部门设置、工作人员等内容材料。

（五）提交上年度财务报告及相关报表，本年度财务预算。

（六）将其负责注册初审的组织及人员的注册材料报中国足协进行注册；将其负责注册的组织及人员的注册材料报中国足协进行备案，并将各类注册数据通过“会员协会注册管理信息系统”发送至中国足协备案。

（七）向中国足协缴纳注册费50元。

（八）会员协会应于每年2月底前提交符合要求的注册材料，并通过注册系统上报相关注册数据，完成年度注册工作。

第十条 如某一会员协会注册未获中国足协批准、被暂停或取消会员资格时，则该会员协会将丧失有关权力（包括对其所在行政区内有关组织和人员的管辖权）。该会员协会原管辖范围内的地市级会员协会、俱乐部、球员、教练员和裁判人员可按地区就近选择“代管会员协会”。该选择经中国足协认可后生效，被选择的“代管会员协会”不得拒绝。选择该“代管会员协会”的组织和人员应接受、服从其选择的“代管会员协会”的管理，该选择一经中国足协认可，未经中国足协批准不得撤销或改变。

第十一条 地市级会员协会在中国足协会员协会的注册与管理，由各会员协会参照本规定相关条款自定。

第三章 足球俱乐部注册

第十二条 足球俱乐部申请注册，应同时符合下列条件：

（一）在国家工商、民政或其他相关部门登记注册。

（二）拥有1支人数不少于18名注册球员的足球队。

（三）至少拥有1名在中国足协或会员协会注册的教练员。

（四）有可用于主场比赛的场地。

（五）拥有本俱乐部的球队名称、队徽及相关负责人。

第十三条 足球俱乐部注册

各足球俱乐部应到所在地的会员协会办理注册手续。

参加职业联赛的足球俱乐部在所在地会员协会办理初审注册手续，按相关职业联赛准入规定审核通过后，到中国足协办理注册。

未经注册的足球俱乐部不得参加中国足协及其所属各级会员协会组织、主办及管理的各级各类比赛。

第十四条 足球俱乐部应按如下规定办理注册：

（一）提交在国家工商、民政或其他相关部门的登记注册证书。

（二）填写《中国足协足球俱乐部注册表》一式三份，提交至属地会员协会进行注册；属地会员协会批准注册后，报中国足协1份，属地会员协会存档1份，批复与俱乐部1份。

（三）足球俱乐部应与所属教练员签署工作协议，与所属球员签署工作合同或培训协议。教练员和球员应填写注册表，不满18周岁的球员除须本人在注册表和培训协议上签字外，还须由法定监护人签字。教练员和球员的注册表要有医院的体检合格印章或提交医疗体检机构出具的体检合格报告。

（四）足球俱乐部应将执教职业联赛教练员的《中国足协教练员注册表》和《中国足协教练员注册登记汇总表》，以及职业球员的《中国足协职业球员注册表》和《中国足协职业球员注册登记汇总表》各1式3份提交至属地会员协会进行初审注册；属地会员协会批准注册后，将上述各类表报中国足协审核和注册1份，中国足协批复给会员协会和俱乐部各1份。

（五）职业球员、执教职业联赛俱乐部队的教练员工作合同应为一式三份，其中球员和教练员本人各留存1份，足球俱乐部留存1份，提交中国足协1份。

（六）执教非职业联赛俱乐部队教练员的《会员协会教练员注册表》、《会员协会教练员注册登记汇总表》、工作合同，业余球员的《会员协会业余球员注册表》、《会员协会业余球员注册登记汇总表》、培训协议应提交至属地会员协会进行注册并留存。上述各类人员的注册汇总表须上报中国足协备案。

（七）各类电子和纸质注册表应按要求格式填写，并逐级提交，纸质注册表需盖章确认。连同注册表一起提交的《中国足球协会教练员执教资格证书》（以下简称“资格证”）和《足球运动员注册、转会、参赛资格登记证》（以下简称“登记证”），应由俱乐部于每年注册期在属地会员协会进行盖章确认，职业球员的“登记证”和执教职业联赛的教练员的“资格证”还须提交至中国足协盖章确认。

（八）足球俱乐部应向属地会员协会交纳相应注册费。

（九）参加职业联赛的足球俱乐部在中国足协注册时应交纳注册费500元。

（十）参加职业联赛的足球俱乐部在属地会员协会注册截止日期为每年2月15日。

（十一）参加职业联赛的足球俱乐部在中国足协注册截止日期为2月

底，其他足球俱乐部在中国足协备案截止日期为3月15日。

第四章 足球学校注册

第十五条 各类足球学校应在属地会员协会办理注册。属地会员协会在办理注册时应审核如下内容，包括：体育、教育、物价等审批机构的批文、办学条件、招生与学籍、师资、运动训练保障设施、办学经费与财务管理、其他学校管理制度等。

第十六条 足球学校办理注册按如下程序进行：

（一）中国足球学校填报《中国足协足球学校注册表》一式二份提交至中国足协，中国足协审核注册后存档1份，批复与学校1份。

（二）其他各类足球学校（包括中国足球学校分校）填报《中国足协足球学校注册表》一式三份，连同所属省（市）人民政府体育行政部门、教育行政部门、所属会员协会以及当地财政和物价管理部门共同核定的收费项目和标准的批文提交属地会员协会进行注册。属地会员协会注册后，1份存档，1份提交中国足协备案，1份批复给所填报单位。

（三）中国足球学校应向中国足协交纳注册费50元。其他各类足球学校（包括中国足球学校分校）须向属地会员协会交纳相应注册费。

（四）中国足球学校在中国足协注册的截止日期为每年2月底；其他各类足球学校在属地会员协会注册的截止日期为每年2月15日，在中国足协备案的截止日期为3月15日。

第五章 教练员注册

第十七条 凡报名参加中国足协组织的足球比赛的教练员必须在中国足协注册或备案，且持有中国足协颁发的《中国足球协会教练员执教资格证书》。持有未经注册确认“资格证”的教练员不允许报名参加比赛。

第十八条 教练员在所属会员协会注册后才可办理“资格证”。教练员需通过所属俱乐部填写《首次制作教练员执教资格证报表》，并由俱乐部提交至属地会员协会。属地会员协会审核盖章确认后，连同教练员二代身份证以及制证数据（通过会员协会注册系统）一起上报中国足协制证。

第十九条 教练员“资格证”为延续性使用证件，每名教练员只能有

1本。证件记载有教练员执教记录、岗培记录以及每年注册情况。教练员“资格证”中的执教职位一栏，可参照中国足协有关规定，根据教练员持有的岗培证书等级来界定。教练员（包括外籍教练员）执教“资格证”的等级要求以所参加的赛事竞赛规程规定为准。

第二十条 执教职业联赛的教练员办理注册按如下程序执行：

（一）填报《中国足协教练员注册表》一式三份，并附教练员岗位培训证书复印件、合法有效的工作合同和教练员的“资格证”，提交至属地会员协会进行初审注册后，再提交中国足协办理注册。中国足协审核后，留存注册表1份，工作合同1份，另两份注册表批复给属地会员协会及教练员所在俱乐部，并对“资格证”盖章确认。

（二）应向中国足协交纳注册费20元，向属地会员协会交纳相应注册费。

（三）注册截止日期按第一章第四条规定执行。

（四）在当年赛季变更属地执教单位，应通过新属地会员协会到中国足协补办注册。

第二十一条 未执教职业联赛的教练员办理注册按如下程序执行：

（一）填报《会员协会教练员注册表》一式二份，连同“资格证”（或所属会员协会制作的资格证）提交属地会员协会进行注册。会员协会批准注册后，自存档1份，另1份连同“资格证”（或所属会员协会制作的资格证）给教练员所在俱乐部或单位，并将《会员协会教练员注册登记汇总表》盖章后报中国足协备案，注册数据通过“会员协会注册系统”软件的发文功能远程发至中国足协。

（二）向属地会员协会交纳相应注册费。

（三）注册或备案的截止日期按第一章第四条规定执行。

（四）在当年赛季中变更属地执教单位，应通过新属地会员协会补办注册并报中国足协备案。

第二十二条 教练员应持有中国足协认可的岗位培训证书，并按岗位培训证书的等级执教相应级别的足球队。在会员协会注册并领取资格证书的教练员，在当年的任何时间又被聘入参加职业联赛俱乐部队担任教练员的，在受聘同时必须将注册有关材料提交中国足协审核，制作中国足协教练员执教“资格证”，补办相关注册手续，并在“资格证”相应栏目盖章确认。已有中国足协执教“资格证”的教练员只需补办注册手续。

第二十三条 外籍教练员在中国足协注册并执教参加职业联赛的足球俱乐部队，应将其教练员资格证书，连同与现聘用俱乐部签订的合法有效的工作合同、注册表一起由其所在俱乐部向所属会员协会提交，经会员协会初审注册后，再提交中国足协审核，为其办理注册，并发给“资格证”。

第二十四条 参加职业联赛的足球俱乐部如在一个赛季中更换教练员（包括外籍教练员），必须通过属地会员协会为教练员在中国足协重新办理注册登记，否则不准报名参赛。

第六章 球员注册

第二十五条 球员参加中国足协组织的足球比赛，必须在中国足协注册或备案，且持有中国足协制作并颁发的《足球运动员注册、转会、参赛资格登记证》。球员持有未经有关单位盖章确认注册的“登记证”将不能参赛。

（一）关于“登记证”：

1. “登记证”为延续使用性证件，每名球员只能有一本“登记证”和一个“证号”。“登记证”为注册确认证件，应按页面顺序填写、签署日期并加盖相关注册单位章，并严格遵守中国足协规定的注册期限；

2. 职业球员“登记证”内注册栏目需属地会员协会和中国足协盖章确认，参赛资格 栏由中国足协盖章确认。职业球员如有转会，转入和转出俱乐部应由属地会员协会秘书长签字，并由双方协会盖章确认，注明是永久（转会）或临时（租借）；

3. 业余球员注册、转会和参赛资格确认程序同职业球员，由相关会员协会盖章确认；

4. “登记证”在使用过程中，应妥为保管。一旦发生丢失或需要修改个人信息，应按《中国足球协会球员登记证管理规定》中的相关要求，可补办新的“登记证”。

（二）“登记证”制作：

1. 只有在中国足协注册或备案，并报名参加由中国足协组织、主办比赛的球员才有资格办理“登记证”；

2. 未办理过“登记证”且年满十二周岁的球员可由所属单位向属地会员协会申报，并再由属地会员协会向中国足协申报制证。会员协会应严格审核球员户口本原件、二代身份证原件和所提供的近期照片，并详细填写《首次制作球员登记证报表》（以下简称“制证表”），采集球员指纹，制证数据应通过“会员协会注册系统”软件发送至中国足协注册信息系统；

3. “制证表”应按《中国足球协会球员登记证管理规定》的要求逐项仔细填写，须有填报人签字，并由属地会员协会盖章确认后向中国足协提交，填写内容不完整、提交数据不符合要求的，一律不予制作；

4. 制证数据发送至中国足协并得到确认后，可到中国足协办理“登记证”。办理时应提供：

（1）“制证表”；

（2）未成年球员本人及监护人（通常为父亲）户口本原件（如球员本人和监护人不在同一本户口上，须提供双方关系的有效证明）；

（3）球员二代身份证原件；

（4）两寸白底彩色近照一张。

5. 中国足协审验制证相关材料和通过注册系统审核制证数据合格后，分配“登记证”号，制作含有球员基本信息的“登记证”。“登记证”由申请制证的会员协会负责发放；

6. 会员协会可根据已打印好的用于“登记证”制作的不干胶信息贴数量向中国足协购买“登记证”。

第二十六条 职业球员注册按如下程序办理：

（一）填写《中国足协职业球员注册表》一式三份，由俱乐部将球员的注册表、合法有效的工作合同和“登记证”原件提交属地会员协会初审注册后，再提交中国足协审批注册。注册表需粘贴照片，并在照片处加盖俱乐部章。职业球员和所属俱乐部的工作合同按照《中国足球协会俱乐部工作合同签署规范》进行签订，工作合同一式三份，球员本人、俱乐部、中国足协各留存1份。

（二）批准注册后，中国足协存档1份注册表和工作合同，批复给属地会员协会1份注册表，另1份注册表和经盖章确认的“登记证”批复给球员所在俱乐部。

（三）职业球员应向中国足协交纳注册费 20 元，向属地会员协会交纳相应注册费。

（四）注册截止日期按第一章第四条规定执行。

第二十七条　工作合同到期后未进行续签的职业球员，应在属地会员协会注册为“业余球员”，否则不予转会也不可代表任何俱乐部参赛。

第二十八条　业余球员年满 7 周岁方可在户籍所在地的会员协会进行首次注册。非户籍所在地的球员首次注册时（在足球学校进行首次注册的球员除外），必须提供以下证明：

（一）球员在首次注册协会所在城市的学籍证明。

（二）球员的监护人在首次注册协会所在城市至少半年以上的工作证明。

18 周岁以下的业余球员注册须有其本人和监护人在《会员协会业余球员注册表》和培训协议上签字。

第二十九条　业余球员注册按如下规定办理：

（一）填写《会员协会业余球员注册表》一式三份，由球员所在培训单位将球员注册表、培训协议和相关证件等提交属地会员协会进行注册。注册表由属地会员协会存档 1 份，批复给该球员所在单位 1 份。属地会员协会应在规定的注册时间内向中国足协提交经盖章确认的《会员协会业余球员注册登记汇总表》，并将注册数据发送至中国足协注册信息系统。

（二）业余球员和培训单位签订的培训协议应至少包括双方的权利和义务、协议有效期限、协议终止涉及问题、培训补偿分配问题、违约责任问题等方面。培训协议应一式三份，由球员本人、培训单位、会员协会各留存 1 份。培训协议最长不得超过球员 18 周岁生日。

（三）业余球员应向属地会员协会交纳注册费。

（四）注册或备案的截止日期按第一章第四条规定执行。

（五）业余球员注册后需转会的，可依据转会规定办理。转会完成后，应及时补办注册变更信息，并按程序提交中国足协备案。

第三十条　球员参加全运会、青运会等全国综合性运动会的注册办法另行规定。

第七章　裁判人员注册

第三十一条　注册的裁判人员类别：

（一）裁判讲师：分为裁判技术讲师与裁判体能讲师。

（二）裁判监督

（三）裁判长

（四）裁判

第三十二条　注册的裁判人员级别：

（一）裁判讲师分为：裁判技术讲师、裁判体能讲师。

1. 裁判技术讲师分为：中国足协国家级裁判技术讲师 A 级（中超）、中国足协国家级裁判技术讲师 B 级（中甲和中乙）、会员协会裁判技术讲师；

2. 裁判体能讲师分为：中国足协国家级裁判体能讲师、会员协会裁判体能讲师。

（二）裁判监督分为：中国足协裁判监督 A 级、中国足协裁判监督 B 级、会员协会裁判监督。

（三）裁判长：不分级别。

（四）裁判分为：国际级（国际级裁判员、国际级助理裁判员）、国家级、国家一级、国家二级和国家三级。

第三十三条　裁判人员应依照如下程序进行注册：

（一）裁判人员均需个人在中国足协指定的信息化平台注册个人基本信息。

（二）国家一、二和三级裁判、会员协会裁判讲师和裁判监督、国家级和国际裁判、中国足协国家级裁判讲师（A 级和 B 级）、中国足协 A 级和 B 级裁判监督应在属地会员协会（或授权的单位和组织）办理注册。

（三）国际级、国家级裁判、国家级裁判技术讲师、国家级裁判体能讲师、国家级裁判监督经会员协会初审注册后，再在中国足协办理注册。

（四）会员协会（或授权的单位和组织）应于每年规定日期前每年通过中国足协指定的信息化平台提交国家一、二、三级裁判及会员协会裁判讲师、体能讲师、裁判监督名单，进行备案。

第三十四条　由中国足协负责审批注册的裁判人员，应向中国足协交纳注册费20元。由会员协会负责审批注册的裁判人员，应向会员协会交纳注册费。

第三十五条　裁判人员每年应注册1次，注册的有效期至下一次规定的注册日期之前。各级裁判人员须按规定的时间参加注册，逾期按放弃注册处理。连续两次未经审批管理单位注册的裁判人员，其技术等级称号自动取消，裁判员证书失效。

第三十六条　会员协会（或授权的单位和组织）不得跨地域、跨系统、跨审批权限审批裁判人员。在同一注册期内，裁判人员只能在一家会员协会（或授权的单位和组织）注册。裁判人员由于工作调动或居住地变更，需更改注册协会（或授权的单位和组织），应征得原注册协会及转入协会同意。在中国足协注册的裁判人员更改注册会员协会，须由原注册协会及转入协会报中国足协备案。

第三十七条　会员协会办理裁判人员注册时应保证注册工作延续性。裁判人员级别变更时，所属会员协会应在信息平台上修改相关注册信息。

第三十八条　已参加过预备国家级裁判培训班但未经中国足协认证为国家级的一级裁判，应按国家一级进行注册。

第三十九条　各会员协会（或授权的单位和组织）在办理属地裁判人员注册时，对拒不参加中国足协、会员协会裁判工作或活动的裁判人员，以及不能胜任裁判工作的裁判人员，有权不予注册通过。

第四十条　各级各类裁判人员必须持有经过注册的裁判人员等级证书方可参加裁判工作；连续两次未经审批单位注册的裁判人员，技术等级称号自动取消，其裁判人员证书失效。

第八章　足球俱乐部会员注册

第四十一条　足球俱乐部有义务发展个人和团体会员，俱乐部应设有会员管理部，会员管理部负责相关会员管理工作，并制定规范健全的会员管理条例，主要包括总则、入会资格、注册、权利与义务、基本要求、违纪处罚以及诉讼规定等。俱乐部会员的注册办法由俱乐部自行制定。

第四十二条　足球俱乐部应在每年注册时将其会员人数提交属地会员

协会，再由属地会员协会报中国足协备案。

第九章　球员代理人注册

第四十三条　球员代理人每年在所属会员协会办理初审注册后，报中国足协注册。注册时须提交《中国足协球员代理人注册表》一式两份，经中国足协审核后，在其球员代理人证书上注册确认。

第四十四条　球员代理人的培训、考核、准入与管理等工作，根据《中国足球协会球员代理人管理规定》实施。

第四十五条　球员代理人应向中国足协交纳注册费500元，并向属地会员协会交纳相应注册费。

在中国足协办理注册的日期为每年12月1日至12月31日。

第十章　违规处罚

第四十六条　下列情况（不仅限于）不予注册：

（一）不符合俱乐部、协会或足校等注册条件的。

（二）上报的注册材料内容不齐全的。

（三）字迹模糊不清，有涂改、手写或未按规定格式打印的。

（四）逾期未提交注册材料、注册数据和交纳注册费的。

（五）球员代理人违反相关管理规定的。

（六）其他不符合注册要求的行为。

第四十七条　注册单位未按顺序填写“登记证”或填写字迹不清楚的，须按规定重新制作“登记证”并登记。

第四十八条　“登记证”造假的、擅自更改出生日期、姓名等以达到不正当竞争目的的，根据情节，将依据《中国足球协会纪律准则》对球员、教练员、相关单位及会员协会进行相应处罚。

第四十九条　在一个赛季进行双重注册的球员，将取消其参加该赛季所有比赛的资格，并追究其相关单位和会员协会的责任。

第五十条　在中国足协组织的青少年球员骨龄检测中，有弄虚作假行为的球员，将取消其参赛资格，追究其相关单位和个人的责任，并进行相应处罚。

第十一章 附 则

第五十一条 本《规定》由中国足协负责解释，自下发之日起实施。原《中国足球协会注册工作管理暂行规定》（足球字〔2007〕555号）同时废止。

反兴奋剂条例

（2014年修订）

第一章 总 则

第一条 为了防止在体育运动中使用兴奋剂，保护体育运动参加者的身心健康，维护体育竞赛的公平竞争，根据《中华人民共和国体育法》和其他有关法律，制定本条例。

第二条 本条例所称兴奋剂，是指兴奋剂目录所列的禁用物质等。兴奋剂目录由国务院体育主管部门会同国务院食品药品监督管理部门、国务院卫生主管部门、国务院商务主管部门和海关总署制定、调整并公布。

第三条 国家提倡健康、文明的体育运动，加强反兴奋剂的宣传、教育和监督管理，坚持严格禁止、严格检查、严肃处理的反兴奋剂工作方针，禁止使用兴奋剂。

任何单位和个人不得向体育运动参加者提供或者变相提供兴奋剂。

第四条 国务院体育主管部门负责并组织全国的反兴奋剂工作。

县级以上人民政府食品药品监督管理、卫生、教育等有关部门，在各自职责范围内依照本条例和有关法律、行政法规的规定负责反兴奋剂工作。

第五条 县级以上人民政府体育主管部门，应当加强反兴奋剂宣传、教育工作，提高体育运动参加者和公众的反兴奋剂意识。

广播电台、电视台、报刊媒体以及互联网信息服务提供者应当开展反兴奋剂的宣传。

第六条 任何单位和个人发现违反本条例规定行为的，有权向体育主管部门和其他有关部门举报。

第二章 兴奋剂管理

第七条 国家对兴奋剂目录所列禁用物质实行严格管理，任何单位和个人不得非法生产、销售、进出口。

第八条 生产兴奋剂目录所列蛋白同化制剂、肽类激素（以下简称蛋白同化制剂、肽类激素），应当依照《中华人民共和国药品管理法》（以下简称药品管理法）的规定取得《药品生产许可证》、药品批准文号。

生产企业应当记录蛋白同化制剂、肽类激素的生产、销售和库存情况，并保存记录至超过蛋白同化制剂、肽类激素有效期2年。

第九条 依照药品管理法的规定取得《药品经营许可证》的药品批发企业，具备下列条件，并经省、自治区、直辖市人民政府食品药品监督管理部门批准，方可经营蛋白同化制剂、肽类激素：

（一）有专门的管理人员；

（二）有专储仓库或者专储药柜；

（三）有专门的验收、检查、保管、销售和出入库登记制度；

（四）法律、行政法规规定的其他条件。

蛋白同化制剂、肽类激素的验收、检查、保管、销售和出入库登记记录应当保存至超过蛋白同化制剂、肽类激素有效期2年。

第十条 除胰岛素外，药品零售企业不得经营蛋白同化制剂或者其他肽类激素。

第十一条 进口蛋白同化制剂、肽类激素，除依照药品管理法及其实施条例的规定取得国务院食品药品监督管理部门发给的进口药品注册证书外，还应当取得省、自治区、直辖市人民政府食品药品监督管理部门颁发的进口准许证。

申请进口蛋白同化制剂、肽类激素，应当说明其用途。省、自治区、直辖市人民政府食品药品监督管理部门应当自收到申请之日起15个工作日内作出决定；对用途合法的，应当予以批准，发给进口准许证。海关凭进口准许证放行。

第十二条 申请出口蛋白同化制剂、肽类激素，应当说明供应对象并提交进口国政府主管部门的相关证明文件等资料。省、自治区、直辖市人民政府食品药品监督管理部门应当自收到申请之日起15个工作日内作出决定；提交进口国政府主管部门的相关证明文件等资料的，应当予以批准，发给出口准许证。海关凭出口准许证放行。

第十三条　境内企业接受境外企业委托生产蛋白同化制剂、肽类激素，应当签订书面委托生产合同，并将委托生产合同报省、自治区、直辖市人民政府食品药品监督管理部门备案。委托生产合同应当载明委托企业的国籍、委托生产的蛋白同化制剂或者肽类激素的品种、数量、生产日期等内容。

境内企业接受境外企业委托生产的蛋白同化制剂、肽类激素不得在境内销售。

第十四条　蛋白同化制剂、肽类激素的生产企业只能向医疗机构、符合本条例第九条规定的药品批发企业和其他同类生产企业供应蛋白同化制剂、肽类激素。

蛋白同化制剂、肽类激素的批发企业只能向医疗机构、蛋白同化制剂、肽类激素的生产企业和其他同类批发企业供应蛋白同化制剂、肽类激素。

蛋白同化制剂、肽类激素的进口单位只能向蛋白同化制剂、肽类激素的生产企业、医疗机构和符合本条例第九条规定的药品批发企业供应蛋白同化制剂、肽类激素。

肽类激素中的胰岛素除依照本条第一款、第二款、第三款的规定供应外，还可以向药品零售企业供应。

第十五条　医疗机构只能凭依法享有处方权的执业医师开具的处方向患者提供蛋白同化制剂、肽类激素。处方应当保存2年。

第十六条　兴奋剂目录所列禁用物质属于麻醉药品、精神药品、医疗用毒性药品和易制毒化学品的，其生产、销售、进口、运输和使用，依照药品管理法和有关行政法规的规定实行特殊管理。

蛋白同化制剂、肽类激素和前款规定以外的兴奋剂目录所列其他禁用物质，实行处方药管理。

第十七条　药品、食品中含有兴奋剂目录所列禁用物质的，生产企业应当在包装标识或者产品说明书上用中文注明“运动员慎用”字样。

第三章 反兴奋剂义务

第十八条 实施运动员注册管理的体育社会团体（以下简称体育社会团体）应当加强对在本体育社会团体注册的运动员和教练、领队、队医等运动员辅助人员的监督管理和反兴奋剂的教育、培训。

运动员管理单位应当加强对其所属的运动员和运动员辅助人员的监督管理和反兴奋剂的教育、培训。

第十九条 体育社会团体、运动员管理单位和其他单位，不得向运动员提供兴奋剂，不得组织、强迫、欺骗运动员在体育运动中使用兴奋剂。

科研单位不得为使用兴奋剂或者逃避兴奋剂检查提供技术支持。

第二十条 运动员管理单位应当为其所属运动员约定医疗机构，指导运动员因医疗目的合理使用药物；应当记录并按照兴奋剂检查规则的规定向相关体育社会团体提供其所属运动员的医疗信息和药物使用情况。

第二十一条 体育社会团体、运动员管理单位，应当按照兴奋剂检查规则的规定提供运动员名单和每名运动员的教练、所从事的运动项目以及运动成绩等相关信息，并为兴奋剂检查提供便利。

第二十二条 全国性体育社会团体应当对在本体育社会团体注册的成员的下列行为规定处理措施和处理程序：

（一）运动员使用兴奋剂的；

（二）运动员辅助人员、运动员管理单位向运动员提供兴奋剂的；

（三）运动员、运动员辅助人员、运动员管理单位拒绝、阻挠兴奋剂检查的。

前款所指的处理程序还应当规定当事人的抗辩权和申诉权。全国性体育社会团体应当将处理措施和处理程序报国务院体育主管部门备案。

第二十三条 运动员辅助人员应当教育、提示运动员不得使用兴奋剂，并向运动员提供有关反兴奋剂规则的咨询。

运动员辅助人员不得向运动员提供兴奋剂，不得组织、强迫、欺骗、教唆、协助运动员在体育运动中使用兴奋剂，不得阻挠兴奋剂检查，不得实施影响采样结果的行为。

运动员发现运动员辅助人员违反前款规定的，有权检举、控告。

第二十四条　运动员不得在体育运动中使用兴奋剂。

第二十五条　在体育社会团体注册的运动员、运动员辅助人员凭依法享有处方权的执业医师开具的处方，方可持有含有兴奋剂目录所列禁用物质的药品。

在体育社会团体注册的运动员接受医疗诊断时，应当按照兴奋剂检查规则的规定向医师说明其运动员身份。医师对其使用药品时，应当首先选择不含兴奋剂目录所列禁用物质的药品；确需使用含有这类禁用物质的药品的，应当告知其药品性质和使用后果。

第二十六条　在全国性体育社会团体注册的运动员，因医疗目的确需使用含有兴奋剂目录所列禁用物质的药品的，应当按照兴奋剂检查规则的规定申请核准后方可使用。

第二十七条　运动员应当接受兴奋剂检查，不得实施影响采样结果的行为。

第二十八条　在全国性体育社会团体注册的运动员离开运动员驻地的，应当按照兴奋剂检查规则的规定报告。

第二十九条　实施中等及中等以上教育的学校和其他教育机构应当加强反兴奋剂教育，提高学生的反兴奋剂意识，并采取措施防止在学校体育活动中使用兴奋剂；发现学生使用兴奋剂，应当予以制止。

体育专业教育应当包括反兴奋剂的教学内容。

第三十条　体育健身活动经营单位及其专业指导人员，不得向体育健身活动参加者提供含有禁用物质的药品、食品。

第四章　兴奋剂检查与检测

第三十一条　国务院体育主管部门应当制定兴奋剂检查规则和兴奋剂检查计划并组织实施。

第三十二条　国务院体育主管部门应当根据兴奋剂检查计划，决定对全国性体育竞赛的参赛运动员实施赛内兴奋剂检查；并可以决定对省级体育竞赛的参赛运动员实施赛内兴奋剂检查。

其他体育竞赛需要进行赛内兴奋剂检查的，由竞赛组织者决定。

第三十三条　国务院体育主管部门应当根据兴奋剂检查计划，决定对在全国性体育社会团体注册的运动员实施赛外兴奋剂检查。

第三十四条 兴奋剂检查工作人员（以下简称检查人员）应当按照兴奋剂检查规则实施兴奋剂检查。

第三十五条 实施兴奋剂检查，应当有2名以上检查人员参加。检查人员履行兴奋剂检查职责时，应当出示兴奋剂检查证件；向运动员采集受检样本时，还应当出示按照兴奋剂检查规则签发的一次性兴奋剂检查授权书。

检查人员履行兴奋剂检查职责时，有权进入体育训练场所、体育竞赛场所和运动员驻地。有关单位和人员应当对检查人员履行兴奋剂检查职责予以配合，不得拒绝、阻挠。

第三十六条 受检样本由国务院体育主管部门确定的符合兴奋剂检测条件的检测机构检测。

兴奋剂检测机构及其工作人员，应当按照兴奋剂检查规则规定的范围和标准对受检样本进行检测。

第五章 法律责任

第三十七条 体育主管部门和其他行政机关及其工作人员不履行职责，或者包庇、纵容非法使用、提供兴奋剂，或者有其他违反本条例行为的，对负有责任的主管人员和其他直接责任人员，依法给予行政处分；构成犯罪的，依法追究刑事责任。

第三十八条 违反本条例规定，有下列行为之一的，由县级以上食品药品监督管理部门按照国务院食品药品监督管理部门规定的职责分工，没收非法生产、经营的蛋白同化制剂、肽类激素和违法所得，并处违法生产、经营药品货值金额2倍以上5倍以下的罚款；情节严重的，由发证机关吊销《药品生产许可证》、《药品经营许可证》；构成犯罪的，依法追究刑事责任：

（一）生产企业擅自生产蛋白同化制剂、肽类激素，或者未按照本条例规定渠道供应蛋白同化制剂、肽类激素的；

（二）药品批发企业擅自经营蛋白同化制剂、肽类激素，或者未按照本条例规定渠道供应蛋白同化制剂、肽类激素的；

（三）药品零售企业擅自经营蛋白同化制剂、肽类激素的。

第三十九条 体育社会团体、运动员管理单位向运动员提供兴奋剂或者组织、强迫、欺骗运动员在体育运动中使用兴奋剂的，由国务院体育主管部门或者省、自治区、直辖市人民政府体育主管部门收缴非法持有的兴奋剂；负有责任的主管人员和其他直接责任人员 4 年内不得从事体育管理工作和运动员辅助工作；情节严重的，终身不得从事体育管理工作和运动员辅助工作；造成运动员人身损害的，依法承担民事赔偿责任；构成犯罪的，依法追究刑事责任。

体育社会团体、运动员管理单位未履行本条例规定的其他义务的，由国务院体育主管部门或者省、自治区、直辖市人民政府体育主管部门责令改正；造成严重后果的，负有责任的主管人员和其他直接责任人员 2 年内不得从事体育管理工作和运动员辅助工作。

第四十条 运动员辅助人员组织、强迫、欺骗、教唆运动员在体育运动中使用兴奋剂的，由国务院体育主管部门或者省、自治区、直辖市人民政府体育主管部门收缴非法持有的兴奋剂；4 年内不得从事运动员辅助工作和体育管理工作；情节严重的，终身不得从事运动员辅助工作和体育管理工作；造成运动员人身损害的，依法承担民事赔偿责任；构成犯罪的，依法追究刑事责任。

运动员辅助人员向运动员提供兴奋剂，或者协助运动员在体育运动中使用兴奋剂，或者实施影响采样结果行为的，由国务院体育主管部门或者省、自治区、直辖市人民政府体育主管部门收缴非法持有的兴奋剂；2 年内不得从事运动员辅助工作和体育管理工作；情节严重的，终身不得从事运动员辅助工作和体育管理工作；造成运动员人身损害的，依法承担民事赔偿责任；构成犯罪的，依法追究刑事责任。

第四十一条 运动员辅助人员非法持有兴奋剂的，由国务院体育主管部门或者省、自治区、直辖市人民政府体育主管部门收缴非法持有的兴奋剂；情节严重的，2 年内不得从事运动员辅助工作。

第四十二条 体育社会团体、运动员管理单位违反本条例规定，负有责任的主管人员和其他直接责任人员属于国家工作人员的，还应当依法给予撤职、开除的行政处分。

运动员辅助人员违反本条例规定，属于国家工作人员的，还应当依法给予撤职、开除的行政处分。

第四十三条 按照本条例第三十九条、第四十条、第四十一条规定作出的处理决定应当公开，公众有权查阅。

第四十四条 医师未按照本条例的规定使用药品，或者未履行告知义务的，由县级以上人民政府卫生主管部门给予警告；造成严重后果的，责令暂停6个月以上1年以下执业活动。

第四十五条 体育健身活动经营单位向体育健身活动参加者提供含有禁用物质的药品、食品的，由食品药品监督管理部门、卫生主管部门依照药品管理法、《中华人民共和国食品安全法》和有关行政法规的规定予以处罚。

第四十六条 运动员违反本条例规定的，由有关体育社会团体、运动员管理单位、竞赛组织者作出取消参赛资格、取消比赛成绩或者禁赛的处理。

运动员因受到前款规定的处理不服的，可以向体育仲裁机构申请仲裁。

第六章 附 则

第四十七条 本条例自2004年3月1日起施行。

体育赛事管理办法

（2016年）

第一章 总 则

第一条 为进一步加强和规范全国体育赛事的管理工作，根据《中华人民共和国体育法》制定本办法。

第二条 本办法所称的体育赛事是指已在我国（不包括香港、澳门特别行政区）正式开展的体育运动项目的全国综合性和单项体育比赛。

第三条 在我国举办的国际综合性运动会、国际单项体育赛事的组织管理按照相应国际体育组织的有关规定执行。

第四条　举办体育赛事遵循谁主办谁负责的原则，实行分级分类管理。

国家体育总局（以下简称体育总局）负责对在我国举办的全国性体育赛事的监管。全国单项体育协会（以下简称全国单项协会）负责本项目全国性体育赛事的具体监管。各省（区、市）政府体育主管部门或地方单项体育协会（以下简称地方单项协会）以及全国行业体育协会负责对本地区、本行业的相关体育赛事的具体监管。

第二章　体育赛事分类

第五条　全国性体育赛事：

（一）体育总局主办的全国综合性运动会，包括全国运动会、全国冬季运动会、全国青年运动会；

（二）全国单项协会主办的全国性单项体育赛事，包括但不限于《全国性单项体育协会竞技体育重要赛事名录》（以下简称《赛事名录》）内所列举的竞赛；

（三）全国单项协会主办的涉及国家安全、政治、军事外交等方面的特殊项目赛事：即健身气功和航空项目的全国性和跨省、区、市的体育赛事；

（四）全国性行业体育协会主办的相关体育赛事；

第六条　地方性体育赛事：地方政府体育主管部门或地方单项协会主办的综合性或单项体育赛事。

第七条　我国举办的国际性体育赛事：

（一）A类赛事：由国际体育组织主办的综合性和单项体育赛事；由体育总局主办或参与主办的重要国际体育赛事；由体育总局相关单位或所属全国单项协会主办的跨省（区、市）的国际体育赛事，以及举办涉及海域、空域及地面敏感区域等特殊领域的国际体育赛事；

（二）B类赛事：由体育总局相关单位或所属全国单项协会主导，与地方共同主办或交由地方承办的国际体育赛事；

（三）C类赛事：地方自行举办的国际体育赛事；由地方主导，体育总局相关单位或所属全国单项协会参与主办、协办的国际体育赛事。

第三章 国内体育赛事申办

第八条 申办由体育总局主办的全国运动会、全国冬季运动会和全国青年运动会，由申办地省、自治区、直辖市人民政府按照现行的审批程序执行，报国务院批准举办。

第九条 全国单项协会主办的《赛事名录》内所列举的体育赛事，由主办单位自行确定承办单位和举办地点。

第十条 全国单项协会举办的特殊运动项目体育竞赛按照现行程序办理相关手续。

第十一条 商业性、群众性体育赛事取消审批，合法的法律主体（包括全国单项协会）均可依法组织和举办，自行确定或协商确定举办地点。

第四章 国际体育赛事申办

第十二条 申办A类国际体育赛事，需列入体育总局年度外事活动计划，按照现行规定和审批权限报体育总局或国务院审批。

第十三条 申办B类国际体育赛事，需列入体育总局外事活动计划，原则上由承办地有外事审批权的地方人民政府或有关部门审批。

第十四条 申办C类国际体育赛事，实行报备制，由地方有外事审批权的地方人民政府或有关部门审批。

第五章 体育赛事名称使用

第十五条 体育赛事的名称应当与实际内容一致。

第十六条 全国单项协会主办或作为主办单位之一的体育赛事，其名称可以使用“中国”、“全国”、“国家”、“中华”字样或具有类似含义的词汇。未经相关部门确认，其他体育赛事不得冠以“中国”、“全国”、“国家”、“中华”字样或具有类似含义的词汇。

第十七条 未经相应的国际体育组织确认，体育赛事名称不得冠以“世界”、“亚洲”字样或具有类似含义的词汇。

第六章 体育赛事组织工作规范

第十八条 全国综合性运动会竞赛组织工作按照体育总局制定的全国

综合性运动会组织管理工作办法和相关规定实施。

第十九条 《赛事名录》内所列举的体育赛事，执行以下规定：

（一）执行本运动项目正式的国际规则和裁判法，以及全国单项协会的竞赛规则和规程，遵循公开、公正、公平的竞赛原则。

（二）执行体育总局和全国单项协会制定的裁判员选派监督管理规定和赛风赛纪的工作要求。

（三）执行体育总局和全国单项协会制定的竞赛经费使用的相关规定。

（四）执行国家的《反兴奋剂条例》，接受和配合国家反兴奋剂机构的检查工作。

（五）接受竞赛承办地人民政府相应主管部门的监管。

第七章 体育赛事赛区工作管理

第二十条 全国综合性运动会赛区组织工作按照体育总局制定的综合性运动会组织管理办法实施。

第二十一条 举办全国单项体育赛事，应当成立体育赛事赛区组织委员会（以下简称赛区组委会）和裁判、技术、仲裁、安全等有关专业机构，负责竞赛的筹备、组织和安全等工作。组委会成员中应当包括但不限于赛区当地政府或体育主管部门的代表。

第二十二条 赛区组委会应按照体育总局和全国单项协会制定的裁判员选派监督管理办法对参与赛事工作的裁判员、辅助人员、赛区工作人员等进行监督管理。

第二十三条 赛区组委会应按照本项目竞赛规则、规程规定提供符合竞赛规则规定的竞赛场地（馆）和竞赛器材，制定赛区参赛指南、技术手册，制作竞赛秩序册、成绩册等。

第二十四条 为确保比赛顺利进行，赛区组委会应制定竞赛组织和安全工作等相关预案，并采取有效措施应对突发事件。

第八章 体育赛事赛区处分

第二十五条 承办《赛事名录》内和全国单项协会主办的其他体育赛事，如发生违规事件，全国单项协会应对赛区做出处分。对违规赛区的处分分为：警告，通报批评，取消申办、承办全国性体育赛事 2－3 年的资格。

第二十六条 发生以下情节，全国单项协会应当对赛区做出警告处分：对未能提供符合竞赛规则规定的场地（馆）、竞赛器材的；赛区组委会和有关专业机构不健全的；赛事组织和安全工作方案不完善的。

第二十七条 发生以下情节，全国单项协会应当对赛区做出通报批评处分：受到警告处分，拒绝整改或未能进行整改的；竞赛组织工作违背公开、公正、公平的竞赛原则，存在虚假比赛和违背体育精神的行为的；发生影响社会和公共安全以及体育赛事安全事件，造成较大社会影响的。

第二十八条 发生以下情节，全国单项协会应当对赛区做出取消申办、承办全国性体育竞赛 2－3 年资格的处分：因赛事组织和安全等工作疏漏，导致赛场比赛秩序严重混乱不能正常进行比赛的；发生危害社会和公共安全以及体育赛事安全事件，造成严重社会影响的。

第二十九条 全国单项协会在其体育赛事的竞赛组织和赛区管理工作中发生以上问题的，体育总局将依照有关规定对其进行处分。

第九章 附 则

第三十条 全国单项协会和全国性行业体育协会可依据有关法律、法规和本办法制定本项目、本行业的体育赛事管理办法，以及商业性、群众性体育赛事监管的实施办法或实施细则。

第三十一条 开展职业联赛的全国单项协会可参照本《办法》自行制定职业联赛的管理办法或实施细则。

第三十二条 地方综合性运动会和单项体育赛事的管理，以及商业性、群众性体育赛事的监管，由各省（区、市）政府体育主管部门或地方单项协会依据地方法律、法规和参照本办法研究确定。

第三十三条 本办法自 2016 年 3 月 1 日起施行。

运动员聘用暂行办法

（2007 年）

第一章 总 则

第一条 为促进体育事业健康可持续发展，加强运动员人事管理工作科学化、制度化和法制化，保障运动员合法权益，规范运动员招聘、培养和退役工作，依据国家有关规定，制定本办法。

第二条 本办法适用于各省级及以下优秀运动队的运动员。

第三条 本办法所称运动员是指专业从事某项体育运动训练和参加比赛，且享受试训体育津贴或体育津贴的人员。

运动员包括试训运动员和优秀运动员。

第四条 运动员实行试训、聘用和退役制度。优秀运动员实行职业转换过渡期制度。

第五条 政府人事行政部门是运动员聘用工作的主管机关，政府劳动保障行政部门是运动员社会保险工作的主管机关。各级体育行政部门会同教育、公安、财政、人事、劳动保障等部门负责本地区运动员的招聘、培养和退役等工作。

第二章 运动员试训

第六条 根据运动训练的特殊性，体育行政部门在办理优秀运动员聘用手续前，可组织一定规模人员进行试训。

试训运动员的人数由体育行政部门报请同级编制、财政等部门根据本地区具体情况和项目特点确定。

第七条 试训标准由各省、自治区、直辖市体育行政部门制定。

第八条 试训运动员通过定向选拔、推荐或面向社会公开招聘等方式产生。原则上从完成九年制义务教育的人员中择优招聘，个别项目根据项目特点可适当放宽。

第九条 体育训练单位应与试训运动员本人或其监护人签订试训合同。

试训合同由省级体育行政部门根据本地实际情况制定。

第十条 试训时间原则上不超过一年。试训期内享受国家规定的试训体育津贴，达到领取成绩津贴条件的，可领取相应的成绩津贴。试训期间按国家和地方规定依法参加社会保险，并享受社会保险待遇，接受相应的文化教育。

第三章 优秀运动员招聘

第十一条 优秀运动员的招聘应在编制内进行，坚持公开、平等、竞争、择优、科学、规范的原则，按照事业单位公开招聘人员有关规定执行。

第十二条 各级体育行政部门根据本地区实际情况制定优秀运动员聘用标准。具体标准应体现项目特点和运动员成才规律，包括健康状况、身体形态、专项技能、文化水平等内容。

第十三条 优秀运动员招聘工作由体育训练单位根据聘用条件及要求，采取考试、考核的方法进行。

第十四条 政府人事行政部门与体育行政部门负责对运动员招聘工作进行指导、监督和管理。

第十五条 省属体育训练单位的优秀运动员招聘计划报上级主管部门核准并报同级政府人事行政部门备案。其他体育训练单位的优秀运动员招聘计划须报地区或设区的市政府人事行政部门核准。

聘用未满16周岁的运动员，需征得其监护人同意，并按规定报经县级以上劳动行政部门批准。

第十六条 体育行政部门应规范运动员聘用工作程序，完善运动员聘用工作公示制度。公示结束后，体育训练单位应按照干部人事管理权限的规定报批或备案，经同意后，与优秀运动员签订聘用合同，明确双方的权利和义务。

第十七条 跨地区或从农村聘用运动员的，公安部门根据政府有关行政部门出具的调函或批件，办理有关人员落户手续。

第十八条 试训结束后，符合聘用条件、办理优秀运动员聘用手续的，其最后一次在本体育训练单位试训时间可计算为连续工龄；未办理优秀运动员聘用手续的，回原输送单位或居住所在地。

第四章　优秀运动员在训

第十九条　优秀运动员实行岗位管理。优秀运动员岗位与事业单位专业技术岗位、管理岗位、工勤技能岗位并列管理，不划分岗位等级，不控制内部结构比例。

第二十条　坚持科学训练，合理安排训练比赛时间，有针对性地开展文化教育工作，保障优秀运动员接受文化教育的权利。

第二十一条　体育训练单位负责组织新聘用优秀运动员岗前培训，使优秀运动员明确自身的权利和义务。

第二十二条　建立健全优秀运动员档案，包括运动技术档案、健康体检档案、社会保险基础档案和文化学习学籍档案等。

第二十三条　优秀运动员应按岗位职责要求完成规定的训练比赛任务。

第二十四条　优秀运动员享受国家规定工资待遇，按照国家和地方有关政策参加社会保险并享受社会保险待遇，同时，按国家和地方有关规定享受住房等社会保障待遇。

第五章　优秀运动员停训

第二十五条　优秀运动员因训练水平、伤病等原因不宜继续从事专业训练的，经体育行政部门批准后停止训练。

第二十六条　优秀运动员停止训练后，给予不超过一年的职业转换过渡期。具体期限由体育训练单位与运动员协商确定。

第二十七条　职业转换过渡期内，不计算运龄，体育津贴照发，按国家有关规定参加社会保险并享受社会保险等待遇。

第二十八条　职业转换过渡期包括在聘用合同期限内。

第二十九条　在职业转换过渡期内，体育行政部门负责做好技能培训、就业辅导等工作。

第六章　优秀运动员退役

第三十条　各级体育行政部门应积极创造条件，拓宽退役运动员就业渠道，关心退役运动员的工作、生活。

第三十一条 优秀运动员与体育训练单位解除聘用合同后，公安、人事、劳动保障等部门协助体育部门为退役运动员办理户口、人事档案和社会保险关系的转移衔接手续。

第三十二条 优秀运动员退役时，按规定领取退役费或自主择业经济补偿金。

符合规定条件的，可进入高等学校学习。

第三十三条 运动员退役后执行新进入单位的工资和社会保险制度。进入全日制学校学习的，社会保险关系按照国家有关规定执行。

第三十四条 因工致残且被鉴定伤残等级的退役运动员待遇，按工伤保险有关规定执行。其中，不能解除聘用关系的，体育部门应当妥善解决其生活、工作等问题。

第三十五条 各类体育事业单位招聘体育工作人员的，对取得优异成绩的退役运动员，可以采取直接考核的方式招聘；对其他退役运动员，应在同等条件下优先聘用。

体育部门使用彩票公益金资助建成的体育设施所在单位，须安排一定比例岗位用于聘用退役运动员。

第三十六条 各类教育事业单位招聘体育教师、体育教练员等体育类专业技术人员的，对取得优异成绩且具有教师资格的退役运动员，可以采取直接考核的方式招聘；对其他具有教师资格的退役运动员，应在同等条件下优先聘用。

各级体育、教育行政部门要为退役后有意从事体育教师工作的退役运动员获取教师资格创造条件。

第七章 相关经费

第三十七条 运动员试训期间所需经费由同级财政负担。

第三十八条 职业转换过渡期期间，开展技能培训、就业辅导等相关工作所需经费以财政投入为主，体育部门使用的彩票公益金、社会捐助资金等为辅。

第八章 纪律与监督

第三十九条 运动员聘用工作要做到信息公开、过程公开、结果公开，接受社会及有关部门的监督。

第四十条 各级政府相关部门要认真履行监管职责，对违反本办法有关规定的行为要予以制止和纠正。

第四十一条 严格聘用纪律，严禁弄虚作假、营私舞弊。对违反有关规定的，要严肃处理。构成犯罪的，依法追究刑事责任。

第四十二条 对违反招聘纪律的运动员，取消聘用资格；对违反规定并已办理聘用手续的运动员，一经查实，应当解除聘用合同，予以清退。

第四十三条 对违反纪律的工作人员，视情节轻重调离工作岗位或给予处分；对违反招聘纪律的其他相关人员，按照有关规定追究责任。

第九章 附 则

第四十四条 各省、自治区、直辖市可根据本办法制定本地区运动员聘用具体实施办法。其他部门设有优秀运动队建制的，其运动员聘用工作可参照本办法执行。

第四十五条 本办法自发布之日起实施。

中国足球协会球员身份与转会管理规定

（2015 年）

释义：

本规定中，若上下文无其他规定，下列词语的含义为：

国际足联：国际足球联合会的简称。

国际足联会员协会：被国际足联代表大会接受成为会员的国家（或地区）足球协会。

洲际足联：由国际足联认可，管理同一大洲（或地理上可管辖的区域）各国际足联会员协会的组织。在亚洲即为亚洲足球联合会，简称亚足联。

中国足协：中国足球协会的简称

中国足协会员协会：按照《中国足球协会章程》被中国足协接受成为会员的地方足球协会，行业足球协会和其他足球组织。

有组织的足球赛事：由国际足联、洲际足联、国际足联会员协会主办或授权的足球赛事。

官方比赛：在有组织的足球赛事框架下进行的比赛，例如国家联赛、杯赛以及俱乐部国际锦标赛等，但不包括友谊赛和测试赛。

原俱乐部：球员离开的俱乐部。

原单位：球员离开的培训单位

原协会：原俱乐部或原单位所属中国足协会员协会。

新俱乐部：球员加入的俱乐部。

新单位：球员加入的培训单位。

新协会：新俱乐部或新单位所属中国足协会员协会。

第三方：非球员转会涉及的双方俱乐部，也非该球员之前注册过的任何一家俱乐部的其他地方。

职业联赛：由中国足球协会组织主办的中超、中甲、中乙、女超、女甲以及五甲联赛。

中超：中国足球协会超级联赛

中甲：中国足球协会甲级联赛

中乙：中国足球协会乙级联赛

女超：中国足球协会女子超级联赛。

女甲：中国足球协会女子甲级联赛。

五甲：中国足球协会五人制甲级联赛。

国内球员：拥有中国足协会籍并在国际足联会员协会注册的球员（另有规定除外）。

港、澳、台：拥有中国香港足球总会、中国澳门足球总会、中华台北足球协会会籍并在国际足联会员协会注册的球员。

外籍球员：非中国足协会籍，拥有国际足联其他会员协会所属国家（或地区）会籍（港、澳、台除外）并在国际足联会员协会注册的球员。

亚洲外援：非中国足协会籍，拥有亚足联其他会员协会所属国家（或地区）会籍并在亚足联会员协会注册的球员。

赛季：从国家相关联赛第一场官方比赛开始到最后一场官方比赛结束的时期。

保护期：职业球员在28周岁赛季之前签订的工作合同自其生效日起的连续3个赛季或3年，或职业球员在28周岁赛季之后签订的工作合同自其生效之日起的连续2个赛季或2年。

注册期：由国际足联各会员协会自行确定的办理球员转会及注册手续的时间范围。原则上每赛季应当有两次注册期。

培训补偿：球员首次签订工作合同成为职业球员后所属的俱乐部，或职业球员在23周岁赛季结束前每次转会加入的新俱乐部（无论转会是在原工作合同到期前还是到期后进行），均有向注册过该球员的俱乐部和（或）培训单位支付培训补偿的义务。具体规定见附件一。

联合机制补偿：职业球员在原工作合同期限届满前转会，所有注册过该球员的俱乐部和（或）培训单位，均可从新俱乐部因球员转会而支付给原俱乐部的补偿中获得相应比例的联合机制补偿。具体规定见附件二。

转会补偿：因球员转会所产生的包括培训补偿和（或）联合机制补偿等在内的各项补偿。

第一章　总　则

第一条　为促进中国足球运动发展，规范球员转会管理，依据《中国足球协会章程》和《国际足联球员身份及转会规定》，特制定本规定。

第二条　中国足协管理范围内的球员身份确认以及转会应当按照本规定执行。

第二章　球员身份

第三条　球员身份

参与有组织的足球赛事的球员分为职业球员和业余球员。

职业球员是指与俱乐部签订了书面工作合同，且从事足球活动的收入大于实际支出的球员。

业余球员是指除职业球员以外的球员。

第四条　重新获得业余球员身份。

职业球员与原俱乐部的工作合同终止且未与新俱乐部签订工作合同的，应当在原俱乐部所属中国足协会员协会注册为业余球员。

职业球员只能在其以职业球员身份参加的最后一场比赛30天后，方可重新注册为业余球员。重新注册为业余球员时，原俱乐部不能获得任何补偿。

第五条 业余球员与职业球员间身份的转换。

业余球员经转会成为职业球员的，参照本规定第四章办理相关手续。

业余球员经转会仍为业余球员的，从转会手续办理完毕之日起满一年后，可不占用新俱乐部可转入球员名额注册成为职业球员。

职业球员在原俱乐部所属中国足协会员协会注册成为业余球员后，在30个月内再次经转会成为职业球员的，新俱乐部不需与原俱乐部签订转会协议，但应当按照本规定附件一支付培训补偿。

第六条 终止足球活动

职业球员在工作合同期满后退役，或业余球员终止足球活动后，30个月内仍应在其最后效力的俱乐部或单位所属中国足协会员协会注册。

终止足球活动的日期为该球员代表其最后效力的俱乐部或单位参加最后一场官方比赛的日期。

第七条 经中国足协认定，具有下列情形之一的俱乐部，其与球员的工作合同自动终止，球员可以在最临近的一个注册期内转会，未转会的球员应当在俱乐部所属中国足协会员协会注册为业余球员；该俱乐部的租借球员应当返回原租出球员俱乐部。

（一）由于解散、破产或因无力经营导致俱乐部不能参加官方比赛的。

（二）被取消注册资格或未办理年度注册的。

（三）中国足协认定的其他无能力参赛或无资格参赛的情形。

第三章　球员注册

第八条 球员注册

球员注册应当按照《中国足球协会注册管理规定》办理。只有在中国足协或中国足协会员协会注册为代表某俱乐部或培训单位的职业或业余球员后，该球员方有资格参加有组织的足球赛事。球员一经注册，即表明其同意遵守国际足联、亚足联、中国足协及其会员协会制定的各项管理规范。

球员一次只能注册在一家培训单位或俱乐部。在同一赛季中，职业球员最多只能注册在三家俱乐部，且只能代表其中两家俱乐部参加官方比赛。若球员转会前后的两家俱乐部所属国际足联会员协会的赛季交叉（即其中一家俱乐部所属的赛季为跨年度），则该球员也可代表第三家俱乐部参加该赛季的官方比赛。前提是该球员遵守与前两家俱乐部的合同约定，同时遵守有关注册期以及最短合同期限的规定。

在任何情况下，竞赛须以诚信为本。尤其是一名球员不能在同一个赛季为多于两家俱乐部在同一个国家联赛或杯赛效力。

第九条　注册期

球员只能在每赛季两次注册期内进行注册。第一注册期是指自上赛季联赛结束后至本赛季联赛开始前中国足协所确定的时间范围，其跨度不超过 12 周；第二注册期是指本赛季联赛中期中国足协所确定的时间范围，其跨度不超过 4 周。职业球员只有在所属俱乐部在注册期内按要求向中国足协提交了有效申请材后方可进行注册。

有关注册期的规定不适用于仅有业余球员参加的比赛，为了比赛的公正完整，中国足协将规定专门的业余球员注册期来注册此类比赛的球员。业余球员的注册，个人或单位可在注册期内向中国足协会员协会进行注册，并由会员协会在规定时间内提交中国足协备案。

第十条　球员履历

球员注册后，中国足协应当向提出申请的培训单位或俱乐部发放该球员的履历。履历上应当写明该球员的详细资料，包括球员所属的所有培训单位及俱乐部名称。

如果球员生日是在两个赛季之间，则球员履历上应记录其生日后一个赛季所注册的俱乐部。

第十一条　球员租借

租借只适用于与俱乐部签有工作合同的职业球员。俱乐部经球员本人书面同意，可以在工作合同期限内将该球员租借到另一俱乐部。球员须由租入俱乐部为其办理注册手续后方可参赛。球员转会的规定同样适用于球员租借，包括培训补偿和联合机制补偿的规定。

租出球员俱乐部与租入球员俱乐部应当签订租借协议，该租借协议中涉及球员利益的条款应征得球员同意，租借协议应由球员本人签署确认。

租借的最短期限不得少于两个注册期之间的时间间隔。最长不得超过自租借协议签订之日起至该赛季结束。

在租借期内，经球员本人书面同意，租出球员俱乐部与租入球员俱乐部可依据本规定签订该球员的转会协议，该租借变转会球员不再次占用新俱乐部可转入球员名额。

租借期满后续租借的，需再次办理租借手续，该球员将再次占用新俱乐部可转入球员名额。租借期满后返回原俱乐部的，需办理租借返回手续。

租入球员俱乐部未经租出球员俱乐部以及球员本人书面同意，不得将被租借球员转会或租借至第三方俱乐部。

第十二条 未注册球员

任何未在中国足协或中国足协会员协会注册的球员代表某一俱乐部或培训单位参加任何官方比赛均被视为违规。违规球员和（或）俱乐部应受到处罚，此处罚不受任何因为该出场行为而需要做出的体育结果的影响。中国足协或相关赛事主办方拥有做出处罚的权利。

第十三条 纪律处罚的执行

球员在转会前受到的纪律处罚，在其转会注册到新协会后依然有效。原协会应当在签发转会证明时以书面形式通知新协会该球员的纪律处罚。

第四章 国内职业球员转会

第十四条 球员代理人

若球员代理人参与了球员工作合同的商谈，则球员代理人须在工作合同上说明和签字。

第十五条 转会时间

国内职业球员转会应当在每赛季两次注册期的任一注册期内进行。每赛季注册期的具体时间，以中国足协通知为准。

第十六条 转会名额

俱乐部可转入国内球员名额，按照各级联赛规程中相关规定执行。

第十七条 符合下列条件之一，且不具有本规定第十八条情形的职业球员，可在中国足协会员协会间转会：

（一）与原俱乐部工作合同期限届满的。

（二）与原俱乐部工作合同期限未满，但合同经双方协商后终止，或合同被一方以正当理由终止的。

（三）经租出球员俱乐部和球员本人书面同意转会的租借球员。

（四）中国足协认定的其他可以转会的情形。

第十八条 具有下列情形之一的球员，不予转会：

（一）未在中国足协会员协会和中国足协注册的。

（二）拒绝履行中国足协仲裁委员会做出的裁决或纪律委员会做出的处罚的。

（三）与原俱乐部存在合同争议且该争议与球员转会相关联的。

（四）超出俱乐部可转入球员名额的。

（五）中国足球认定的其他不予转会的情形。

第十九条 转会协议及转会补偿

涉及转会补偿的球员转会，原俱乐部与新俱乐部应当签订转会协议，并由球员签字确认。转会协议应当载明转会日期、转会补偿数额、双方权利义务、违约责任和终止条款等，同时应当注明球员代理人（如有）的姓名及其义务。转会补偿数额由原俱乐部与新俱乐部协商确定，但不得低于培训补偿和（或）联合机制补偿的标准。

第二十条 工作合同

新俱乐部与球员签订的工作合同，其内容由双方约定，应符合《中国足球协会职业俱乐部工作合同基本要求》。该工作合同须经球员、新俱乐部以及球员代理人（如有）三方签署方为有效。

第二十一条 转会手续费

中国足协在办理球员转会过程中不收取任何手续费。

第二十二条 转会程序

（一）新俱乐部应当在注册期内向新协会提出球员的转会申请，并向新协会提交以下材料：

1. 经新俱乐部盖章，球员签字的国内转会申请表。

2. 转会协议（解约协议或合同到期证明）、工作合同。

3. 球员或俱乐部与代理人（如有）的代理协议。

4. 地级市以上医院或符合资质体检机构出具的球员体检健康证明。

新协会在收到转会申请并核对提交材料无异议后，应当立即向原协会签发《国内转会证明索要函》。未经索要，新协会收到的《国内转会证明》无效。

（二）原协会在收到新协会签发的球员《国内转会证明索要函》后7日内，应当：

1. 符合转会程序的，签发《国内转会证明》给新协会，并协助原俱乐部向新俱乐部进行培训补偿和（或）联合机制补偿索要。

2. 不符合转会程序的，通知新协会，由于原俱乐部与球员工作合同期限未满或双方就工作合同终止未达成一致意见，或存在本规定所规定的不予转会的情形，不予签发《国内转会证明》。

新协会在签发球员《国内转会证明索要函》后15日内没有收到原协会的答复，经中国足协相关部门认定，可立即为该球员办理临时注册。《国内转会证明索要函》发出一年后，该临时注册可变为正式注册。如果在一年内，原协会提供了当时未作答复的正当理由，经中国足协相关部门认定后可撤销此临时注册。

第二十三条 新协会为球员办理完成转会、注册手续后，应续。球员只有在新协会完成转会手续，并在中国足协注册后，方可代表新俱乐部参加官方比赛。

第五章 国内业余球员转会

第二十四条 业余球员转会应在《中国足球协会注册管理规定》中规定的两次注册期内办理转会。

第二十五条 具有下列情形之一的业余球员，不予转会：

（一）未在中国足协会员协会注册，或已在中国足协会员协会注册但未在中国足协备案的。

（二）拒绝履行中国足协仲裁委员会做出裁决或纪律委员会做出的处罚的。

（三）与原单位存在培训协议争议且该争议与球员转会相关联的。

（四）中国足协认定的其他不予转会的情形。

第二十六条　转会协议及转会补偿

国内业余球员转会不涉及转会协议及转会补偿。

第二十七条　培训协议

培训单位应与球员签订培训协议，其内容应当符合国家法律、法规、规章和国际足联、中国足协的有关要求，并载明双方的各项权利、义务、违约责任和终止条款等。

培训协议是获取相关补偿的认定依据。

培训协议应由球员本人签署。18 周岁以下未成年球员的培训协议应由本人和法定监护人共同签署，培训协议截止期最长不得超过球员 18 周岁生日。

第二十八条　转会手续费

国内业余球员转会不涉及转会手续费。

第二十九条　转会程序

（一）新单位应当向新协会提出球员的转会申请，并向新协会提交以下材料：

1. 经新单位盖章，球员签字的国内转会申请表。

2. 培新协议。

3. 地级市以上医院及有资质的体检机构出具的球员体检健康证明。

新协会在收到转会申请并核对提交材料无异议后，应当立即向原协会签发《国内转会证明索要函》。未经索要，新协会收到的《国内转会证明》无效。

（二）原协会在收到新协会签发的《国内转会证明索要函》后 7 日内，应当：

1. 符合转会程序的，签发《国内转会证明》给新协会。

2. 不符合转会程序的，通知新协会，存在本规定所规定的不予转会的情形，无法签发《国内转会证明》。

（三）新协会在签发《国内转会证明索要函》后 15 日内没有收到原协会的答复，经中国足协相关部门认定，可立即为该球员办理临时注册。《国内转会证明索要函》发出一年后，该册可变为正式注册。如果在一年内，原协会提供了当时未作答复的正当理由，中国足协相关部门认定后可撤销此临时注册。

第三十条 球员只有在新协会完成转会、注册手续并提交中国足协备案后方可代表新单位参加官方比赛。

第三十一条 中国足协会员协会管辖范围内的业余球员转会，会员协会可参照本规定第五章相关条款，制定各会员协会业余球员转会管理规定。

第六章 球员国际转会

第三十二条 球员代理人

如果球员代理人参与了球员工作合同的商谈，则球员代理人须在工作合同上说明和签字。

第三十三条 职业球员的国际转会，须通过国际足联转会匹配系统进行操作。

第三十四条 转会时间

球员国际转会应当在每赛季两次注册期的任一注册期内进行。每赛季注册期的具体时间，以中国足协通知为准。

第三十五条 转会名额

俱乐部可转入外籍球员的名额，按照各级职业联赛规程中的相关规定执行。俱乐部不得转入外籍以及港、澳、台地区身份的守门员。关于拥有双重国籍亚洲外援的资格认定，参照亚足联《亚洲足球俱乐部冠军联赛》规程中的相关条款执行。

第三十六条 外籍球员转入

（一）转会协议

转会协议应当由双方俱乐部、球员及其球员代理人（如有）签订，转会协议应当载明转会日期、转会补偿数额、双方权利义务、违约责任和终止条款等，同时应当注明球员代理人（如有）的姓名及其义务。若原俱乐部所属国际足联会员协会声明，附载。

（二）工作合同

新俱乐部与球员签订的工作合同，其内容由双方约定，应符合《中国足球协会职业俱乐部工作合同基本要求》。该工作合同须经球员、新俱乐部以及球员代理人（如有）三方签署方为有效。

（三）转入程序

新俱乐部向中国足协提交《办理国际转会证明申请表》，并同时在国际足联转会匹配系统中录入相关操作，提交转会协议、工作合同及球员或俱乐部与代理人（如有）的代理协议。

中国足协在收到转会申请并核对提交材料无异议后，将立即通过国际足联转会匹配系统向球员原俱乐部所属国际足联会员协会签发《国际转会证明索要函》。

未经索要，中国足协收到的《国际转会证明》无效。

收到原俱乐部所属国际足联会员协会签发的《国际转会证明》后，中国足协即可为球员办理参赛证。

新俱乐部持球队参赛证、转会协议及工作合同到新协会办理球员转会注册手续。

新协会为球员办理完毕转会注册手续后，应当将球员的转会材料及工作合同提交中国足协备案并办理注册手续。球员只有在中国足协注册后，方可代表新俱乐部参加官方比赛。

中国足协签发《国际转会证明索要函》后15日内没有收到球员原俱乐部所属国际足联会员协会的答复，中国足协将通知新协会为该球员办理临时注册。《国际转会证明索要函》发出一年后，该临时注册变为正式注册。如果在一年内，国际足联会员协会提供了当时未作答复的正当理由，中国足协可以要求新协会撤销此临时注册。

第三十七条　外籍球员在国内俱乐部间的转会

符合本规定第十七条情形的转会条件之一，且不具有本规定第十八条情形的外籍球员，可以在国内俱乐部间转会。

涉及转会补偿的球员转会，原俱乐部与新俱乐部应当签订转会协议，并由球员签字确认。转会协议应当载明转会日期、转会补偿数额、双方权利义务、违约责任和终止条款等，同时应当注明球员代理人（如有）的姓名及其义务。转会补偿的数额由原俱乐部与新俱乐部协商确定，但不得低于培训补偿和（或）联合机制补偿的标准。

外籍球员在国内俱乐部间的转会，参照本规定第四章办理相关手续。

第三十八条 球员转出

（一）符合下列条件之一，且不具有本规定第十八条情形的球员，可以转会至国际足联其他会员协会所属俱乐部：

1. 与原俱乐部工作合同期限届满的；

2. 与原俱乐部工作合同期限未满，但合同经双方协商后终止，或合同被一方以正当理由终止的；

3. 经租出球员俱乐部和球员本人书面同意租借的球员；

4. 中国足协认定的其他可以转会的情形。

（二）中国足协收到国际足联其他会员协会签发的《国际转会证明索要函》后，立即通知原俱乐部在5日内向中国足协提交以下材料：

1. 工作合同期限届满确认函；

2. 工作合同期限未满的，须提供转会双方俱乐部签订的转会协议及同意提前终止合同的确认函；

3. 收取培训补偿和（或）联合机制补偿的申请；

4. 不同意该球员转会的书面说明和证据；

5. 有权收取培训补偿和（或）联合机制补偿的其他俱乐部，应当在收到中国足协通知后5日内，提供收取上述款项的书面申请，或放弃收取上述款项的书面声明。逾期未提供的，视为放弃收取上述款项。

（三）具有下列情形的，中国足协有权签发《国际转会证明》；

1. 该球员符合转会条件；

2. 中国足协收到《国际转会证明索要函》并通知原俱乐部后5日内，原俱乐部未按本条款要求提交材料的。

第三十九条 国内球员国际转回

国内球员从其他国际足联会员协会转会回国内，应当在中国足协规定的两次注册期内办理转会手续，转回手续参照本规定第三十六条办理。转会回国内未经主要产权变更的原俱乐部的，该转会球员不占用原俱乐部可转入国内球员名额；转会回国内其他俱乐部的，该转会球员占用新俱乐部可转入国内球员名额。

第四十条 转入港、澳、台球员时，转会手续按照国际足联不同会员协会之前球员转会的规定办理。

第七章　保持协议及合同的稳定性

第四十一条　俱乐部间球员的转会协议和俱乐部与球员的工作合同是维护球员和俱乐部利益的重要法律文件，协议和合同各方应当在严格遵守法律法规、国际足联及中国足协相关规定的前提下，严肃认真地协商并签署合同，严格遵守合同约定。

第四十二条　任何恶意串通、损害中国足协或其他方利益以及明显有违公平竞赛原则的转会协议中国足协均不予认可。

第四十三条　职业球员与俱乐部之间的工作合同只可在合同期限届满或双方协商一致的情况下终止。

第四十四条　工作合同双方中任何一方均可以以正当理由终止合同，且不予追究责任。

第四十五条　俱乐部违反工作合同约定，拖欠球员工资或奖金的，经中国足协相关部门认定，该球员有权单方面终止合同。

第四十六条　若一名职业球员在一个赛季中代表其所注册俱乐部参加比赛的上场时间少于该俱乐部官方比赛时间总和的10%，则该球员有权以正当体育理由提前终止合同。球员以正当体育理由提前终止合同时不受体育处罚，但可涉及经济赔偿。球员只能在其所注册俱乐部该赛季最后一场官方比赛结束15天后依据正当体育理由终止合同。

第四十七条　无正当理由，合同不能在赛季中被单方面终止。

第四十八条　无正当理由终止合同

除非合同中另有约定，违约方应当支付赔偿金。赔偿金数额应当在遵守国家法律、法规、规章的前提下，考虑足球项目的特点，结合下列因素确定；

（一）球员现有合同和（或）在新合同中所确定的薪酬及其它福利。

（二）现有合同的剩余时间。

（三）由原俱乐部支付或承担的费用。

（四）违约是否发生在保护期内。

支付赔偿金的责任不得转让给第三方。如果球员被要求支付赔偿金，该赔偿金应当由球员和新俱乐部共同承担。赔偿金的分担比例由双方约定。

在保护期内违约的球员，除支付赔偿金外，还应当受到体育处罚，即禁止其在4个月内参加任何官方比赛，情节严重者可禁赛6个月。体育处罚在球员被通知相关决定后立即生效。体育处罚在本赛季最后一场官方比赛至下赛季第一场官方比赛期间保持有效，其中包括俱乐部参加的杯赛和国际锦标赛。体育处罚的延续不适用于球员在本赛季最后一场官方比赛至下赛季第一场官方比赛期间，代表其所属国家队参加国际赛事决赛阶段的比赛。在保护期外，球员无正当理由单方面终止合同可不受体育处罚，但球员应当在其参加的该赛季最后一场官方比赛结束后15天内通知其所注册俱乐部终止合同，否则该球员将受到纪律处罚。保护期在续签合同后重新开始计算。

在保护期内违约或诱导球员违约的俱乐部，除支付赔偿金外，还应当受到体育处罚，即禁止其在连续两次注册期内为任何国内或外籍新球员注册。任何与无正当理由终止现有合同的职业球员签订工作合同的俱乐部，均将被视为诱导球员违约。

第四十九条 除租借外，职业球员与俱乐部间签订的工作合同最短期限为自合同生效之日起至该赛季结束；最长期限为5年。

第五十条 不满十六周岁的球员不得签订工作合同。十六周岁以上不满十八周岁的球员，能够以自己的劳动取得收入，并能维持当地公众一般生活水平的，可以签订工作合同。该工作须由球员和监护人共同签署。不满十八周岁球员签订的工作合同期限最长不得超过3年，任何超出部分中国足协均不予认可。

第五十一条 当新俱乐部有意转入与原俱乐部合同期限未满的球员时，应当在开始商洽转会前书面通知原俱乐部和球员本人。球员只有在原工作合同期限届满或原工作合同将在6个月内届满时方可签订新工作合同。任何违反这条规则的行为都将受到相应处罚。

第五十二条 工作合同的有效性不受体检结果或是否获得工作许可的影响。

第五十三条 若提前终止工作合同，俱乐部应当及时书面通知中国足协。

第五十四条 俱乐部与球员签订的工作合同（含补充合同），以在中国足协备案的为准。新签订的工作合同须在最临近的一注册期内提交，否则不予认可。任何一方对在备案合同的签订、履行以及注册备案中违反诚实信用原则的行为承担对其不利的后果及赔偿责任。采用欺诈、胁迫、伪造、弄虚作假等严重违背体育道德精神的行为将提交中国足协纪律委员会予以处罚。

第五十五条 第三方对俱乐部的影响

任何俱乐部不得与其他俱乐部或第三方签署能够影响雇佣以及转会相关事宜独立性、政策及球队表现的合同。

国际足联纪律委员会、中国足协纪律委员会将对违反本条款的俱乐部作出纪律处罚。

第五十六条 第三方拥有球员的经济权益

俱乐部或球员不得与任何要求参与球员今后在俱乐部间转会的补偿机制，或要求拥有球员今后转会或转会补偿的任何权利的第三方签订任何协议。

国际足联纪律委员会、中国足协纪律委员会将对违反本条款的俱乐部和球员作出纪律处罚。

第五十七条 拖欠应付款

（一）俱乐部须遵守与职业球员签订的工作合同以及与其他俱乐部签订的转会协议相关条款中规定的财务义务。

（二）任何俱乐部如无初步合同条款约定，拖欠应付款超过 30 天以上的，将根据以下第（四）条受到处罚。

（三）若某俱乐部被认为拖欠应付款，则债权方（球员或俱乐部）须书面向债务方俱乐部提出，并给予债务方俱乐部至少 10 天的期限进行支付。

（四）相关机构可根据其管辖权范围作出如下处罚：

1. 警告；

2. 严重警告；

3. 罚款；

4. 禁止在整个以及连续的一或两个注册期内为任何国内或外籍新球员注册。

（五）上述提及的处罚可累加实施。

（六）重复违规将被认作情节加重，导致加重处罚。

（七）第（四）4 款关于禁止注册的处罚可被暂停。禁止注册暂停后，决策机构可给予受处罚的俱乐部6个月至2年的考察期。

（八）如果暂停禁止注册的俱乐部在考察期内再次违规，则暂停自动解除且禁止注册的处罚继续执行，并与新违规的处罚累加。

（九）在合同关系单方终止的情况下，本条内容不影响第四十八条进一步措施的应用。

第八章　未成年球员保护

第五十八条　未成年球员的国际转会和国际首次注册

（一）只有年满十八周岁以上球员方可进行国际转会。以下三种情况例外：

1. 球员的父母因与足球无关的原因搬迁至新俱乐部所在国家。

2. 在欧盟（EU）或欧洲经济区域（EEA）内16至18周岁的球员转会，新俱乐部须履行以下义务：

（1）为球员提供国内最高水平的足球教育或训练；

（2）除提供足球教育或训练外，还须保证球员接受文化教育或职业技能培训，使其在结束职业足球生涯后仍可从事其他非足球工作；

（3）提供所有必要安排，确保球员受到尽可能最好的照顾（包括提供当地家庭或俱乐部里的最好的住宿条件，在俱乐部安排辅导员等）；

（4）球员一经注册，俱乐部须向其所属国际足联会员协会提供其遵守了以上义务的证明。

3. 若球员住在离国境不到50公里的地方，且球员希望注册的毗邻国际足联会员协会所属俱乐部也距离边境线50公里内，即球员的住所和俱乐部所在地之间的最远距离为100公里之内的情况下，球员须住在家里，且有关的两个国际足联会员协会须明确同意。

（二）未曾在任何俱乐部注册、且首次在非本人国籍所属国际足联会员协会注册的球员同样适用于本条款。

（三）所有根据本条款进行的国际转会以及首次注册均须经由国际足联球员身份委员会任命的下设委员会批准后方可进行。申请须由希望注册该名球员的国际足联会员协会提出，并应给原国家协会提出意见的机会。有关国家协会须在获得下设委员会的批准后，方可进行国际转会证明和

(或) 首次注册的申请。任何违反本条款的行为都将由国际足联纪律委员会依据《国际足联纪律准则》进行处罚。另外，未经下设委员会批准，为未成年球员签发国际转会证明的原国家协会以及与未成年球员就转会达成协议的俱乐部均将受到处罚。相关申请程序请参考《国际足联球员身份及转会规定》附件二。

第五十九条 未成年球员的国内转会和国内首次注册

（一）只有年满十六周岁以上的球员方可进行国内转会。以下四种情况例外：

1. 球员的户籍迁至新单位所在城市。

2. 球员的监护人因与足球无关的原因搬迁至新单位所在城市，且须提供以下证明：

（1）球员在新单位所在城市的学籍证明；

（2）球员监护人在新单位所在城市至少半年以上的工作证明。

3. 新单位须履行以下义务：

（1）为球员提供高水平的足球教育或训练；

（2）除提供足球教育或训练外，还须保证球员接受文化教育或职业技能培训，使其在结束职业足球生涯后仍可从事其他非足球工作；

（3）提供所有必要安排，确保球员受到尽可能最好的照顾（包括提供新单位里最好的住宿条件，在新单位安排辅导员等）；

（4）球员一经注册，新单位须向其所属中国足协会员协会提供其遵守了以上义务的证明。

4. 转会至已完成在中国足协年度注册的足球学校的球员除外。

（二）未曾在任何俱乐部或培训单位注册、且首次在非户籍地区所属中国足协会员协会注册的球员同样适用于本条款。

（三）所有根据本条款进行的国内转会以及首次注册均由中国足协相关部门批准后方可进行，相关转会程序参照本规定第五章办理。

第九章 未成年球员在足球学校的注册和报告

第六十条 足球学校须具有独立法律和财务资格，按年度在中国足协会员协会注册并报中国足协备案，向中国足协和中国足协会员协会报告在其足球学校受教育的未成年球员的信息。

第六十一条 注册在足球学校的球员，只能代表足球学校参加中国足协全国性比赛

第六十二条 通过报告制度，保证足球学校和球员按照国际足联章程和中国足协规定从事足球活动，培养思想及业务合格的青少年球员，推动足球运动的发展。

第六十三条 任何违反本条款的行为都将由中国足协纪律委员会依据《中国足球协会纪律准则》作出处罚。

第十章 球员代表国家队比赛

第六十四条 若球员被其国籍所属国家协会召回参加国家队比赛，其所属俱乐部必须放行。球员和俱乐部间任何与此规定相违背的协议中国足协均不予认可。

第六十五条 俱乐部应当放行球员回国参加的比赛包括；

（一）所有列入国际足联国际比赛日历的比赛（在与各有关方协商后，国际足联公布4年或者8年的国际比赛日历，日历括在此期间的所有国际比赛期。在国际比赛日历发布之后，只可增加国际足联世界杯决赛、国际足联联合会杯和洲际足联A级代表队的锦标赛）

（二）国际足联世界杯决赛、国际足联联合会杯、洲际足联国家A队的锦标赛。

第六十六条 国际比赛期是指从某一个周一开始至下一个周二结束的，为国家队比赛预留的一段期间。在任何国际比赛期内，无论是资格赛还是友谊赛，每支国家队最多参加两场比赛。相关比赛可安排在国际比赛期内从周三开始的任一天，且两场比赛之间至少留有两个完整日历天。例如：周四、周日或周六、周二。

第六十七条 国家队在一个国际比赛期内参加的两场比赛须在同一洲境内，洲际间的附加赛除外。若两场比赛至少有一场是友谊赛，则在两地飞行距离不超过官方公布的5个小时的情况下（包括两个时区），可在两个不同的洲比赛。

第六十八条 俱乐部没有义务在国际比赛期和第六十五条提到的决赛

阶段比赛之外放行球员。俱乐部没有义务一年内放行同一个球员参加一次以上的洲际足联 A 级代表队决赛阶段的比赛。国际足联执委会可另行发布国际足联联合会杯的放行规定。

第六十九条 对于国际比赛期，俱乐部须在周一早上之前放行球员加入其国家队，而球员须在次周三早上，即国际比赛期结束后开始返程。对于第六十五条提到的决赛阶段比赛，俱乐部须在决赛周开始前一周的周一早上之前放行球员。国家协会须在其国家队参加的最后一场比赛后的第二天早上放行球员回俱乐部。

第七十条 俱乐部与球员所属国家协会可以协商确定更长的放行时间，或者根据第六十九条另作安排。

第七十一条 被召回参加国家队比赛的球员须在其放行时长结束后 24 小时内返回俱乐部。如果比赛在不同于球员所注册俱乐部所属的洲际足联举行，返回期限可延长至 48 小时内。球员应在放行日前 10 天书面告知俱乐部其出发和返回日程。国际足联会员协会应确保球员在比赛后按时返回俱乐部。

第七十二条 若球员没有按照上述条款在规定的期限内返回俱乐部，则下次被国际足联会员协会召回的期限将被国际足联球员身份委员会缩短，具体期限如下：

（一）国际比赛期：2 天。

（二）国际比赛决赛阶段比赛：5 天。

第七十三条 若国际足联会员协会不断违反上述条款，则国际足联球员身份委员会可采取下列制裁措施，包括但不限于：

（一）罚款。

（二）缩短放行期限。

（三）禁止在以后的比赛中召回球员。

第七十四条 召回球员的国际足联会员协会应当承担球员因回国参赛所发生的旅行费用。根据上述条款放行球员的俱乐部无权要求任何经济赔偿。

第七十五条 球员所注册俱乐部应当负责球员整个被召回期间的伤病保险和意外事故保险，保险还须包括球员在被召回参加国际比赛中的受伤保险。

第七十六条 若一名11人制职业男子球员在被召回参加国家A队比赛期间因意外身体受伤并暂时失去行为能力，则该球员所注册的俱乐部可从国际足联获得补偿。有关补偿的条款和条件，包括损失处理程序均在国际足联俱乐部保护计划中列明。俱乐部保护计划将只包括在第六十四条规定的国际比赛期内进行的国际A级比赛。

第七十七条 通常情况下，任何在俱乐部注册的球员均有义务在其所属国家协会召其参加国家队比赛时代表国家队参赛。

第七十八条 国际足联会员协会召回其在国外注册的球员时，应在国际比赛期的第一比赛日前15天以书面形式通知该球员。若被召回球员参加的是国际比赛决赛，则应当在相关放行期前15天以书面形式通知该球员。同时，国际足联会员协会也应书面通知该球员所注册的俱乐部。召回球员的国际足联会员协会也须抄送放行球员的国家协会。俱乐部应当在收到通知后6天内确认对于该球员的放行。

第七十九条 只有在下列两种情形时，国际足联会员协会方可向国际足联求助使其在国外效力球员得到放行：

（一）球员注册所在国际足联会员协会干预未成功。

（二）求助须在要求球员参赛之日前至少5天向国际足联提出。

第八十条 中国各级国家队征调国内球员的规定

中国各级国家队从国内各俱乐部征调球员时，国内俱乐部应当同意被征调球员加入国家队，被征调球员应当服从征调。若国内俱乐部或球员拒绝征调或以其他方式不服从征调，中国足协纪律委员会可对相关俱乐部或球员作出下列处罚：

（一）警告

（二）罚款。

（三）停赛。

（四）减少转会名额或暂时取消转会资格。

（五）该球员代表俱乐部参加的所有比赛判对方获胜。

（六）扣分。

（七）其他处罚。

以上各项可独立或合并使用

第十一章 附 则

第八十一条 在球员转会中发生的争议，当事方可将争议提交中国足协仲裁委员会仲裁。国内球员在国内发生的纠纷，中国足协仲裁委员会做出的裁决为最终裁决。

第八十二条 在国内转会中，任何不履行转会协议、培训协议、工作合同和（或）本规定其他强制性或禁止性规定的培训单位、俱乐部或球员，中国足协纪律委员会可依据《中国足球协会纪律准则》对其作出处罚。

第八十三条 在涉外转会中，俱乐部违反本规定或不履行转会协议、工作合同的，中国足协纪律委员会可作出下列处罚：

（一）国际足联或亚足联给予处罚的俱乐部，自中国足协接到国际足联或亚足联的处罚通知书之日起，除执行相关处罚外，还将减少其外籍球员注册名额，直至暂时取消该俱乐部涉外转会资格，并视情节轻重给予相应罚款。

（二）对不服从国际足联或亚足联裁决且拒付罚款及赔偿金的俱乐部，将从其联赛保证金或分成款中扣除相应数额，以赔付国际足联裁定的罚金及赔偿金。对于情节严重者，将暂时取消该俱乐部涉外转会资格或给予俱乐部罚款、扣分、直至降级的处罚。

第八十四条 本规定由中国足协负责解释，自下发之日起实施。本规定附件为本规定的组成部分，与本规定正文具有同等效力。本规定实施后，中国足协可根据实施情况或国际足联的新规定对其进行修正。原《中国足球协会球员身份及转会暂行规定》（足球字【2009】536 号）同时废止。

附件一

培训补偿

通常情况下，球员 12 周岁至 23 周岁期间为接受培训和教育的时期。在球员 21 周岁之前培训过他的俱乐部和（或）培训单位均可获得培训补偿。若有证据证明球员在 21 周岁前即停止了训练活动，培训补偿的计算从该球员12周岁时开始至其停止训练活动时结束。培训补偿的支付不影响违约赔偿责任的承担。

一、培训补偿的支付

（一）出现下列情形时，新俱乐部需要支付培训补偿：

1. 球员首次签订工作合同，即首次注册为职业球员；

2. 职业球员在23周岁赛季结束前的每次转会（无论转会是在原工作合同到期前还是到期后发生）。

（二）出现下列情形时，新俱乐部无需支付培训补偿：

1. 原俱乐部无正当理由与球员终止工作合同；

2. 球员转会至国际足联或中国足协第四类别俱乐部；

3. 职业球员转会后获得业余球员身份。

二、培训补偿的支付责任

（一）球员首次注册为职业球员时，其所注册俱乐部应当在30天内向该球员12周岁以后培训过他的所有俱乐部和（或）球员在各俱乐部和（或）培训单位，依据球员注册纪录支付培训补偿。支付金额应当根据该球员在各俱乐部和（或）培训单位不同的培训年数按比例计算。此后职业球员在23周岁赛季结束前的每次转会，培训补偿只需依据有效培训年数支付给当次转会前该球员所注册的最后一家俱乐部，培训补偿应在该球员注册后30天内支付。

（二）青少年业余球员自付培训费用的，培训单位应当将所获得的培训补偿按照该球员自付培训费用的比例分配给该球员。

（三）若有证据证明培训过球员的俱乐部和（或）培训单位放弃参加有组织的足球比赛和（或）因为破产、清算、解散或失去联系而不再存在，则该俱乐部和（或）培训单位所属会员协会有代替其接收培训补偿的权利。该培训补偿将用于会员协会青少年足球发展项目。

三、培训费用

（一）涉外转会时，请登陆国际足联网站（www. FIFA. com）查询各洲际足联及国际足联会员协会对所属俱乐部类别的划分以及培训费用标准。

（二）国内转会时，中国足协管辖范围内的俱乐部划分为以下类别：中超俱乐部为第一类别；中甲俱乐部为第二类别；中乙俱乐部为第三类别；

其他俱乐部为第四类别。培训费用标准为：第一类别俱乐部：10 万元人民币/年；第二类别俱乐部：6 万元人民币/年；第三类别俱乐部：2 万元人民币/年。

四、培训补偿的计算

（一）球员首次注册为职业球员时，培训补偿为新俱乐部培训费用乘以球员 12 周岁至 21 周岁期间赛季培训年数。此后的每次转会，培训补偿均按照新俱乐部培训费用乘以原俱乐部培训年数计算。

（二）为避免过高设定年轻球员的培训补偿，球员从 12 周岁至 15 周岁（即 4 个赛季）期间的培训费用将依据国际足联第四类别或中国足协第三类别俱乐部的培训补偿标准计算。

（三）

附件二

联合机制补偿

职业球员在与原俱乐部工作合同期限届满前转会，新俱乐部应当向所有培训过该球员的俱乐部和（或）培训单位支付联合机制补偿。

联合机制补偿的数额 =（新俱乐部支付给原俱乐部的转会补偿 - 培训补偿）×5%

联合机制补偿在俱乐部和（或）培训单位之间的分配应当按照球员从 12 周岁到 23 周岁期间在相关俱乐部和（或）培训单位的注册年数（不足一年按相应比例计算）计算，具体系数如下：

- 12 周岁的赛季：5%（即总补偿费的 0.25%）
- 13 周岁的赛季：5%（即总补偿费的 0.25%）
- 14 周岁的赛季：5%（即总补偿费的 0.25%）
- 15 周岁的赛季：5%（即总补偿费的 0.25%）
- 16 周岁的赛季：10%（即总补偿费的 0.5%）
- 17 周岁的赛季：10%（即总补偿费的 0.5%）
- 18 周岁的赛季：10%（即总补偿费的 0.5%）
- 19 周岁的赛季：10%（即总补偿费的 0.5%）
- 20 周岁的赛季：10%（即总补偿费的 0.5%）
- 21 周岁的赛季：10%（即总补偿费的 0.5%）

-22 周岁的赛季：10%（即总补偿费的 0.5%）

-23 周岁的赛季：10%（即总补偿费的 0.5%）

新俱乐部应当按照上述规定，在球员注册后 30 天内支付联合机制补偿。如果转会补偿是按照分期付款方式支付，新俱乐部应当在每期款项支付后 30 天内支付相应比例的联合机制补偿。

新俱乐部应当依据球员注册纪录，计算联合机制补偿的分配金额。球员应当在必要时协助新俱乐部履行此义务。

若有证据证明培训过球员的俱乐部和（或）培训单位放弃参加有组织的足球比赛和（或）因为破产、清算、解散或失去联系而不再存在，则该俱乐部和（或）培训单位所属会员协会有代替其接收联合机制补偿的权利。该联合机制补偿将用于会员协会青少年足球发展项目。

中国足球协会职业俱乐部工作合同基本要求

（2016 年）

为规范俱乐部与球员、教练员及其他工作人员签署合同的管理，明确合同双方的权利和义务，特制定《中国足球协会职业俱乐部工作合同基本要求》（以下简称“《要求》”）。《要求》中的合同是指符合《中华人民共和国合同法》和《中华人民共和国劳动合同法》的法律精神，符合国际、国内足球行业基本准则，由足球俱乐部与球员、教练员或其他工作人员订立的工作合同（均简称为“合同”）。

第一章 基本原则

第一条 平等自愿原则。合同双方不受第三方干预，权利和义务明确。

第二条 诚信守约原则。合同双方应诚实守信，自觉维护合同的稳定性并严格履行合同。

第三条 遵规守章原则。在合同双方订立和签署合同过程中，应严格遵守法律法规、国际足联和中国足协的相关规定。

第四条 规范管理原则。合同订立、签署和备案的管理须严谨和规范。

第二章 合同内容

第五条 合同中应包括的主要部分：

（一）合同甲方的名称、地址和法定代表人（或主要负责人）。

（二）合同乙方的姓名、住址和居民身份证（或其他有效身份证件号码）。

（三）合同期限。

（四）工作内容和工作地点。

（五）工作时间和休息休假。

（六）劳动报酬。

（七）社会保险。

（八）工作条件、劳动保护和职业伤病防护及医疗。

（九）合同延续、终止与解除。

（十）违约责任及争议解决。

第三章 合同双方的权利与义务

第六条 俱乐部的权利

（一）股东投资形成的法人财产权，依法享有民事权利，包括但不限于签订合同权、财产处置权以及诉讼权等。

（二）合法权益受法律保护，不受来自任何方面的干预和侵犯。

（三）组织球队训练、比赛及参加与之相关的各类活动的权利。

（四）依法依规对本俱乐部球员进行管理的权利。

（五）法律法规和行业规范赋予俱乐部的其他权利。

第七条 俱乐部的义务

（一）遵守中华人民共和国的各项法律、法规。

（二）遵守国际足联、亚足联、中国足协、联赛委员会和相关赛事现行及更新的章程、规程、条例、规定及相关决议。

（三）俱乐部应为球员和其他工作人员提供良好的工作、生活环境和条件。

（四）在合同中按上述要求设定合同双方的约束内容并按约定严格履

行合同条款。

第八条 球员的权利

（一）公民的基本权利。

（二）参加俱乐部训练、选拔、比赛的权利。

（三）转会、租借、退役的权利。

（四）相应社会保障的权利。

（五）接受教育及培训的权利。

（六）法律法规和行业规范赋予球员的其他权利。

第九条 球员的义务

（一）遵守中华人民共和国的法律、法规。

（二）遵守国际足联、亚足联、中国足协、联赛委员会和相关赛事现有及更新的章程、规程、规定、条例及各项相关决议。

（三）遵守俱乐部现有及更新后并通知球员的各项规范及其他规章制度。

（四）遵守社会公德和职业道德，维护公平竞赛，用体育精神对待比赛、训练，遵守比赛规则和纪律，尊重并服从裁判判罚，尊重教练、尊重队友、尊重对方、尊重观众、尊重工作人员。

（五）保持身体健康和良好竞技状态，按照球队要求充分发挥训练和竞技水平。

（六）法律法规、行业规范、合同规定的其他义务。

第十条 教练员的权利

（一）公民的基本权利。

（二）按俱乐部规章制度和要求执教球队训练、比赛及管理与之相关的工作及生活的权利。

（三）相应社会保障的权利。

（四）接受教育及培训的权利。

（五）法律法规和行业规范赋予教练员的其他权利。

第十一条 教练员的义务

（一）遵守中华人民共和国的法律、法规。

（二）遵守国际足联、亚足联、中国足协、联赛委员会和相关赛事现有及更新的章程、规程、规定、条例及各项相关决议。

（三）遵守俱乐部现有及更新后并通知教练员的各项规范及规章制度。

（四）遵守社会公德、职业道德，维护公平竞赛，用体育精神对待比赛、训练，遵守比赛规则和纪律，尊重并服从裁判判罚，尊重球员、尊重对方、尊重观众、尊重工作人员。

（五）努力学习、钻研业务，不断提高专业理论知识和实践能力，带领球队取得好成绩。

（六）法律法规、行业规范、合同规定的其他义务。

第十二条 其他工作人员的权利

（一）公民的基本权利。

（二）按俱乐部规章制度和要求履行本职工作的权利。

（三）相应社会保障的权利。

（四）接受教育及培训的权利。

（五）法律法规和行业规范赋予工作人员的其他权利。

第十三条 其他工作人员的义务

（一）遵守中华人民共和国的法律、法规。

（二）遵守国际足联、亚足联、中国足协、联赛委员会和相关赛事现有及更新的章程、规程、规定、条例及各项相关决议。

（三）遵守俱乐部现有及更新后并通知工作人员的各项规范及其他规章制度。

（四）遵守社会公德、职业道德和工作纪律，认真完成本职工作，为本单位发展尽职尽责。

（五）努力学习、钻研业务，不断提高专业理论知识和工作能力。

（六）法律法规、行业规范、合同规定的其他义务。

第十四条 俱乐部订立合同时应考虑的主要内容

（一）常规工资（如周薪、月薪或年薪）。

（二）奖金（与出场时间及表现，训练及服从球队管理等表现挂钩的奖励）。

（三）其他收入（如出场费、广告费等）。

（四）法律规定的各项社会保险（如基本医疗保险、养老保险、失业保险、大病保险、工伤保险、人身意外伤害保险等）。

（五）其他福利。

（六）球员因工伤、执行各级国家队任务期间负伤不能参加训练、比赛时的薪酬数额及履行方式。

（七）球员患病或非因工负伤不能参加训练、比赛，其在医疗期间内的工资和治疗费用的数额及履行方式。

（八）球员与俱乐部球队相关的特定开销的报销。

（九）合同中应明确款项支付的货币种类、截止日期及支付方式。

（十）合同中应明确薪酬数额为税前或税后；若税前应标明法律规定的纳税方式及要求。

（十一）合同中应明确球员休假或带薪假期条款。

（十二）合同中俱乐部和球员应在球员的肖像权开发事宜达成一致并在合同中载明。

（十三）合同中应规定当俱乐部财务发生重大变化时劳动报酬变化的数额及履行方式，如升降级、被取消注册资格、破产或遇不可抗力的自然灾害等。

（十四）为球员提供良好的工作、生活环境条件方面主要包括：

1. 提供符合中国足协相应赛事要求的食宿条件；

2. 提供符合中国足协相关赛事规定执教资格的教练员；

3. 提供符合中国足协相关赛事规定训练场所和辅助设施；

4. 提供符合中国足协相关赛事规定的训练、比赛器材和装备；

5. 为青少年球员学习文化知识和职业技能培训提供便利，保障球员接受教育的权利；

6. 提供负伤或患病期间的治疗安排并承担超出球员保险金报销范围部分的治疗费用（应体现在合同双方约定内容当中）；

7. 妥善保存、与球员本人共享伤病（包括上调国家队期间的伤病）及医疗记录。

（十五）俱乐部可以在符合相关法律法规的前提下，制定健全、合理的规章制度及纪律处罚措施，以保证球队的规范运营，但应在与球员签约前将所有相关规定以书面方式告知对方。

（十六）经球员本人书面同意，俱乐部可以在合同期内将球员转会、租借至其他俱乐部。

第十五条 球员在签订合同前应知晓的行业及俱乐部合理要求相关内容，主要包括：

（一）服从俱乐部训练、比赛及生活管理。

（二）按俱乐部要求完成训练、比赛任务。

（三）按俱乐部要求参加社会公益、球迷服务、媒体宣传、赞助服务等活动。

（四）按俱乐部规定进行医疗检查、身体监测、防疫等，应及时向俱乐部报告自身的伤病情况及康复状况，如严重影响训练或比赛的，应提供相应的医学证明；

（五）按俱乐部要求对伤病进行诊断和治疗。除紧急情况外，在未通知俱乐部队医的情况下球员不得擅自进行处置。

（六）按要求出席俱乐部安排的广告、宣传、推广等活动。

（七）未经俱乐部同意，不得参加非本俱乐部安排的媒体采访、商业宣传和其他活动，不得擅自参与其他广告宣传或推广活动。

（八）外出集训、比赛期间，应服从俱乐部的食宿、交通等安排。

（九）球员入选各级国家队，应按国家队要求参加训练、比赛和相关活动，并向俱乐部汇报工作生活情况。

（十）球员应为俱乐部保守秘密，不得违规泄露训练、比赛技术信息及商业秘密。

（十一）严格遵守国内外反兴奋剂相关规定，严格按要求接受药检，不服用或防止误服违禁药品。

（十二）自觉抵制和积极举报操控比赛、赌球、消极比赛或任何违背职业道德、有损俱乐部及职业联赛声誉的活动。

（十三）不得与第三方签订有碍合同执行的协议。

（十四）未经俱乐部书面同意，不得代表第三方参赛或参加第三方组织的训练或其他官方活动。

第四章 其他相关事项

第十六条 关于工作合同期限

工作合同期限不得超过 5 年。

第十七条 保密

事先未经对方书面同意，双方都不得擅自披露合同内容。但下述情况除外：

（一）为合同备案之目的，向中国足球协会披露的。

（二）向相应争议处理机构披露的。

（三）根据相关政府部门的规定向该部门披露的。

（四）依据法律法规及中国足球协会规章的规定披露的。

本保密义务不因合同的变更、终止而解除。

第十八条 违约责任

任何一方违反合同约定给对方造成损失的，应承担违约责任。合同中应明确违约责任及相应违约金、赔偿金数额或比例等。

第十九条 合同的变更、解除和终止

（一）合同所依据的客观情况发生重大变化，致使合同无法履行的，经双方协商同意，可以变更或解除合同。

（二）合同解除及终止应提供相应证明材料。

（三）球员有下列情形之一的，俱乐部有权解除合同：

1. 隐瞒重大疾病，不能参加或严重影响训练和比赛的；

2. 非因工伤病，医疗期满后不能再参加足球训练和比赛的；

3. 严重违反俱乐部规章制度、比赛纪律或球员义务的；

4. 严重违背职业道德或体育精神，对俱乐部利益或声誉造成重大损害的；

5. 同时与其他用人单位建立劳动关系，对履行与本俱乐部的合同造成严重影响，或经俱乐部提出而拒不改正的；

6. 球员被依法追究刑事责任的；

7. 其他正当理由。

（四）俱乐部有下列情形之一的，球员有权解除合同：

1. 未按合同约定提供劳动条件或劳动保护的；

2. 凡出现拖欠球员工资或奖金情况的；

3. 未依法或按合同约定为球员办理保险的；

4. 对球员进行侮辱、体罚、殴打或逼迫球员从事违法、违纪活动的；

5. 俱乐部规章制度违反法律、法规的规定，损害球员权益的；

6. 其他正当理由。

（五）球员有下列情形之一的，俱乐部不得单方面解除合同：

1. 在俱乐部工作期间可能患有足球职业伤病，在诊断期或医学观察期内的；

2. 因为俱乐部工作而患有足球职业伤病或因工负伤，在合同期内的；

3. 患病或负伤，在规定医疗期内的。

（六）合同期满或当事人约定的合同终止条件具备，合同自动终止。

（七）合同终止或解除后的赔偿或补偿金额，除双方另有约定外，应按国际足联、亚足联和中国足协的相关规定执行。

第二十条　争议处理

（一）合同双方在履行合同过程中发生争议时，由双方协商解决。

（二）合同双方不能协商解决时，应向中国足球协会仲裁委员会申请仲裁，中国足球协会仲裁委员会的裁决为最终裁决。

第五章　合同的程序要求

第二十一条　由甲方将合同内容起草完毕后，将该合同草案与乙方进行协商；经协商对所有合同条款达成一致后，由双方在正式场合各自在合同每一页上签字、按指纹、盖章，甲方应加盖骑缝章。

第二十二条　合同至少一式三份，内容一致。三份复式合同具有同等法律效力。

第二十三条　合同中应包括合同签订时间及地点。如果一方是未成年人，其父母（监护人）须在合同上签字、按指纹。

第二十四条　双方可签订《补充协议》，其与俱乐部的各项规章制度均为合同的附件，合同附件须由双方按前述合同的规范确认，经签字、按指纹、盖章后，与合同一并提交中国足球协会备案。未备案部分，在中国足球协会管理的行业范围内，将不被承认和保护。

第二十五条　合同的变更须以书面方式进行。变更须提供变更理由的说明文件；变更合同规范以新的完整合同形式进行，不允许在原有合同上进行删改（除签名的笔迹外，内容中不允许出现手写改动部分），变更合同须报中国足协备案。

第二十六条 确认合同部分无效的，如果不影响其余部分的效力，其余部分仍然有效。

第二十七条 如出现涉外合同时，合同允许以多种语言签订，但须有中文文本合同（可中外文对照）。当多种语言合同文本出现不一致时，以中文文本为准。

第二十八条 在订立、签署和保存合同过程中，有关各方均负有严格、诚信和真实的义务和责任，绝不允许弄虚作假，凡经中国足协及有关法律部门确认的弄虚作假违规行为，中国足协纪律委员会有权依据《中国足球协会纪律准则》对涉嫌违规行为进行处罚。

第二十九条 合同保存与查询

合同各方应将合同原件作为重要法律文件予以保存；如因特殊情况出现合同原件丢失需要查询时，查询人或应出具由本人申请函加盖会员协会章及本人身份证原件；单位查询应出具单位公函。

第三十条 制式合同的参照

为便于俱乐部与球员、教练员、其他工作人员起草、签署合同，中国足协将提供“俱乐部工作合同”范本（附后），俱乐部可参照。

第三十一条 俱乐部教练员及其他工作人员

本《要求》主要针对俱乐部与球员订立工作合同的行为进行规范，涉及俱乐部与教练员及其他工作人员订立合同，请参照国家相关法律法规、足球行业有关规定及本《要求》中的可行部分内容执行。

第六章 附 则

第三十二条 本《要求》自下发之日起实施。

第三十三条 本《要求》由中国足球协会负责解释。中国足球协会可根据本《要求》的实施情况及国际足联、亚足联和中国足协的最新规定对其进行修正。

中国足球协会裁判管理办法实施细则

（2016年）

第一章 总 则

第一条 为保证足球竞赛公平、公正、有序进行，规范足球裁判员资格认证、培训、考核、注册、选派、处罚等监督管理工作，加强中国足球协会裁判队伍的建设，保证足球比赛公正有序进行，根据《体育竞赛裁判员管理办法》（国家体育总局第21号令）、《中国足球协会章程》、《国际足联章程》等文件制定本实施细则。

第二条 足球裁判员实行分级认证、分级注册、分级管理。

第三条 国家体育总局（以下简称“体育总局”）对在我国（不含香港、澳门特别行政区及台湾地区）足球项目裁判员的管理工作进行监管。各级政府体育主管部门负责本地区相应等级足球裁判员的监督管理工作。

第四条 中国足球协会（以下简称“中国足协”）和各级地方足球协会负责本地区相应技术等级裁判员的资格认证、培训、考核、注册、选派、处罚等（以下简称“技术等级认证”）监督管理工作。本《实施细则》中的“裁判员”仅指十一人制足球裁判员。

第五条 足球裁判员的技术等级分为国家级、一级、二级、三级。获得国际足联有关裁判技术等级认证者，统称为国际级裁判员。

第六条 中国足协负责我国国际级足球裁判员的注册、推荐和日常管理工作，并对国际级裁判员在中国足协举办赛事中的执裁工作进行监管。

第七条 中国足协全面负责对各级足球裁判员的技术等级认证等工作的管理，具体负责对国家级裁判员的技术等级认证等管理工作；负责对国际级裁判员的推荐和日常管理工作，并对国际级裁判员在中国足协举办的执裁工作进行监管；对一级（含）以下裁判员的技术等级认证等工作进行管理和业务指导。

第八条 在中国足协注册的省、自治区、直辖市会员足球协会和重点城市会员足球协会，可负责本地区足球项目一级（含）以下裁判员的技术等级认证等管理工作。在中国足协会员协会注册的地（市）、县级的足球协会，可负责本地区足球项目二级、三级裁判员的技术等级认证等管理工作。

第九条 地方足球协会组织不健全的，可由相应的地方政府体育主管部门按照本办法的相关规定，组织本地区足球项目裁判员的技术等级培训和监督管理工作，并向本地区上一级足球协会进行裁判员技术等级认证申请。

第十条 符合足球项目一级（含）以下裁判员技术等级认证条件的解放军体育主管部门、全国性行业体育协会和体育专业高等院校可负责本系统、本单位足球项目的一级（含）以下裁判员的技术等级认证等管理工作。

第二章 裁判委员会

第十一条 中国足协成立裁判委员会（以下简称“裁委会”）。裁委会在中国足协领导下，具体负责足球项目裁判员的技术等级认证等监督管理工作。

第十二条 裁委会由中国足协执委会审议批准。裁委会成员组成结构和产生办法另行制定。中国足协会员协会及以下各级协会应遵照中国足协相关规定组建裁委会。

第十三条 中国足协裁委会负责制定足球裁判员发展规划；制定裁判员管理的相关规定和实施细则；组织裁判员培训、考核；国家级裁判员技术等级认证、注册；对足球裁判员的奖惩提出意见；翻译并执行国际足球竞赛规则和裁判法，研究制定国内足球竞赛规则和裁判法的补充规定。

第十四条 中国足协会员协会及以下各级协会裁委会负责制定本地区足球裁判员发展规划；制定本地区裁判员管理的相关规定和实施细则；组织相关等级裁判员培训、考核及技术等级认证。

第十五条 在中国足协注册的省、自治区、直辖市会员足球协会和重点城市会员足球协会，应当结合本地区足球运动开展情况参照本章的规定成立裁委会。裁委会名单应当向中国足协备案，并向社会公布。

进行二级、三级裁判员技术等级认证等管理工作的地（市）、县级别的足球协会，也应参照本章规定成立裁委会，裁委会名单向上一级地方足球协会备案，并向社会公布。

进行一级（含以下）裁判员技术等级认证等管理工作的解放军体育主管部门、全国性行业体育协会和体育专业高等院校应当参照本章的规定成立裁委会。裁委会名单须向中国足协备案，并向社会公布。

第三章　裁判员技术等级认证

第十六条　足球裁判员的技术等级分为国际级、国家级、一级、二级和三级；国际级裁判分为国际级裁判员与国际级助理裁判员。申报各级裁判员必须严格遵守国际足联和中国足协技术等级认证制度规定。

第十七条　足球裁判员技术等级认证考核内容分为：竞赛规则、临场执裁、专项体能及英语水平等。另外，裁判员还将接受职业道德等方面的考察。

第十八条　三级裁判员技术等级认证标准：年满 16 周岁中国公民，掌握并能正确运用足球竞赛规则，能够任裁判工作。三级裁判员由中国足协会员协会下一级协会（或经授权有相应资质的单位）培训、考核和审批。考核内容应包括竞赛规则、临场执裁、专项体能。审批后由中国足协会员协会下一级协会（或经授权有相应资质的单位）报中国足协会员协会备案。

第十九条　二级裁判员技术等级认证标准：熟悉足球竞赛规则和裁判法，能够比较准确运用，具有一定的裁判工作经验；获得三级裁判员资格至少满 1 年，在中国足协会员协会下一级协会组织的比赛中担任裁判员工作不少于 15 场。二级裁判员由中国足协会员协会下一级协会（或经授权有相应资质的单位）培训、考核和审批。考核内容应包括竞赛规则、临场执裁、专项体能。审批后由中国足协会员协会下一级协会（或经授权有相应资质的单位）报中国足协会员协会备案。

第二十条　一级裁判员技术等级认证标准：熟练掌握、运用足球竞赛规则和裁判法，具有一定临场执法经验和组织足球竞赛裁判工作的能力；获得二级裁判员资格至少满 1 年；在中国足协会员协会组织的男子或女子 U16 以上级别（含）比赛中担任裁判员不少于 15 场；有至少 2 名中国足协会员协会裁判监督或裁判讲师对其裁判水平的评估和推荐。一级裁判员由中国足协会员协会（或经授权有相应资质的单位）培训、考核和审批。参加培训总课时应不少于24小时，培训班讲师、教材需经中国足协认可。一级裁判员考核内容应包括竞赛规则、临场执裁、专项体能和英语水平。通过审批后应由中国足协会员协会（或经授权有相应资质的单位）报中国足协备案。

第二十一条 国家级裁判员技术等级认证标准：精通足球竞赛规则和裁判法，并能准确、熟练运用；具有较高的裁判理论水平和较丰富的实践经验，具有组织足球竞赛裁判工作的能力，具有较高的裁判理论水平和较丰富执裁全国性比赛的经验，能够独立组织和执裁足球竞赛的裁判工作；获得一级裁判资格至少满1年；在中国足协会员协会组织的男子和女子U16以上级别（含）比赛中担任裁判员不少于15场；经中国足协会员协会推荐参加中国足协组织的预备国家级裁判员培训班，培训班考核内容应包括竞赛规则、临场执裁、专项体能、英语水平。通过考核后至少满1年，并且在中国足协组织的各级全国U系列比赛中担任裁判员不少于15场或担任助理裁判员不少于20场，中国足协可择优批准为国家级裁判员。

第二十二条 精通足球竞赛规则和裁判法，并能准确、熟练运用；具有较高的裁判理论水平和丰富的实践经验，具有较强组织足球竞赛裁判工作的能力，掌握足球竞赛编排方法；原则上执法中国足协全国男子或女子足球顶级联赛至少满2年（特别优秀的裁判员可酌情适当降低年限），并符合国际足联相关条件的国家级裁判员，可由中国足协裁委会向国际足联推荐，经国际足联批准后，成为下一年度的国际级裁判员或国际级助理裁判员。

第二十三条 中国足协负责制定和审批各技术等级裁判员培训、考核和技术等级认证的具体标准，以及申报国际级裁判员人选的考核推荐办法，具体标准和考核推荐办法须经公布后执行。

第二十四条 负责一级（含）以下的足球裁判员技术等级认证的各级足球协会及单位，不得跨地区、跨系统、跨审批权限认证裁判员技术等级。

第二十五条 中国足协、中国足协会员协会、及符合足球项目一级（含）以下裁判员技术等级认证条件的解放军体育主管部门、全国性行业体育协会和体育专业高等院校可根据本地区开展足球裁判员技术等级认证的条件，组织一级（含）以下的裁判员技术等级认证等工作。

第二十六条 各级裁判员资格认证单位应当至少每两年举办一次裁判员技术等级认证考核。合格者可授予相应的裁判员技术等级称号。

第二十七条 不符合裁判员资格认证条件的各级体育主管部门或各级足球协会，不得对相应等级的裁判员进行技术等级认证等工作。

第二十八条 中国足协负责制作国家级裁判证书和胸徽。一级以下裁判证书和胸徽由中国足协指定的制造商生产，由审批相应技术等级的单位购买及颁发。

第四章 裁判员注册管理

第二十九条 裁判员实行注册管理制度。每年应注册 1 次，注册的有效期至下一次规定的注册日期之前。各级裁判员须按规定的时间参加注册，逾期按放弃注册处理。连续两次未经审批管理单位注册的裁判人员，其技术等级称号自动取消，裁判员证书失效。

第三十条 国际级、国家级裁判员按年度在中国足协进行注册，一级裁判员向中国足协进行备案。一级（含）以下裁判员注册可由各省、自治区、直辖市足球协会做出规定。注册时只能在一个会员协会进行注册登记，注册时须交纳注册费。

第三十一条 裁判人员由于工作调动或居住地变更，需更改注册协会（或授权的单位和组织），应征得原注册协会及转入协会同意。在中国足协注册的裁判人员更改注册会员协会，须由原注册协会及转人协会报中国足协备案。

第三十二条 中国足协和各级地方足球协会通过中国足协指定的相关信息化平台进行注册，建立裁判员注册信息库，并公布裁判员部分主要信息。

第三十三条 裁判员必须持有注册有效期内的相应裁判员技术等级证书，方能参加各级足球竞赛的执裁工作。

第五章 裁判员选派

第三十四条 全国性足球比赛的裁判员须由国际级、国家级及中国足协认可的具有相关比赛执裁资格的一级裁判员担任。

第三十五条 在国内举办的国际性足球比赛，应按照国际足联的要求选派裁判员；国际足联未对竞赛的裁判员技术等级做出要求的，应按中国足协相关规定选派裁判员。

第三十六条 中国足协选派裁判员参加全国性、国际性体育竞赛的裁判工作，应向裁判员注册单位通知备案。

第三十七条 由中国足协会员协会举办的足球比赛，裁判监督、裁判长、裁判员的选派条件，可由相应的地方足球协会做出规定。

第三十八条 全国性和地方性足球比赛的裁判员选派应当遵循以下原则：

（一）公开的原则。

（二）择优的原则。

（三）中立的原则。

（四）回避的原则。

（五）就近选派的原则。

第三十九条 参加全国综合运动会和全国性足球比赛的裁判员，由中国足协确定裁判员的选派条件、标准和程序，公开、公正进行选派。参加全国综合性运动会选派的裁判员，由体育总局统一公示名单。

第四十条 参加全国综合运动会和全国性足球比赛的临场裁判员的选派，中国足协应根据回避、中立或择优等原则进行。

第六章 裁判员权利和义务

第四十一条 各级裁判员享有以下权利：

（一）参加相应等级的足球比赛裁判工作。

（二）参加裁判员的学习和培训。

（三）监督本级裁委会的工作开展，对于不良现象进行举报。

（四）享受参加体育竞赛时的相关待遇。

（五）对做出的有关处罚，有申诉的权利。

第四十二条 各级裁判员应当承担下列义务：

（一）自觉遵守有关纪律和规定，廉洁自律，公正、公平执法。

（二）主动学习研究并熟练掌握运用足球竞赛规则和裁判法。

（三）主动参加培训，服从培训安排和指导培训其他裁判员。

（四）主动承担并参加各类裁判工作，主动配合有关部门组织相关情况调查。

（五）主动服从管理，并参加相应技术等级裁判员的注册。

第七章　裁判员考核和处罚

第四十三条　中国足协及其会员协会每年对本单位注册裁判员进行工作考核。各级比赛的裁判监督或裁判长，应对参加比赛裁判工作的裁判员进行相关考核，并向选派裁判员的足球协会裁委会反馈考核意见。

第四十四条　对违规违纪裁判员的处罚

处罚分为：警告、取消若干场次执裁资格；取消执裁资格 1～2 年；降低裁判员技术等级资格；撤销裁判员技术等级资格；终身禁止裁判员执裁资格。

第四十五条　中国足协、各地方足球协会负责对相应等级的违规违纪裁判员按照相关规定做出处罚。地方足球协会不健全的，由当地政府体育主管部门向上级足球协会提出处罚意见，由上级足球协会对违规违纪裁判员进行处罚。

第八章　附　则

第四十六条　本办法由中国足协裁委会负责解释和修改。

第四十七条　本办法自 2016 年 1 月 1 日起施行，原《中国足球协会裁判人员管理办法（暂行）》同时废止。

中国足球协会教练员培训管理规定（试行）

（2018）

定义

本规定中，若上下文无其他解释，下列词语的含义为：

亚足联：亚洲足球联合会。

中国足协：中国足球协会。

中国足协会员协会：按照《中国足球协会章程》被中国足协接受成为会员的地方足球协会、行业足球协会和其他足球组织。

教练员：指协调一系列训练活动，并采用专门系统的方法提高运动员和运动队竞赛水平的负责人。

教练员讲师：指有能力进行教练员教学工作的足球教练员，其既可以教授教练员学员，又可以进行教练员继续教育工作，教练员讲师也可称为讲师。

培训：指在规定学时内按照明确的学习内容，对足球理论、技术、技能和战术能力提高的过程。

证书：指颁发给通过亚足联或中国足协资格认证课程考核学员的证明文件。

执教执照：指对足球教练员执教资格有效时间的证明文件。

继续教育培训：指对已获得资格证书的教练员继续学习提高的教育行为。

第一章 总 则

第一条 为加强中国足球教练员队伍建设，扩大教练员人口，提升教练员水平，充分发挥中国足协在教练员培养中的引领作用和会员协会、高等院校在教练员培养中的推广和推动作用，依据《中国足球协会章程》，特制定本规定。

第二条 中国足协管辖范围内的足球教练员按照本规定执行。

第二章 培训体系介绍

第三条 培训的管理机构

中国足协是负责教练员各级各类培训（等级培训、专项培训和继续教育培训等）的最高管理机构，负责公布中国足协及会员协会、高等院校举办培训和继续教育培训以及执教执照颁发的标准，并对会员协会、高等院校培训工作的执行情况进行指导和监督。

第四条 教练员证书

足球教练员按照中国足协相关规定，经培训并考试合格后方可获得教练员证书。证书等级的考取从 D 级开始逐级向上一等级进阶。

第五条 教练员执教执照

学员完成培训课程并通过考试，即可获得相应等级的教练员证书和执教执照。为保证执教资质的有效性，按照中国足协的规定，教练员须每年在属地会员协会注册，通过定期参加继续教育培训，在执教执照有效期内，以完成规定学时继续教育培训的方式延长执照有效期。持有效执教执照的教练员才具备继续申请更高等级培训的资格。

第六条 教练员培训课程

按照亚足联培训政策，中国足协举办如下教练员培训班：

亚足联 - 中国足协职业级教练员培训班（含继续教育培训）；

亚足联 - 中国足协 A 级教练员培训班（含继续教育培训）；

亚足联 - 中国足协 B 级教练员培训班（含继续教育培训）；

亚足联 - 中国足协 C 级教练员培训班（含继续教育培训）；

中国足协 D 级教练员培训班（含继续教育培训）；

亚足联 - 中国足协体能教练员培训班；

亚足联 - 中国足协守门员 LI 教练员培训班；

亚足联 - 中国足协守门员 L2 教练员培训班；

亚足联 - 中国足协守门员 L3 教练员培训班；

亚足联 - 中国足协五人制 LI 教练员培训班；

亚足联 - 中国足协五人制 L2 教练员培训班；

亚足联 - 中国足协五人制 L3 教练员培训班。

第七条 培训的主办机构

按照分级管理模式，中国足协主办的等级培训是：

职业级教练员培训和继续教育培训；

A 级教练员培训和继续教育培训；

B 级教练员培训和继续教育培训；

C 级教练员培训和继续教育培训。

经中国足协授权，会员协会主办的等级培训是：

D 级教练员培训和继续教育培训。

经中国足协授权，具有招收足球专业学生资质的高等院校（以下简称高等院校），在属地会员协会报备后可以主办的等级培训是：

本校在校足球专业学生 D 级教练员培训。

第八条 培训主办方需设立培训部门，健全培训管理制度，明确培训主管。培训主管负责执行培训标准以及执教执照的颁发。

第三章 培训要求

第九条 D 级教练员培训

一、授课对象

原则上 D 级培训所培养教练员教授群体是 U8 少年儿童。

二、课时数和申请年龄

原则上 D 级培训是包含考核在内的 56 学时授课。申请者必须年满 18 周岁。

三、申请材料

（一）包含运动经历和教育经历在内的个人简历；

（二）通过会员协会选拔性测试或培训；

（三）二级甲等及以上医院健康证明原件（在 6 个月有效期内）和有效的人身意外保险；

（四）个人近期正面免冠 2 寸彩色白底照片 2 张。

四、培训后应具备的能力

（一）初步掌握少年儿童足球教学原则、方针和方法；

（二）具有初步教授少年儿童进行足球训练、比赛的能力；

（三）具有初步组织少年儿童进行小型足球活动（比如组织举办校园内的小型足球节）的能力。

第十条 C 级教练员培训

一、授课对象

原则上 C 级培训所培养教练员教授群体是 U9 – U12 少年儿童。

二、课时数

原则上 C 级培训是包含考核在内的 96 学时授课。

三、申请材料

（一）包含运动经历和教育经历在内的个人简历；

（二）中国足协会员协会的推荐证明；

（三）二级甲等及以上医院健康证明原件（在6个月有效期内）和有效的人身意外保险；

（四）个人近期正面免冠2寸彩色白底照片2张；

（五）持有中国足协D级教练员证书满12个月并执照在有效期内。

四、培训后应具备的能力

（一）具有初步组织少年儿童进行足球训练、比赛的能力；

（二）具有改进个人基本技术、个人及小组基本战术的能力；

（三）具有带领球队备战比赛，在比赛中指导球队的能力；

（四）具有正面影响球员个性发展（特点、社会性、水平提升的动机）的能力。

第十一条 B级教练员培训

一、授课对象

原则上B级培训所培养教练员教授群体是U13－U16青少年和业余球员。

二、课时数

原则上B级培训包含考核在内的144学时授课。

三、申请材料

（一）包含运动经历和教育经历在内的个人简历；

（二）中国足协会员协会的推荐证明；

（三）二级甲等及以上医院健康证明原件（在6个月有效期内）和有效的人身意外保险；

（四）个人近期正面免冠2寸彩色白底照片2张；

（五）持有中国足协C级教练员证书满12个月并执照在有效期内。

四、培训后应具备的能力

（一）具有对于青少年后备球员个体水平的详细分析能力；

（二）具有根据不同的能力和年龄组，进行日常技战术学习的进程和调控的能力；

（三）具有构建进攻和防守阵型策略的能力；

（四）具有传授球员正确提升水平方法的能力；

（五）具有对于青少年球员在足球学习以及足球之外等方面进行全面辅导的能力。

第十二条 A 级教练员培训

一、授课对象

原则上 A 级培训所培养教练员教授群体是 U17 及以上的精英青少年和顶级业余球员。

二、课时数

原则上 A 级培训包含考核在内的 192 学时的授课。

三、申请材料

（一）包含运动经历和教育经历在内的个人简历；

（二）中国足协会员协会的推荐证明；

（三）二级甲等及以上医院健康证明原件（在 6 个月有效期内）和有效的人身意外保险；

（四）个人近期正面免冠 2 寸彩色白底照片 2 张；

（五）持有中国足协 B 级教练员证书满 12 个月并执照在有效期内。

四、培训后学员应具备的能力

（一）具有分析队伍技战术、规划队伍组建方案的能

力；

（二）具有灵活调整战术方案和满足队伍当前比赛需求的能力；

（三）具有带领球员和球队提升认知心理层面的能力；

（四）具有解决队伍内部问题和冲突的处理能力。

第十三条 职业级教练员培训

一、授课对象

原则上职业级培训所培养教练员教授群体是职业俱乐部的职业球员。

二、课时数

原则上职业级培训包含考核在内的不少于 480 学时的授课。

三、申请材料：

（一）包含运动经历和教育经历在内的个人简历；

（二）中国足协会员协会的推荐证明；

（三）二级甲等及以上医院健康证明原件（在6个月有效期内）和有效的人身意外保险；

（四）个人近期正面免冠2寸彩色白底照片2张；

（五）持有中国足协A级教练员证书满12个月并执照在有效期内。

四、培训后学员应具备的能力

（一）具有对当前高水平足球需求和发展趋势的认知能力；

（三）具有基于不同的、完美化的比赛方案和基本阵型，构建不同战术变化的能力；

（四）具有使用牢固的心理学方式提升球员和球队整体主动性的能力；

（五）具有在任何情况下作为代表在媒体前展示正面形象的能力；

（六）具有对于教练员培训内容的清晰认知，以及带有新想法、计划补充的能力。

第十四条 守门员教练员培训（按照亚足联相关规定执行）

一、课时数

按照亚足联培训规定，守门员培训分为L1、L2、L3共计三个等级。三个级别的授课时间是，L1为40学时，L2为65学时，L3为70学时。

二、申请条件

（一）申请L1培训班的条件为，获得C级执教执照至少满12个月并执照在有效期内，以及递交包含运动经历在内的个人简历；

（二）申请L2培训班的条件为，获得L1执教执照并执照在有效期内，至少24个月带队经验；

（三）申请L3培训班的条件为，获得L2执教执照并执照在有效期内，至少24个月带队经验；

（四）包含运动经历和教育经历在内的个人简历；

（五）中国足协会员协会的推荐证明；

（六）二级甲等及以上医院健康证明原件（在6个月有效期内）和有效的人身意外保险。

（七）个人近期正面免冠2寸彩色白底照片2张。

第十五条 体能教练员培训（按照亚足联相关规定执行）

一、课时数

按照亚足联培训规定，体能教练员培训为60学时。

二、申请条件

（一）获得B级执教执照至少满12个月并执照在有效期内；

（二）包含运动经历和教育经历在内的个人简历；

（三）中国足协会员协会的推荐证明；

（四）二级甲等及以上医院健康证明原件（在6个月有效期内）和有效的人身意外保险；

（五）个人近期正面免冠2寸彩色白底照片2张。

第十六条 快速培训通道（2018年暂不执行）

一、身份的鉴定

对于可进入快速培训通道的学员定义如下：

（一）高水平球员

代表国家一队参加亚洲及以上级别正式赛事的18岁以上球员。

（二）职业球员

参加中超联赛、中甲联赛、女超联赛、女甲联赛一线队赛事5年及以上的球员。

（三）特殊认可

由中国足协技术委员会认定的其他情况。

（四）对进入快速培训通道的每一个学员的认定均视为独立的事件。

二、快速培训通道

满足条件的运动员，无论是现役还是退役，均可提出进入快速培训通道的申请。

（一）D－C－B教练员培训连读课程：由中国足协制定的特殊课程培训；

（二）B－A教练员培训连读课程：由中国足协制定并经亚足联批准的特殊课程培训。

三、经历快速通道培训的学员

（一）完成D－C－B连读课程并取得证书的学员必须从事至少24周18

岁以下青训工作后，可申请 A 级教练员培训；

（二）完成 B - A 连读课程并取得证书的学员必须从事至少 24 周 18 岁以下青训工作后，可申请职业级教练员培训；

（三）18 岁以下青训工作包括但不限于男、女足基层、俱乐部、青训中心、国字号青少年队伍工作。

第四章　培训基本规定

第十七条　申请材料

一、学员必须在材料受理截止日之前递交完整的申请材料，培训班举办方负责申请材料的受理。

二、对于所有培训班录取通知书发放，需要满足的基本前提条件为：

（一）包含运动经历和教育经历在内的个人简历；

（二）中国足协会员协会的推荐证明；

（三）有效的执教执照或相应的证明；

（四）二级甲等及以上医院健康证明原件（在 6 个月有效期内）和有效的人身意外保险；

（五）个人近期正面免冠 2 寸彩色白色照片 2 张。

第十八条　筛选程序

一、报名截止日前递交完整的申请材料。

二、当出现申请者数量超过所能提供的培训名额时，根据申请者的运动经历和执教经历择优录取。

三、拒绝发放录取通知的原因：

申请者在未能给予足够说服力的情况下，获得培训班学习资格的申请者没有参加培训班或者没有按时支付申报培训班的学费，一个自然年内不具备再次申请参加同级别培训班的资格。

第十九条　申请资格的特殊情况

当教练员带领球队升入高一个等级的联赛，按照规定教练员需要具备高一个等级联赛对于执教资质的要求，若教练员根据需要提出参加相应等级培训申请的情况下，其具有优先获得录取资格的权利。

比如，当具有 A 级执教执照的教练员带领队伍升入上一个等级的联赛，中国足协提供给参加相应等级培训的资格以保证其可以具有参加相应等级（例如职业级）培训班。该教练员获得此学习资格后，其具有作为主要负责人带领球队参

加上一级别联赛的资格。当出现此学员终止其在培训班的学习或者基于特殊的原因未能完成培训的情况，则失去此资格。

第二十条 基本组织要求

一、各级各类培训班都应纳入中国足协年度培训计划，培训班在开办之前D级提前30天、C级及以上的至少提前45天公布招生通知。

二、理论和实践课场地应满足中国足协公布的培训管理最低标准，具体要求参见附件。

三、每期培训班录取学员人数至少18人，不超过24人。

四、每期培训班均需要明确培训主管及协调员，其负责协调处理培训班组织管理事宜及执行监督学员的考评工作。

五、培训班理论和实践考核过程需要全程视频录像，培训班结束后承办方需将视频资料保存至少4年时间。

第二十一条 培训考核

一、中国足协会员协会和高等院校负责D级教练员培训课程考核的监管工作，讲师和会员协会（或高等院校）培训主管必须负责课程考核的监管工作。每一年度D级教练员培训课程的举办方必须公布培训考核成绩，考试成绩必须有讲师、培训主管及会员协会副秘书长或秘书长（或高等院校负责人）3人签名。

二、中国足协负责委派C级、B级、A级和职业级教练员培训课程考核的人员。

三、所有培训考核，均应按照中国足协等级教练员培训办法及大纲内容要求进行考核。形式为理论考核、实践考核、课外实践作业等。

四、对于考试成绩无效性的认定

如果学员在考试中采取欺骗的方式或者采用不被允许的方式影响考试结果，一经查实，中国足协将对考试结果作无效处理。

第二十二条 考勤规定

一、培训班原则上要求学员在课程培训期间必须达到100%出勤率。

二、如果学员确实存在特殊情况，在已出具书面说明的情况下，允许最多缺勤10%授课内容，并在6个月内一次性完成重修部分。

第二十三条 课程收费

一、中国足协确定各级各类别培训班的培训费用（含服装费），食宿费用由会员协会根据实际情况参照《中央和国家机关培训费管理办法》自行决定收费标准。

二、学员必须按照规定的期限在培训班开始之前支付费用。完全缴纳费用是学员参加培训和考核的前提。

第五章 执教执照

第二十四条 执教执照等级

中国足协教练员执教执照分为职业级、A级、B级、C级和D级。中国足协负责颁发职业级、A级、B级、C级教练员执教执照，中国足协会员协会负责颁发D级教练员执教执照。

第二十五条 执教执照资质

从职业级至D级执教执照的持有者，具有如下资质：

队伍等级	执教执照等级				
	P	A	B	C	D
国字号（成年和U系列）主教练 中超、中甲、女超、女甲主教练 中超、中甲俱乐部技术总监 中超俱乐部青训总监 全运会队（男、女）主教练	×				
国字号（成年和U系列）助理教练 中超、中甲、女超、女甲助理教练 中甲俱乐部青训总监 中乙主教练 全运会队（男、女）助理教练		×			

续表

队伍等级	执教执照等级				
	P	A	B	C	D
中乙助理教练			×		
中超、中甲、中乙、女超、女甲 U16 及以上梯队主教练		×			
中超、中甲、中乙、女超、女甲 U16 及以上梯队助理教练			×		
中超、中甲、中乙、女超、女甲 U15 及以下梯队主教练			×		
中超、中甲、中乙、女超、女甲 U15 及以下梯队助理教练				×	

一、D 级执教执照

会员协会根据各自实际情况，确定持有 D 级执教执照的教练员参加会员协会及其下属会员协会所举办赛事的执教资质。

二、C 级执教执照

持有 C 级执教执照的教练员除具有 D 级执教执照的资质之外，还可获得作为助理教练执教中超、中甲、中乙、女超、女甲 U15 及以下梯队资格。

三、B 级执教执照

持有 B 级执教执照的教练员除具有 C 级执教执照的资质之外，还可获得作为助理教练执教中乙比赛的队伍，作为助理教练执教中超、中甲、中乙、女超、女甲 U16 及以上梯队，作为主教练执教中超、中甲、中乙、女超、女甲 U15 及以下梯队资格。

四、A 级执教执照

持有 A 级执教执照的教练员除具有 B 级执教执照的资质之外，还可获得作为助理教练执教国字号队伍（成年和 U 系列），作为助理教练执教中超、中甲、女超、女甲队伍，作为主教练执教中乙队伍，作为主教练执教中超、中甲、中乙、女超、女甲 U16 及以上梯队队伍，作为中甲俱乐部、各青训中心青训总监，作为助理教练执教全运会队伍资格。

五、职业级执教执照

持有职业级执教执照的教练员除具有 A 级执教执照的资质之外，还可获得作为主教练执教国字号队伍，作为主教练执教中超、中甲、女超、女甲的队伍，作为中超、中甲俱乐部技术总监，作为中超俱乐部青训总监，作为主教练执教全运会参赛队资格。

第二十六条　执教执照颁发

中国足协负责颁发职业级、A 级、B 级和 C 级教练员执教执照，会员协会负责颁发 D 级教练员执教执照。中国足协和会员协会均需要确定 1 名负责执教执照颁发的专职人员，执教执照颁发负责人执行中国足协及会员协会培训工作的质量标准。

第二十七条　执教执照有效期

中国足协教练员执教执照（C 级、B 级、A 级、职业级）颁发的有效期均为 3 年，执教执照延长的期限为 3 年。执教执照自颁发之日起，至第 3 个自然年 12 月 31 日止（比如，2017 年 8 月 1 日颁发的执教执照，有效期至 2020 年 12 月 31 日）。

D 级教练员执教执照第一次颁发的有效期为 4 年，执教执照自颁发之日起，至第 4 个自然年 12 月 31 日止（比如，2017 年 8 月 1 日颁发的执教执照，有效期至 2021 年 12 月 31 日）。此后接受完成继续教育培训后执教执照延长的期限为 3 年。

第二十八条　执教执照延长

一、对于执教执照的延长，申请者必须满足完成相应级别的继续教育培训活动（参加一个继续教育培训日活动可获得 8 个继续教育培训学时）。继续教育培训是针对申请者所能达到最高等级的培训，若申请者延长了其所持有最高等级的执教执照，其所持有最高等级之下的所有等级执教的资质将自动延长。

二、在规定的延长期限内未提出申请，执教执照必须重新申请。对于超过执教执照有效期限的签发，需要完成相应等级执教执照所需继续教育培训的学时。

第二十九条 执教执照暂停

执教执照持有者未能完成相应等级规定的继续培训学时，中国足协或中国足协会员协会有权做出暂停其教练员执教执照资质的决定。

第三十条 执教执照取消

执教执照持有者如违反国家相关法律法规和中国足协相关规定，一经查实，中国足协或中国足协会员协会视情况可做出取消其教练员执教执照资质的决定。

第三十一条 执教执照费用

对于执教执照的颁发和换发（补发），中国足协及会员协会收取相应的成本费用。

第三十二条 对于国外执教执照的认可

充分考虑到教练员执教执照相互认可的国际惯例，中国足协开展对于国际教练员执教执照的认可工作。其他国家级协会颁发的教练员执教执照的持有者需向中国足协提出申请，中国足协确定是否承认其他等值的培训或足球方面的课程。对于国外教练员等级证书及执教执照的每一个认定均视为独立的事件。

第六章 继续教育培训

第三十三条 继续教育培训目标

为能够保持了解最新前沿知识，每一名教练员都需要定期参加继续教育培训。教练员的执教执照都有特定的期限，教练员需要参加继续教育培训以保证其持有的执教资质的有效性。

第三十四条 继续教育培训对象继续教育培训的对象为中国足协各等级执教执照的持有者。

第三十五条 继续教育培训课程

按照亚足联培训政策，中国足协举办如下教练员继续教育培训班：

亚足联－中国足协职业级教练员继续教育培训班；

亚足联－中国足协 A 级教练员继续教育培训班；

亚足联－中国足协 B 级教练员继续教育培训班；

亚足联－中国足协 C 级教练员继续教育培训班。

中国足协会员协会举办中国足协D级教练员继续教育培训班。

体能、守门员、五人制相应等级的继续教育培训班均由中国足协统筹安排。

第三十六条 继续教育培训形式继续教育培训采取多种形式，如集中授课培训、研讨会、讲座、大会等方式。

第三十七条 继续教育培训学时继续教育培训课程学时要求如下表：

执教执照等级	所需学时
D级	40学时/3年
C级	40学时/3年
B级	40学时/3年
A级	60学时/3年
职业级	60学时/3年

每完成一个继续教育培训日的课程可获得8个继续教育培训学时（完成半天继续培训课程按4个学时计算）。

第三十八条 参加继续教育培训申请

一、持有效执教执照是报名参加继续教育培训的前提，继续教育培训举办单位负责受理申请材料。

二、举办方根据报名情况组织安排继续教育培训课程。

第三十九条 继续教育培训班基本组织流程

一、每期继续教育培训班应为中国足协年度培训计划内培训工作，在开班之前至少45天公布招生通知。

二、理论和实践课场地应满足中国足协公布的培训管理最低标准。

三、每一期继续教育培训班均需要明确培训主管或协调员，负责协调处理培训班事宜及执行监督学员的考评工作。

第四十条 继续教育培训考核

中国足协以及会员协会负责其举办的教练员继续教育培训的考核工作。D级教练员继续教育培训由中国足协会员协会负责，C级、B级、A级、职业级教练员的继续教育培训由中国足协负责。

第四十一条 继续教育培训考勤规定

继续教育培训班原则上要求学员达到100%出勤率。

第七章 附则

第四十二条 本规定由中国足协负责解释，自下发之日起实施。附件为本规定的组成部分，与正文具有同等效力。本规定实施后，中国足协可根据实施情况或亚足联相关规定对其进行修正。

附件：

中国足球协会教练员培训设施标准

一、理论授课教室

（一）理论授课教室教学设备标准

1、一台投影仪；

2、一副战术板（至少长60cm、宽45cm）；

3、一副白板；

4、一套音响设备。

（二）理论授课教室教学空间标准

1、授课教室的照明设备应为日光灯；

2、授课教室应配备良好的通风设施；

3、桌椅数量满足至少30人授课需求；

4、平均每名学员有五平米的空间，教室的空间可支持两个小组同时进行专题研讨。

二、实践课场地标准

（一）实践课教学器材标准

1、四十件不同颜色的对抗服（4种颜色×10件）；

2、五十个标志桶（3种不同颜色共计50个）；

3、四十个标志盘（3种不同颜色共计40个）；

4、十个标志杆（高1米）；

5、二十五个标准5号球；

6、二个充气筒；

7、三个球袋；

8、一个冰桶；

9、五个小跨栏（高40厘米）；

10、一副战术板（至少长60cm、宽45cm）

（二）实践课教学场地标准

1、一块天然草（C级、D级培训可用人工草）标准足球场；

2、二个可移动的标准足球门（7.32×2.44米）；

3、一座通风和照明条件良好的室内多功能运动馆。

中国足球协会球员代理人管理规定

（2018年）

第一章 总 则

第一条 为规范球员转会活动中的代理行为，保障球员、足球俱乐部、球员代理人（以下简称“代理人”）和中国足球协会会员协会（以下简称“会员协会”）的合法权益，根据《国际足联代理人规程》的有关规定以及《国际足联章程》和《中国足球协会章程》的基本原则，制定本规定。

第二条 本规定适用于在中国足球协会（以下简称“中国足协”）管辖范围内，从事与球员代理活动有关的代理人、球员、足球俱乐部。

本规定所称代理人，是指收取费用或免费代表球员或俱乐部为达成并签署转会协议或签订工作合同而进行谈判的自然人或法人。

第三条 本办法对代理人向俱乐部介绍球员进行签约、续约，或者介绍两家足球俱乐部签订球员转会协议的行为进行规范。

第四条 代理人提供本规定第三条代理行为之外的其他服务，包括对球队管理和教练员等人的服务不属于本规定管理范围。

第五条 代理人应当忠于宪法、法律以及足球行业各项规则规定，恪守职业道德和执业纪律。

代理人应当诚实守信、勤勉尽责，维护委托人合法权益，维护转会市场的公平和正义。

代理人应当践行以爱岗敬业、诚实守信、办事公道、服务群众、奉献社会为主要内容的社会主义职业道德观。

第六条 代理人实行资格证管理制度。

1. 对于自然人，应取得中国足协颁发的“中国足球协会球员代理人资格证”（以下简称“资格证”）方可从事球员代理活动。

2. 对于法人，其法人代表或至少一名雇员应取得中国足协颁发的“资格证”方可从事球员代理活动。

通过与自然人代理人签署劳动合同的方式而成为法人代理人的，应当在与自然人代理人的劳动合同到期前一个月内将新的劳动合同提交至中国足协，如劳动合同到期后不续约或提前终止劳动合同的，须将离职证明或解约协议提交至中国足协，相关文件上须有双方签字。若法人不再与任何自然人代理人具有有效期内的劳动合同，则该法人代理人自动失去从事代理活动的资格。自然人代理人不得同时与两家及以上的法人签署劳动合同。

第七条 中国足协是球员代理活动的管理机构，负责接收并审核经会员协会初审的代理人资格证申请，组织培训和考试，实施代理人的注册管理、证书暂扣、吊销以及处罚等。

第八条 在选择和聘用代理人的过程中，球员和俱乐部应谨慎行事。球员和俱乐部可进行尝试性合作，确保代理人在正式签署相关声明以及代理协议后有效地维护协议的严肃性和执行协议的稳定性。尝试性合作期不得超过半年，同时双方也应签署尝试性合作备忘录。

第九条 如果球员和俱乐部未使用代理人的服务，须在球员转会协议、工作合同等文件中载明。

第十条 每一名球员在一个代理协议有效期周期内只能委托一名代理人办理相关转会工作，在与另一名代理人建立委托关系之前应当解除前一名代理人的委托关系。在三年内委托代理人的数额总数最多不能超过三名代理人。代理人应具有中国足协注册代理人资质，代理授权有效期最长为两年。如期间代理人未能通过中国足协代理人考核并完成注册，代理授权则自动失效。球员同时授权多名代理人的，一经核实，将提交纪律委员会进行严肃处理。

第二章 代理人的申请、考试与注册

第十一条 拥有中华人民共和国国籍的代理人资格证申请人（持有中

国大陆地区护照），应当符合以下条件：

（一）年满18周岁并具有完全民事行为能力。

（二）取得大学本科或以上学历。

（三）未在行业处罚期内（足球行业或与其经营活动相关的行业）。

（四）经本人所在地（户籍所在地或工作服务单位所在地）中国足协会员协会初审合格。

（五）未在国际足联、亚足联、中国足协、中国足协会员协会、足球俱乐部或与上述机构有关联关系的组织中任职或兼职。（代理人取得代理资质后的整个代理期内应严格遵守此项规定）。

（六）本人承诺遵守中国法律、国际足联、亚足联以及中国足协的章程和有关规定，并签署《中国足球协会球员代理人承诺书》（见附件一，以下简称“承诺书”）。

第十二条　中国足协负责对申请人是否符合条件进行最终审核，并对符合条件者进行培训和资格考试。培训与考试定期举行，考试日期、地点及相关要求将以相关通知为准。

第十三条　代理人资格考试的方式和题目由中国足协确定。考试形式为闭卷笔试，包括多项选择、填空、简答、翻译等，考试内容主要包括如下方面：

（一）现行国际足联、亚足联及中国足协章程、相关规则及规定等，其中以注册、球员身份及转会、代理人规定相关内容为考核重点。

（二）国家相关法律、法规知识。

（三）外语能力。

第十四条　考试未通过者，再次申请参加考试。考试违规和作弊、提供虚假材料者，三年内不得再次申请参加考试。累犯者终身取消考试资格。

第十五条　通过考试的申请人按如下程序在中国足协进行注册：

（一）自然人代理人注册

1. 到本人所在地（须与提交培训报名资料时一致）中国足协会员协会进行注册初审：

提交《中国足球协会球员代理人注册表》（见附件二，以下简称“注册表”）、身份证原件和复印件、工作服务处所证明（如需要）；

2. 向中国足协提交经初审合格的注册表、承诺书、身份证原件和复印件、缴纳保证金凭证及复印件。

（二）法人代理人注册

1. 法人代表本人到公司注册所在地中国足协会员协会进行注册初审：

提交注册表、承诺书、法人代表身份证原件和复印件、公司营业执照原件及复印件和《法人代理人公司员工名册》（见附件三）；

2. 向中国足协提交合格的注册表、承诺书、法人代表身份证原件和复印件、公司营业执照原件及复印件、所雇主要员工的信息资料。

第十六条 代理人管理实行保证金制度。自然人在中国足协注册时应在规定时间内向中国足协缴纳保证金20万元人民币，且本款项只能由自然人的本人账户向中国足协指定账户缴纳，不得由他人代缴。代理人自愿放弃或被终止代理人资格的，可书面申请退还保证金。

书面申请须写明申请退还的理由、详细的本人银行账户信息和个人签字，并同时退还代理人资格证。中国足协在收到代理人书面申请十二个月后将保证金退还至本人银行账户。代理人资格从提交书面申请之日起自动失效。

第十七条 完成注册的申请人将获得中国足协颁发的代理人资格证。

第十八条 资格证有效期为四年。有效期中每两年须参加一次中国足协组织的培训；不按要求参加培训的，资格证将被公布失效。

第十九条 被中国足协处以停止足球活动处罚的代理人将自动失去代理人资格，资格证将被公布失效。

第二十条 已取得代理人资格证的代理人进入国际足联、亚足联、中国足协、中国足协会员协会、足球俱乐部或与上述机构有关联关系的组织中任职或兼职工作后，无论是否获得报酬，须向本人所在地中国足协会员协会提交放弃代理人资格的申请，并报中国足协备案。

第三章 其他地区代理人注册、考试、发证

第二十一条 在中国境内从事球员代理活动的其他地区代理人（持有非中国大陆地区护照），包括已取得其他国家或地区（国际足联会员协会）有效代理人资格的代理人和未在其他协会取得有效资格的人员，均须在中

国足协进行注册并获得中国足协颁发的代理人资格证后方可在中国境内进行球员代理活动。

第二十二条 已取得其他国家或地区（国际足联会员协会）有效资格的代理人到中国足协办理注册手续时，应提交：

（一）护照原件及复印件，以及护照内签证页复印件，签证类型须为商务或工作签。

（二）代理人资格证书原件、复印件或证明材料。

（三）中国足球协会球员代理人注册表。

（四）签署承诺书。

（五）交纳代理人保证金20万元人民币。

第二十三条 未在其他协会取得有效资格的人员到中国足协办理注册时，应提交：

（一）护照原件及复印件（年满18周岁），以及护照内签证页复印件，签证类型须为商务或工作签。

（二）在中国从事球员代理活动的申请函。

（三）中国足球协会球员代理人注册表。

（四）参加中国足协组织的培训考试。

（五）签署承诺书。

（六）交纳代理人保证金20万元人民币。

（七）考试合格后给予注册并颁发资格证书。

第二十四条 被国际足联处以停止足球活动处罚的其他地区代理人将自动失去在中国足协的代理人资格，资格证将被公布失效。

第二十五条 代理人自愿放弃或被终止在中国的代理人资格的，可书面申请退还保证金。面申请须写明申请退还的理由、详细的本人银行账户信息和个人签字，并同时退还代理人资格证。中国足协在收到代理人书面申请十二个月后将保证金退还至本人银行账户。代理人资格从提交书面申请之日起自动失效。

第四章 代理协议和代理费

第二十六条 在球员代理活动中，代理人与球员、俱乐部必须签订有效的书面代理协议。如果球员未满 18 周岁，签订代理协议须经其监护人同意。

第二十七条 代理协议期限最长为两年，可在双方同意的情况下续约，但每次续约期限均不得超过两年。

第二十八条 代理协议应至少包含以下内容：各方姓名、法人单位名称、代理服务范围、协议起止时间、是否独家代理或指定代理、代理费用、付款方式、签订时间、终止规定、违约责任和争议解决等，并由各方签署确认。球员未满 18 周岁的，其本人和监护人须在代理协议上签署确认。

第二十九条 代理协议由双方签字并加盖公章或印指纹（个人）。代理人须在合同签署 15 天内，将代理合同送至中国足协备案。未按要求备案的将依规进行处罚。

第三十条 代理人和球员应在代理协议中约定代理费付款方式。如果球员及代理人决定以分期付款方式支付代理费，并且该代理人为球员所签订的工作合同期限长于球员与代理人之间所签的代理协议，那么代理人有权在与球员的代理协议终止或解除后（违约或者侵权除外）继续从该球员处获得代理费直到该球员与俱乐部的工作合同终止或解除。

第三十一条 球员代理人应得的代理费需以这个球员整个合同期内总收入为基础进行计算。根据国际足联的有关规定，结合国家相关法规、中国足球行业现状及未来发展等，执行如下标准：

（一）代表球员的代理人每笔交易应得代理费总额不应超过球员雇佣合同期内基本总收入的 10%。

（二）代表俱乐部签入球员的代理人每笔交易应得代理费总额不得超过球员雇佣合同期内基本总收入的 10%。

（三）代表俱乐部进行球员转会的代理人每笔交易应得代理费总额不得超过此次转会费的 10%。

（四）俱乐部应确保与转会有关的费用由一家俱乐部支付给另一家俱乐部，例如转会费、培训补偿或联合机制补偿等费用，绝不允许付给代理人，也不允许由代理人支付。这包括（但不限于）拥有任何转会补偿的分成或球员未来转会价值的分成。

（五）除本条（六）和（八）规定情况以外，应只由代理人的客户向代理人支付费用。

（六）在交易确定后，根据俱乐部与球员的协议，俱乐部可在获取球员书面同意后，代表其向代理人付款，并应符合球员和代理人同意的代理费条款约定（双方应在协议中载明）。

（七）《国际足联章程》定义部分第11点描述的“官员”，其不得收取任何代理费用，任何违反此规定的官员将受到纪律处罚。

（八）如果球员符合《中国足球协会球员身份与转会管理规定》第49条规定，代理人可以向满十六周岁未满十八周岁、通过从事足球活动获得主要生活来源的球员收取代理费用。

第五章　代理活动的公开与公布

第三十二条　球员和（或）俱乐部须向属地会员协会和中国足协公开任何和所有的经双方同意的代理费的所有细节，包括已经支付的或即将向代理人支付的。球员、俱乐部和代理人签订的代理协议中应包括确保上述信息和文件的公开不受阻碍的条款，并向中国足协提交《中国足球协会代理活动信息公布同意函》（见附件四、五）和《中国足球协会球员代理交易申报表》（见附件六、七）。

第三十三条　转会协议和（或）工作合同须附上有效的代理协议，便于球员注册。代理人须在任何其涉及的转会协议和（或）工作合同上进行签署。

第三十四条　中国足协将按国际足联的相关规定在专门信息平台上公布所有已经注册的代理人的名单以及由球员和俱乐部分别支付给代理人的薪金总额。

第三十五条　若代理人被司法调查，中国足协有义务向相关机构提供代理人交易信息。

第三十六条　中国足协将根据国家有关信用体系建设的相关要求，建立球员代理人个人信用或诚信档案。

第六章　各方的权利和义务

第三十七条　代理人享有以下权利：

（一）与俱乐部合同期限届满或与俱乐部合同将于六个月内届满的球员接洽、协商转会事宜。

（二）接受俱乐部的书面委托与其它俱乐部接洽、协商转会事宜，签订转会协议。

（三）接受球员的书面委托与俱乐部接洽、协商转会事宜，签订转会协议。

（四）合理收取代理费。

（五）俱乐部或球员隐瞒真相且证据确凿，代理人有权拒绝或终止为其提供代理服务。

（六）法人代理人可以对其工作进行商业运作，但其雇员只能从事与代理人所从事的商业活动有关的管理性工作。只有具有代理人资格证法人代表或公司雇员有资格签约。

（七）与代理行为相关的其它权利。

第三十八条 代理人应履行以下义务：

（一）遵守国家法律、法规以及中国足协、亚足联和国际足联的章程、规定。

（二）如实向俱乐部或球员介绍有关情况，为其保守商业机密。

（三）为俱乐部或球员解决与代理活动有关的事宜。

（四）收取代理费应向俱乐部或球员开具发票或收据，依法纳税。

（五）接受政府有关主管部门、体育管理部门和中国足协对其代理活动的监督检查，及时并如实地提供检查所需的文件、凭证、账簿及其它有关资料。

（六）在同一次代理活动中只能接受一方的委托。

（七）在其代理活动的每份文件中，均有双方姓名、签字、印指纹（个人）。转会协议须载有代理人的义务条款。

第三十九条 代理人不得有以下行为：

（一）超出中国足协相关规定的业务范围。

（二）通过诋毁其他代理人或支付介绍费等手段招揽业务。

（三）诱导正在履行合同的球员违反合同条款。

（四）向俱乐部或球员收取代理协议以外的费用。

（五）向俱乐部或球员隐瞒与代理活动有关的重要事项。

（六）代表球员向俱乐部索要签字费、住房、私人用车或其他财物等。

（七）伪造、涂改、买卖《转会证明》、《转会协议》等文件和凭证。

（八）采取显失公平、胁迫、欺诈、贿赂和恶意串通等手段来促成转会。

（九）采用不正当手段进行业务竞争，损害其他代理人、俱乐部、球员的声誉或者其他合法权益。

（十）采用承诺给予相关人员回扣、馈赠金钱、财物或者其他利益等方式争揽业务。

（十一）故意在委托人与其所属俱乐部之间制造纠纷。

（十二）就代理结果作出虚假承诺。

（十三）明示或者暗示可以帮助委托人达到不正当目的，或者以不正当的方式、手段达到委托人的目的。

（十四）法律法规禁止的其它行为。

第四十条　球员、俱乐部的权利和义务：

（一）凡有球员代理服务需求的俱乐部只允许与球员本人或通过已在中国足协注册的代理人接洽。

（二）在协商转会事宜时，俱乐部不得向球员隐瞒有关事项，不得对球员采取诱骗、贿赂等不正当手段。

（三）俱乐部应直接向有关俱乐部支付转会费，不得通过代理人中转或作为酬劳付给代理人。

（四）俱乐部和球员在支付代理人的代理费时，应索要发票或收据。

（五）球员必须寻求已注册的代理人为其提供转会服务。

第七章　争议的解决

第四十一条　与代理人活动有关的争议，球员、代理人和俱乐部可根据中国足协章程和中国有关法律、法规将争议提交中国足协仲裁委员会解决。凡按中国足协要求备案的协议或合同将被受理。

第四十二条　与本办法有关仲裁案件的受理应参照中国足协仲裁委员会相关规定执行。

第八章 罚 则

第四十三条 违反国际足联、亚足联和中国足协章程、规程及相关规定的代理人、球员、俱乐部都将受到处罚。

第四十四条 涉及中国足协管辖范围内的球员转会，由中国足协纪律委员会进行处罚；但此规定不影响国际足联、亚足联有关处罚在国内的执行，其中包括在中国足协注册和不在中国足协注册的从事国际和国内转会的代理人。

第四十五条 对处罚结果有争议，符合相关规定的可按程序申诉。

第四十六条 俱乐部或球员只能使用中国足协注册的代理人进行代理业务，对于违规使用非持证代理人的，以及球员同时授权多名代理人的，一经核实，将提交纪律委员会进行严肃处理。

第四十七条 对代理人的处罚

如代理人违反本办法及其附件的规定，可给予代理人以下处罚：

（一）警告。

（二）罚款（如不缴纳罚款，将从保证金中扣除；被扣除后

应在 15 天内将保证金补齐）。

（三）暂扣证书一年。

（四）吊销代理人资格证书，取消注册资格。

（五）停止参与足球活动。

上述处罚可单独使用也可并行。

只有中国足协可暂扣或吊销资格证。一旦中国足协决定暂扣或吊销资格证，应对有关会员协会发出通知。

第四十八条 对球员的处罚

如球员违反本办法及其附件的规定，可给予其以下处罚：

（一）警告。

（二）罚款。

（三）停赛。

（四）取消转会资格。

（五）取消注册资格。

（六）停止参加足球活动。

上述处罚可单独使用也可并行。

对主动提供相关代理人违规行为证据线索的违规球员，可考虑减轻或免于处罚。

第四十九条 对俱乐部的处罚

如俱乐部违反本办法及其附件的规定，可给予其以下处罚：

（一）警告。

（二）罚款。

（三）限制转会名额和（或）禁止转会。

（四）扣分。

（五）降级。

（六）取消注册资格。

上述处罚可单独使用也可并行。

对主动提供相关代理人违规行为证据线索的违规俱乐部，可考虑减轻或免于处罚。

第九章 附 则

第五十条 本规定由中国足协负责解释。

第五十一条 本规定自2018年2月1日起实施，2016年5月26日颁布的《中国足球协会球员代理人管理暂行规定》（足球字〔2016〕188号）同时废止。

中国足球协会职业联赛俱乐部准入条件和审查办法

（2011年）

第一章 总 则

第一条 为了规范中国足球协会职业联赛俱乐部的管理，加强中国足球职业化建设，提高中国足球水平，依据国家有关法律法规及《中国足球协会章程》等规定，结合我国职业足球改革的实际情况，制定本办法。

第二条 本办法所称中国足球协会职业联赛俱乐部（以下简称“俱乐部”），是尊重并遵守《中国足球协会章程》，获得中国足球协会（以下简称“中国足协”）批准参加中国足协职业联赛、具有独立法人资格的公司。

第三条 中国足协职业联赛由中国足协主办，包括中国足协超级联赛（以下简称“中超”）和中国足协甲级联赛（以下简称“中甲”）。

第二章 准入条件

第四条 俱乐部的组织结构应当符合下列要求：

（一）根据《中华人民共和国公司法》和中国足协相关规定，制定俱乐部章程，建立健全现代企业制度，完善组织机构；

（二）以博彩等可能影响公平竞赛的行业为营业范围或资金来源的投资方，不得成为俱乐部股东；同一投资方不得同时成为两家及两家以上俱乐部的股东。任何自然人或法人不得以任何手段和方法控制一家以上俱乐部或对决策产生重大影响；

（三）俱乐部及其股东、高级管理人员和近亲属不得入股其他俱乐部，不得管理其他俱乐部事务，工作人员不得在其他俱乐部任职或兼职；

（四）俱乐部法定代表人无违法犯罪记录，无不良社会影响；

（五）保证不存在、不参与任何影响公平、公正比赛的不正当交易，包括双方之间、多方之间直接与间接的以及显性与隐性的不正当交易；

（六）根据工作需要，设置必要的工作机构，配备必要的办公设施，聘用必要的工作人员；

（七）制定管理制度和工作人员行为规范。

第五条 俱乐部应当按照下列要求进行球队建设：

（一）加强运动员、教练员及工作人员思想道德、遵纪守法和精神文明的教育，自觉接受社会和公众的监督；

（二）拥有职业球队，并组建教练组（教练员数量和资质应符合联赛规程的具体规定）。职业球员应当在中国足协办理注册手续，其数量应当符合中国足协的规定；

（三）成立青少年球员训练中心，聘任青少年发展计划主管，组建精英梯队（预备队［18 岁以上］、十七岁以下队［即 U17 队，每队不少于 25

人]）和符合球队发展需要的教练组，并制定青少年球员发展规划；

俱乐部应当以学校为依托，积极建设10至17岁以下（即U10—U17）各年龄段的培训网点梯队，并争取当地体育部门的支持，与其配合共同培养青少年球员；

俱乐部青少年经费，中超俱乐部每年不低于400万元人民币，中甲俱乐部每年不低于200万元人民币；

（四）保证青少年球员接受义务教育，培养全面发展的高素质体育运动人才；

（五）与教练员、职业球员及其他工作人员签订劳动合同并缴纳社会保险费，与精英梯队球员签订培训合同；

（六）重视球员身体健康，每年为职业球员和精英梯队球员提供身体健康检查。

第六条 俱乐部应当拥有下列基础设施：

（一）符合国家标准和《职业联赛体育场标准》的比赛场；

（二）可用于职业球员和精英梯队球员训练、培训的训练基地；

（三）满足职业联赛实际工作需要的办公场所。

第七条 俱乐部财务管理应当符合下列要求：

（一）遵守国家财务、税务制度，保证良好的财务运行状况；

（二）聘用专职财务人员，建立健全财务工作和管理制度；

（三）中超俱乐部保证所有者权益3000万元人民币以上，中甲俱乐部保证所有者权益1500万元人民币以上；

（四）按时支付员工工资及奖金、体育场租金、管理、安保等费用；

（五）接受中国足协指定的会计师事务所进行审计和财务检查。

第八条 俱乐部参赛应当符合下列要求：

（一）达到参加职业联赛的比赛成绩要求；

（二）尊重和遵守《中国足球协会章程》和中国足协相关规定，签署并履行《俱乐部公平竞赛公约》及《俱乐部参赛承诺书》。

第三章 准入审查程序

第九条 要求参加下一赛季职业联赛的俱乐部，应当在每年12月5日之前，向其所在地中国足协会员单位（省级或地市级足协，以下简称“地方足协”）申请注册，并报送准入申请材料（见附件）。

未按时向其所在地地方足协申请注册的，视为退出下一赛季职业联赛。

第十条 地方足协对俱乐部的申请材料进行审核。

材料不齐全的，地方足协自收到该申请之日起5个工作日内书面通知俱乐部补正。材料齐全并符合相关规定的，地方足协于12月31日前向俱乐部出具同意注册函。

不同意注册的，地方足协书面告知俱乐部并说明理由。

第十一条 地方足协将俱乐部申请材料及同意注册函报当地省级体育主管部门备案，获得确认函。

第十二条 俱乐部于第二年1月15日前，将准入申请材料、地方足协同意注册函和省级体育主管部门确认函上报中国足协。

第十三条 中国足协以书面材料审核、实地检查等形式进行审查，并对俱乐部法定代表人进行社会公示。如法定代表人存在违法犯罪记录或不良社会影响的，应向有关部门进一步调查核实后研究决定。

第十四条 中国足协于1月31日前做出是否批准注册及获得参赛资格的决定。不予批准注册及获得参赛资格的，书面告知俱乐部审查意见并说明理由。

第十五条 俱乐部对审查结果有异议的，应于收到审查意见后5个工作日内，向中国足协书面提起申诉，并附相关证据。

中国足协仲裁委员会根据《中国足球协会仲裁委员会工作规则》受理俱乐部申诉，并于收到申诉后20个工作日内做出裁决。

第四章　附　则

第十六条 新升入中甲联赛的乙级俱乐部，应当在2年内达到本办法的要求。新升入中超联赛的中甲俱乐部，应当在1年内达到本办法的要求。

在上述缓冲期结束后仍未达到本办法要求的，不予批准注册，不能获得该级别联赛参赛资格。

第十七条 中国足协其他已经颁布施行的规程、办法、规定等，内容与本办法不一致的，均以本办法为准。

第十八条 本办法自发布之日起施行。

中国足球协会职业足球俱乐部转让规定

（2016 年）

为维护中国足球协会（以下简称“中国足协”）各级职业联赛的稳定，保障职业足球俱乐部的健康、稳定、长期可持续发展，规范中超、中甲、中乙职业足球俱乐部的转让行为，逐步实现俱乐部属地化、股权多元化、名称中性化的目标，根据《中国足球协会章程》以及国家相关规定，特制定本规定。

第一章 俱乐部转让形式和原则

第一条 职业足球俱乐部的转让应以股权转让或增资扩股的方式进行。未经特别说明，增资扩股适用于本规定的股权转让的相关规定。

第二条 职业足球俱乐部可进行重要股权转让和次要股权转让。重要股权转让是指俱乐部全部股权或重要股权、表决权（股权变更后，股东持股比例不低于 30%，或股东拥有表决权比例不低于 30%）发生变更，或因股权变更、更换法定代表人、借款、抵押、股权质押、代持协议等方式而使俱乐部的控股股东、实际控制人发生变更的股权转让。

次要股权转让是指除以上重要股权转让外的股权变更。

俱乐部进行增资扩股的，新股东按照其在俱乐部的拟持股比例，作为其进行重要股权转让或进行次要股权转让的标准。

俱乐部的股份应当具有同等权利。

第三条 职业足球俱乐部所属球队的参赛资格不可转让。

第四条 俱乐部因转让而变更俱乐部名称及简称的，应符合《中国足球协会职业足球俱乐部名称规范》以及国际足联、亚足联关于俱乐部名称的要求。

第五条 职业足球俱乐部进行转让和法人注册地变更后，不得变更其注册的中国足协会员协会（以下简称“会员协会”）。

职业足球俱乐部发生因转让或法人注册地变更而产生的注册会员协会

变更，该俱乐部将失去职业联赛的准入资格。

职业足球俱乐部在行业体协注册，以其俱乐部法人首次注册的行政区划城市为其在足球行业内注册地，不得进行变更。

第六条 获得升级资格的俱乐部在当年低级别赛季结束后的一年内不得进行重要股权转让。

第七条 中国足协对股权转让后的俱乐部进行准入特别审核。

经过审查，未达到相应级别联赛准入标准的俱乐部，不能获得联赛的准入资格。

第二章 俱乐部重要股权转让要求及程序

第一节 俱乐部重要股权转让条件

第八条 转让方应具备的条件

（一）转让方在其完成重要股权转让后三年内所转让的股权份额累计不得高于其所持股权的50%。

（二）至少有十八名职业球员与俱乐部的工作合同在新赛季开始后仍有效。

（三）没有与行业内单位或个人的逾期债务，或逾期债务已经得到了解决。

第九条 受让方应具备的条件

（一）受让方应为在中国大陆地区（即中国足球协会管辖范围内）合法注册的法人单位。博彩类的法人单位禁止入股俱乐部。

（二）受让方经营及财务状况良好，具有良好商业信誉。

最近两年的所有者权益至少应达到此俱乐部所在级别联赛准入规定中要求的最低所有者权益的五倍。

受让方最近两年的财务状况应为盈利。最近一期末不存在未弥补亏损。

（三）受让中超、中甲俱乐部的，受让方至少持续经营三年以上（三个连续完整会计年度）。

受让中乙俱乐部的，至少持续经营两年以上（两个连续完整会计年度）。

（四）无严重的违法经营记录。

（五）受让方及其股东、实际控制人、法定代表人、高级管理人员与其他职业足球俱乐部无关联关系。

（六）受让方及其股东、实际控制人、法定代表人、高级管理人员无违法犯罪记录，无足球行业内的严重纪律处罚记录。

（七）其他影响受让的原因。

第二节 俱乐部重要股权转让程序

第十条 职业足球俱乐部重要股权转让应在当赛季结束后至第二年 1 月 10 日前完成向中国足协的材料申报。

第十一条 职业足球俱乐部重要股权转让应完成会员协会初审和中国足协公示审核。

第十二条 转让方应向会员协会提供的材料：

（一）股权转让的申请。

（二）转让的原因。

（三）转让股权的比例说明。

（四）一线队职业球员合同效力情况说明。

（五）与行业内单位或个人的债权、债务说明。

第十三条 受让方应向会员协会提供的材料：

（一）受让目的说明。

（二）受让方的营业执照、组织机构代码证或加载统一社会信用代码的营业执照复印件。

（三）全额实缴注册资本金的验资报告。

（四）受让方资产状况说明。

（五）受让中超、中甲俱乐部的，应提供最近三个连续完整会计年度的审计报告。受让乙级俱乐部的，应提供最近二个连续完整会计年度的审计报告。

（六）股权变更计划说明，包括并不限于受让方持股比例。

（七）转让方与受让方签订的股权转让协议。

（八）股权转让后俱乐部的章程。

（九）受让方的股东名单（若为股份有限公司，提供持股比例前十位股东名单）、受让方及其股东在其他企业投资及所占比例的说明。

（十）受让方及其股东、实际控制人未在其他俱乐部及其股东企业拥有股权或已将股权清理完毕的说明及保证。受让方及其股东、实际控制人未与其他俱乐部及其股东企业存在交叉经营或管理的说明及保证。

（十一）受让方应披露实际控制人，并对其控股企业的情况进行介绍，其中如果有参与足球及体育产业相关的活动经营经历，应必须予以全面完整准确的进行说明，不得隐瞒。

（十二）签署“三年内不对本次受让的俱乐部股权中超过50%的股权进行再次转让”的承诺书。

（十三）所提交材料真实性的保证函。

第十四条 会员协会接到转让方股权转让的初审申请，以及以上要求的全部文件后，应在五个工作日内作出同意或不同意的审核批复。

必要时，可咨询中国足协有关部门或组成审核小组并委托权威机构调查。

如转让方或受让方中任何一方未能通过初审，则不得进行转让，申请将予以退回。

转让方和受让方双方均通过初审后，会员协会向转让双方开具同意转让批复函。

第十五条 通过会员协会初审后，转让方与受让方到会员协会所属范围内的相关部门办理法人注册变更等手续，获得变更后的法人执照。俱乐部登记证书上的法定代表人应为俱乐部实际控制人。

第十六条 俱乐部在会员协会所属范围内的相关部门办理完成法人注册变更登记手续并获得变更后的法人营业执照后，应向中国足协提交如下材料文件：

（一）转让、受让双方应向中国足协提出股权转让公示的申请。

（二）会员协会开具的同意转让批复函。

（三）工商行政管理等部门开具的变更通知书或确认书。

（四）在工商行政管理等部门备案的俱乐部章程（章程内应载明俱乐部的股份应当具有同等权利，包括并不限于表决权的行使）。

（五）转让方和受让方向会员协会所提交的初审材料。

（六）初审提交材料后有关情况变动和补充的说明（如有）。

（七）转让双方的付款凭证。

（八）董事会或执行董事名单、监事会名单。

（九）总经理聘任文件、总经理名单。

（十）保证遵守并落实所在级别联赛的准入标准及相关规定，并承诺接受相关检查的承诺书。

第十七条 中国足协接到俱乐部股权转让公示的书面申请以及以上要求的全部文件后，在五个工作日内作出同意或不同意公示的决定。

如转让方和受让方经中国足协审核后未通过审核，中国足协将不批准此次转让公示，并告知俱乐部、转让方、受让方和会员协会。

必要时，中国足协可组成审核小组或委托权威机构调查。

重要股权转让以及俱乐部之间是否存在关联关系将根据实质重于形式的原则进行认定。

第十八条 中国足协审核通过后，由中国足协向各中超、中甲、中乙俱乐部，各会员协会及有关方面发布该股权转让的公示，公示期为十五天。

第十九条 在公示期内，如转让方出现与行业内有关单位及个人的债权债务纠纷，相关方可向中国足协仲裁委员会提出仲裁申请。

俱乐部应于1月31日前将双方解决纠纷的书面文件、财务凭证、公证书等提交至中国足协。

1月31日前，俱乐部未解决行业内相关债权债务纠纷，俱乐部与仲裁申请方未达成和解协议或中国足协仲裁委员会裁决后，俱乐部未履行裁决，公示转让将不予通过。

第二十条 转让方与行业外有关单位及个人的债权债务纠纷，或未被中国足协仲裁委员会受理的其他纠纷，可向有管辖权的人民法院或其他仲裁机构申请处理，中国足协将参考有关裁判结果及执行情况决定是否批准该转让。

第二十一条 在公示期内或任何时间，受让方及其股东如被发现隐瞒了在其他俱乐部及其股东企业拥有股权、或存在交叉经营或管理等涉及关联关系的情况，将由中国足协负责组成调查组或委托社会相关权威机构进行调查，并将根据调查结果决定是否批准该转让。

第二十二条 中国足协审核通过并在公示期内无第三方提出异议或在

1月31日前，确认转让方无债权债务纠纷或已解决纠纷、受让方无股权或交叉管理等等涉及关联关系异议后，转让方和受让方将被视为已完成行业内的审核、公示程序。

第三章　俱乐部次要股权转让要求及程序

第一节　俱乐部次要股权转让条件

第二十三条　受让方必须具备的条件

（一）受让方应为在中国大陆地区（即中国足球协会管辖范围内）注册的法人单位或有中国大陆地区公民身份的自然人。

（二）受让方如果为法人单位的，其经营及财务状况应良好。至少经营一年以上（一个连续完整会计年度）。

最近一年的所有者权益至少应达到此俱乐部所在级别联赛准入规定中要求的最低所有者权益的2倍。

受让方最近一年的财务状况应为盈利。最近一期末不存在未弥补亏损。

（三）受让方为自然人，应提供其资产说明，资产应达到准入规定中要求的最低所有者权益。与其他中超、中甲、中乙俱乐部及其股东之间不存在关联关系，没有影响受让的其他原因。

（四）法人单位无严重的违法经营记录。自然人应具有良好的个人征信情况。

（五）受让方及其股东、实际控制人与其他职业联赛俱乐部无关联关系。

（六）受让方及其股东、实际控制人、法定代表人、高级管理人员无违法犯罪记录，无足球行业内的严重纪律处罚记录。

（七）其他影响受让的原因。

第二节　俱乐部次要股权转让程序

第二十四条　俱乐部在赛季期间仅能完成一次次要股权转让，但俱乐部名称不得发生变更。

俱乐部、转让方、受让方应向所注册的会员协会及中国足球协会进行申报并获得批准。

第二十五条 俱乐部属地会员协会完成对次要股权受让方的资质的初审后，将有关材料及书面意见报中国足球协会。

中国足球协会将进行复审，复审后将对此转让进行15天的公示，公示期满后如无股权或交叉管理等异议，行业内股权转让程序完成。

第二十六条 俱乐部完成次要股权公示手续后，应到会员协会所属范围内的相关部门办理法人注册变更登记手续，获得变更后的法人执照。

俱乐部应在二十个工作日内将工商行政管理等部门开具的变更通知书或确认书、登记备案的股权转让后俱乐部的章程提交至会员协会和中国足协。

第二十七条 转让方向会员协会和中国足协提供的材料：

（一）股权转让的申请。

（二）转让的原因。

（三）转让股权的比例说明。

第二十八条 受让方向会员协会和中国足协提供的材料：

（一）受让目的说明。

（二）受让方的营业执照、组织机构代码证或加载统一社会信用代码的营业执照复印件。

（三）受让方（自然人）资产状况说明。（四）全额实缴注册资本金的验资报告。

（五）受让方最近一个连续完整会计年度的审计报告。

（六）转让方与受让方签订的股权转让协议。

（七）转让双方的付款凭证。

（八）在工商行政管理等部门备案的俱乐部章程（章程内应载明俱乐部的股份应当具有同等权利，包括并不限于表决权的行使）。

（九）受让方的股东名单（若为股份有限公司，提供前十位股东名单）、受让方及其股东在其他企业投资及所占比例的说明。

（十）受让方为自然人的，应提交已公证的个人征信证明。

（十一）受让方及其股东、实际控制人未在其他俱乐部及其股东企业拥有股权或已将股权清理完毕的说明及保证。受让方及其股东、实际控制人未与其他俱乐部及其股东企业存在交叉经营或管理的说明及保证。

（十二）受让方应披露实际控制人，并对其控股企业的情况进行介绍，其中如果有参与足球及体育产业相关的活动经营经历，应必须予以说明，不得隐瞒。

（十三）保证“一年内不对本次受让的俱乐部股权中超过50%的股权进行再次转让”的承诺书。

（十四）所提交材料真实性的保证函。

第二十九条 在公示期内或任何时间，受让方及其股东如被发现隐瞒了在其他俱乐部及其股东企业拥有股权、或存在交叉经营或管理等涉及关联关系的情况，将由中国足协负责组成调查组或委托社会相关权威机构进行调查，并将根据调查结果决定是否批准该转让。

第三十条 俱乐部如进行次要股权转让程序，但其为实际控制人变更，中国足协将不予受理此次次要股权转让程序，并按本规定进行处罚。

第四章 与俱乐部相关的上市行为

第三十一条 俱乐部或其相关方通过境内或境外证券交易所公开发行股票及其衍生品种，俱乐部应在向证券交易所提交申请前，向中国足协通报相关情况。

第三十二条 俱乐部通过公开发行股票而使俱乐部实际控制人发生变更或达到本规定中重要股权转让标准，受让方应符合本规定的要求。

第三十三条 俱乐部通过公开发行股票，使俱乐部之间存在具有实质性影响的关联关系，中国足协将依照相关规定进行处理。

第三十四条 俱乐部进行公开发行股票，如新股东持股比例超过5%，俱乐部应向中国足协进行相关信息的披露。

第五章 罚 则

第三十五条 自每年1月10日至当赛季结束，转让方、受让方违反本规定，进行重要股权转让，中国足协将不予承认，同时俱乐部将被给予扣除当赛季联赛积分、降级或取消准入资格的处罚。

第三十六条 俱乐部、转让方、受让方未按本规定要求进行的会员协会初审、中国足协公示审核，中国足协将不予承认，同时取消俱乐部职业联赛的参赛资格，给予降级处罚。

第三十七条　俱乐部、转让方、受让方提交虚假材料，中国足协将停止审核公示程序，中国足协纪律委员会将对俱乐部或相关个人进行处罚。

提交虚假材料或以掩盖事实为目的提供不完整材料，完成俱乐部转让审核公示程序，情节严重的，中国足协将取消俱乐部的联赛准入资格。

第三十八条　俱乐部进入清算或破产程序的，该俱乐部将被取消当年所参加联赛参赛资格，并降入低于当年所参加联赛两级的联赛。

俱乐部股权被拍卖的，股权处置程序应符合本规定的要求。

第三十九条　经中国足协审查并认定，俱乐部因转让而与其他俱乐部之间存在或产生关联关系，涉及的相关俱乐部将被按照中国足协的相关注册管理规定给予处罚。

第六章　附　则

第四十条　达到中乙联赛参赛成绩标准的业余俱乐部，其转让应按照此规定执行。女子足球俱乐部、五人制足球俱乐部以及沙滩足球俱乐部的转让可参照本规定执行。

第四十一条　本规定由中国足球协会负责解释。

第四十二条　本规定自公布之日起实施。

中国足球协会超级联赛规程

（2018 年）

第一章　总　则

第一条　中国足球协会超级联赛是由国内最优秀职业足球俱乐部参加的全国最高水平足球职业联赛，简称“中超联赛”（以下使用简称）。英文全称为：CHINESE FOOTBALL ASSOCIATION SUPER LEAGUE，英文简称为 CSL。

第二条　中超联赛为年度赛事，由中国足球协会主办。中国足球协会中超联赛部在中国足球协会的领导和授权下管理中超联赛。主办方在各俱乐部主场赛区设立赛区委员会，赛区委员会在当地政府的领导下，全面负责管理和组织赛区工作。中超联赛有限责任公司（以下简称“中超公司”）全面负责中超联赛的品牌建设、版权销售、商务运作及市场经营。

第三条 本规程和参赛俱乐部及赛区具体协议中未授予的与中超联赛相关的任何权利均归中国足球协会所有。

第四条 现行的《中国足球协会章程》、中国足球协会各项规程、指南、通知以及准则等文件均对所有参与和涉及中超联赛的准备、组织以及主办的各方具有约束力。

第五条 2018 年中超联赛参赛俱乐部队为 16 支。

第二章 安保与保险

第六条 安保

一、参赛俱乐部及其所在赛区以及相关政府机构有责任在各个赛事相关地点（包括赛场和赛场周边区域、道路及相关场所）制定并执行充分的安保措施，安保措施覆盖范围包括但不限于以下所有相关人员：

（一）所有参赛俱乐部球员、官员及工作人员。

（二）所有竞赛官员和工作人员。

（三）媒体人员。

（四）赞助商及商业合作伙伴。

（五）现场观众。

二、各参赛俱乐部及其所在赛区应根据《全国足球赛区安全秩序规定》及《加强全国足球比赛安全管理工作的规定（试行）》协同当地公安机关，制定并向主办方提交一份赛区安保计划。

三、为保障球员和比赛官员人身安全，各参赛俱乐部及其所在赛区必须在体育场为球员和比赛官员提供安全独立的进出通道。

四、如果未对安保做出有效安排和计划，参赛俱乐部及其所在赛区将会受到处罚。

第七条 保险

一、建议俱乐部或赛区对举办的中超联赛主场相关联的风险和责任进行投保，此类保险应可向受伤人员或者受损物品和财产承担确定的适当数额的赔偿责任。

二、各俱乐部及其所在赛区的风险应当自行承担，通过适当的保险合同进行覆盖。

三、参赛俱乐部应自行负责其代表团在中超联赛所有比赛中包括球员和官员在内的保险问题（包括住院和外科手术），且参赛俱乐部必须保证中国足球协会将免遭此类诉讼或者承担责任。

第三章　技术规程

第八条　竞赛规则与有关规定

一、比赛以国际足球协会理事会《2017/18 足球竞赛规则》为准则，并在其指导下进行。

二、比赛使用视频助理裁判员（VAR）技术，以国际足球协会理事会《视频助理裁判员赛事实施手册第8版》为准则，并在其指导下进行。使用VAR技术时，如出现如下事故，原则上比赛结果仍然有效：

1. VAR 技术出现故障；

2. 视频助理裁判员参与做出了错误决定；

3. 做出不予回看分析某一事件的决定；

4. 对不可回看事件进行了回看分析。

三、执行中国足球协会根据国际足联或亚足联要求制定的其他相关规定。

四、执行中国足球协会制定的最新《中国足球协会纪律准则》、《中国足球协会球员身份与转会管理规定》。

五、执行主办方制定的中超联赛文件和根据中超联赛中出现的问题做出的其他规定和通知。

六、在每场比赛中，每队可报名首发上场球员 11 名，替补球员 7 名，可从中替换 3 名，被替换下场球员不得重新被换上场；一场比赛中外籍球员可累计上场 3 人次；港澳特区和台湾地区球员参照足球字（2018）36 号《中国足球协会关于港澳特区和台湾地区球员参加 2018 年职业联赛有关规定的通知》执行。

七、每场比赛，每支俱乐部队 11 名首发球员中至少有 1 名 U23 球员

(1995 年 1 月 1 日及以后出生的非港澳台的国内球员)，外籍球员的累计上场人次不得超过 3 人次，U23 球员的实际累计上场人次不得少于本队外籍球员实际累计上场人次。俱乐部队如违反此规定，该场比赛按弃权处理，中国足协纪律委员会还将视情节对该俱乐部做出进一步处罚。

八、如果比赛中有一方上场球员少于 7 人，则比赛将被中止。在此种情况下，主办方将对产生的后果做出最终决定。

第九条 比赛持续时间

每场比赛应当进行 90 分钟，分为上下各 45 分钟两个半场，以及两个半场中间不超过 15 分钟的中场休息时间（上半场终场哨响到下半场开场哨响）。

第十条 中止比赛

如果由于任何不可抗力因素或者其它任何原因，包括但不限于比赛场地不适宜比赛、天气原因、照明灯故障等事故在正常比赛时间结束之前，裁判员认为应中止比赛，则应当随后采取以下措施：

一、比赛将被暂停 30 分钟，以等待情况得到有效改善后将比赛重新开始，除非裁判员认定比赛可以提前重新开始。

二、比赛被暂停 30 分钟后，如果裁判员认为再延长一段时间可恢复比赛，则可再延长 30 分钟。如果第二个 30 分钟后比赛仍不能恢复，裁判员必须宣布中止该场比赛。

三、在中止比赛情况下，主办方应在裁判员做出中止比赛决定后 2 小时内决定比赛中止时的结果是否有效，或在考虑体育精神及组织等因素前提下，决定是否进行补赛或重赛。

四、不可对本规程此条款提出申诉。

五、如果因不可抗力，比赛被宣布中止，此比赛应优先考虑择期完成剩余的比赛时间，而不是重赛全场比赛，被中止时的比分等情况依然有效。当主办方决定将比赛恢复完成时，具体应遵循如下原则：

（一）比赛从原被中止时的比赛时点恢复，恢复时所有场上球员、替补球员要与比赛被中止时一致。

（二）不能对替补球员名单中的运动员进行增加、更换。

（三）不能增加可换人的次数。

（四）比赛的红、黄牌依然有效，被罚出场的人员依然不能重新回到比赛场地参加比赛。

（五）所有与此比赛有关的其他处罚依然有效。

（六）恢复比赛的时间（在随后可预见的时间）与比赛地点由主办方决定。

（七）由此可能产生的一切后续问题由主办方决定。

第十一条　比赛取消

如果比赛由于不可抗力因素或者其它任何原因，包括但不限于，比赛场地不适宜比赛、天气原因、照明灯故障等事故而使比赛无法正常开始，则应随后采取以下措施：

一、决定重新安排本场比赛前，比赛将被推迟30分钟，除非裁判员认定比赛可以提前开始。

二、如果裁判员认为再延长一段时间比赛即可开始，则可再至多延长30分钟。如果第二个30分钟结束后比赛仍未开始，裁判员必须宣布取消该场比赛。

三、在取消比赛的情况下，主办方应在裁判员做出取消比赛决定后3小时内，在考虑体育精神及组织等因素前提下，决定是否重新安排比赛，或是否采取其他必要行为，或决定延续该比赛。除非纪律委员会做出其他决定，否则与该场比赛相关的处罚措施依然有效。

四、不可对本规程此条款提出申诉。

第十二条　体育场

一、中超联赛使用的体育场必须符合《中超联赛体育场规程》的标准。

二、比赛体育场由俱乐部申报，且服从主办方进行的审查和提出的要求。

三、俱乐部除确定1个主场体育场外，必须再准备1个符合《中超联赛体育场规程》的备用体育场（主办方在联赛开赛前将根据实际情况对两个场地进行检查）。主体育场及备用体育场必须在俱乐部注册协会的管辖区域内。

四、比赛城市或附近城市必须有民用机场，体育场与机场之间的距离原则上汽车行程不得超过2小时。

五、如果主队俱乐部认为比赛场地不适合比赛，需要更换比赛主场地，必须提前21天向主办方申请批准（由主办方告知客队及相关竞赛官员）。如果主队俱乐部未能按上述要求应对，将承担所有相关方的差旅、餐饮、住宿所产生的全部费用。

六、如果客场比赛俱乐部队前往比赛场地后，任何对比赛场地产生的疑问，必须向比赛监督提出，比赛监督将征求裁判员的意见后决定比赛场地是否适合比赛。如果裁判员认为比赛由于不可抗力或其他任何包括但不限于比赛场地不适宜比赛、天气情况、照明灯故障等事故而无法开始，则按第十一条比赛取消处理。

七、同一赛季，除非所处环境超出控制能力，各俱乐部必须始终使用同一体育场作为比赛主场。如果变更主场，俱乐部必须提前21天向主办方申请，同时提供相关证明，包括但不限于关于为何不适于比赛的主场照片、可视性证据及有关部门出具的官方正式证明或确认文件。

八、在收到变更申请及相关必要证明和文件后，主办方将根据俱乐部提供的新主场体育场情况，做出准许俱乐部更换主场的决定。拟更换的体育场必须符合《中超联赛体育场规程》规定。

九、体育场变更申请被批准前，主办方拥有对体育场审查的权力，审查成本将由提出申请的俱乐部负担。

十、如果俱乐部无法在主办方规定的最终期限确定可替代体育场，主办方将在中立城市或地区为其选择主场体育场。该俱乐部必须在主办方指导下，与中立城市或地区所属会员协会及相关部门合作管理和组织比赛，相关费用由该俱乐部承担。

十一、在赛季任何时间内，不论任何原因，如果主办方认定某一体育场不适合举办中超比赛，主办方可与俱乐部协商并根据《中超联赛体育场规程》规定，建议一个替代体育场，如果该俱乐部在规定的最终期限内未能确定可替代体育场，主办方有权决定替代体育场（俱乐部备用体育场、中立城市或地区体育场、对方主场）。

十二、赛季中更换主场，涉及到VAR技术设备与器材的搬运、LED搬运及其他广告物品的搬运或更换制作等费用，由相应俱乐部承担。关于体育场内的其他商务工作要求，按照《中超联赛商务管理规定》执行。

第十三条　比赛场地

一、比赛监督在到达赛区后即对体育场进行检查，确保比赛场地、设施符合《足球竞赛规则》、《中超联赛体育场规程》及《中超联赛商务管理规定》的相关规定。如果未能达到《足球竞赛规则》、《中超联赛体育场规程》及《中超联赛商务管理规定》的相关规定，比赛监督将要求赛区必须整改。

二、如果在比赛开始前仍未满足《足球竞赛规则》和《中超联赛体育场规程》的相关规定，则视为主场俱乐部队违反规定，主场俱乐部队将失去该场比赛资格，并判罚主场俱乐部队该场比赛0∶3负，后续处罚由中国足协纪律委员会做出。

三、如果俱乐部拟在比赛开始前、中场休息时或比赛结束后在体育场内举办任何活动，在征得主场赛区同意后，需按照《中超联赛商务管理规定》的相关规定，提前7天向主办方申报。

第十四条　替补席和技术区域

一、比赛替补席每队16个座席，其中报名替补球员7个座席，报名替补席官员9个座席。

二、只有俱乐部队正式报名当场比赛的球员、官员才能在替补席就座，其他人员不得入座，替补席就座官员和球员必须佩带相应证件，如有关官员更换，按本规程第二十六条办理。

三、替补席上所有人员必须统一穿着与场上球员和裁判员有明显色差区别的服装装备。

四、主队应使用第四官员席（从四官席面向球场）左侧替补席。

五、俱乐部报名的领队比赛时必须在替补席就坐，管理替补席秩序是俱乐部队领队职责之一，本方替补席任何人员违纪，都将可能追究俱乐部队领队的管理责任。

六、被裁判员罚离替补席的教练员，赛后不得出席新闻发布会，但需由领队或其他教练员代为出席。

七、在比赛期间参赛球员和参赛官员不得使用任何电子通信设备和系统。替补席和技术区域严禁吸烟（请同时遵守体育场有关公共区域禁烟的规定）。

第十五条 官方倒计时

一、所有参赛球队必须严格遵守《中超联赛官方倒计时程序》的相关规定；

二、赛季中任何违反《中超联赛官方倒计时程序》的球队，中国足协纪律委员会将根据比赛监督、裁判监督和裁判员的报告进行处罚；对于屡次违反，或因球队违反《中超联赛官方倒计时程序》，对电视直播造成影响的，中国足协纪律委员会将加重处罚。

第十六条 热身

一、如天气情况允许，参赛球队可在比赛开始前50分钟在比赛场地进行热身，比赛开始前20分钟必须结束热身，返回更衣室（因开幕式等官方活动需要，或天气、场地原因，比赛监督报请主办方同意后可适当调整，参赛双方必须严格执行）。

二、在比赛进行期间，每队同时最多有6名球员可以在最多2名官员（当场比赛报名的替补席官员）带领下在其替补席近侧球门后或比赛监督指定的区域内进行无球热身（守门员可以进行有球热身）。

三、比赛进行期间热身。在两侧球门后的广告牌后面必须设有供替补球员热身的区域。球门后的热身区域应铺设不小于长20米，宽3米的人造草坪。专业足球场可根据场地情况选择设置，每次热身人数相应减半。

第十七条 官方训练

一、客队有权在比赛日前一日与比赛时间相同的时间段在比赛体育场内进行1个小时的官方训练，体育场应确保场地条件（灯光、划线、球门、球网等）达到与比赛要求一致的水平，同时在客队官方训练开始前30分钟允许客队使用客队休息室及相关设施；如客队选择其它时间进行官方训练，需协调赛区体育场、主队训练时间并报比赛监督同意。

二、如果因天气原因，确实无法安排官方训练，则由比赛监督决定，参赛双方必须无条件服从比赛监督的决定。

（一）取消客队在比赛场地的官方训练，但赛区必须为客队提供具备良好训练条件的其它训练场。

（二）或由客队穿平底训练鞋在比赛场跑道（比赛草坪外）进行训练。

第十八条 赛前训练场地（非官方训练使用，使用时间为 1 小时）

一、各赛区必须为客队无偿提供一块经主办方审核批准的天然草坪作为赛前训练场地，客队需提前告知在赛区的训练时间安排。

二、除经主办方同意，各中超俱乐部队应只使用赛区委员会官方指定并由主办方批准的中超联赛训练场地。

第十九条 比赛用球

一、比赛训练用球由主办方和中超公司分批统一配发给各赛区、俱乐部。

二、参赛球队赴客场比赛需自行携带主办方提供的训练用球。

第二十条 比赛日程安排

一、2018 年中超联赛竞赛日程由主办方制定，俱乐部必须严格遵守。

二、因国际足联、亚足联调整有关赛程，或遇到不可抗拒原因，主办方有权对既定赛程做出调整或更改。

三、中超联赛所有比赛的比赛日期及开球时间，由主办方协商版权转播商确定，一经确定不得更改。

四、因电视转播及商务活动要求，主办方有权调整所涉及场次的比赛日期、开球时间、比赛场地等，但原则上应在原定比赛日前两周做出更改决定并通知有关赛区、俱乐部及其他单位。

五、如俱乐部或赛区因自身主体育场原因希望调整原定赛程，应至少于原定比赛日前 21 天向主办方提出申请，启用备用体育场按照原定比赛时间进行比赛。如备用体育场在原定比赛时间无法使用，则该场比赛按弃权处理，中国足协纪律委员会还将视情节对该俱乐部做出进一步处罚。

六、如赛区或俱乐部因亚冠原因希望调整原定赛程，应同时征得：对方俱乐部、主场赛区、转播电视台和中超联赛赞助商同意意见后，至少于原定比赛日前 21 天向主办方提出申请，主办方将根据申请及有关方面意见做出决定。

七、除非主办方同意，俱乐部其它比赛不得与既定的中超联赛赛程发生冲突。

第二十一条　赛制

一、竞赛办法

中超联赛采用主客场双循环赛制进行。

二、决定名次办法

（一）每队胜一场得 3 分，平一场得 1 分，负一场得 0 分。

（二）中超联赛当年度比赛全部完成后，积分多者名次列前。如果两队或两队以上积分相等，依下列顺序排列名次：

1. 积分相等队之间相互比赛积分多者，名次列前；

2. 积分相等队之间相互比赛净胜球多者，名次列前；

3. 积分相等队之间相互比赛进球数多者，名次列前；

4. 所属俱乐部的预备队在本赛季预备队联赛中的积分列前者，名次列前；

5. 所属俱乐部的 U19 精英梯队在本赛季相应组别青超联赛中积分多者，名次列前；

6. 积分相等队在当年中超联赛全部比赛中净胜球多者，名次列前；

7. 积分相等队在当年中超联赛全部比赛中进球数多者，名次列前；

8. 公平竞赛积分高者列前（红黄牌减分，每张黄牌减 1 分、每张红牌减 3 分）；

9. 以抽签办法决定名次。

（三）中超联赛赛季进行中，积分高者名次列前，积分相等队排名相同。

三、降级和升级

（一）当年中超联赛名次列最后两名的俱乐部队降级，参加次年中甲联赛。

（二）当年中甲联赛名次列前两名的俱乐部队，在准入资格检查合格后可参加次年中超联赛，如未能达到《中国足球协会职业联赛俱乐部准入条件及审查办法》及其实施细则的相关要求，则不能升级，递补规则依照《职业联赛参赛资格递补原则及办法》执行。

（三）如因各种原因导致参赛球队减少等特殊情况出现时，依照《职业联赛参赛资格递补原则及办法》，由主办方研究决定。

四、国际足联、亚足联俱乐部赛事

（一）根据国际足联、亚足联俱乐部赛事相关规程及通知执行。

（二）未得到主办方书面批准之前，俱乐部不得代表中超联赛参加亚足联或国际足联举办的俱乐部赛事。

（三）中超俱乐部如获得国际足联、亚足联俱乐部赛事参赛资格，则必须参加该赛事，未经国际足联、亚足联、主办方书面批准不得擅自退出或放弃参赛，违反此项规定者，后续处罚由中国足协纪律委员会做出。

第四章　俱乐部参赛资格与报名

第二十二条　俱乐部参赛资格

一、符合下述条件俱乐部可以派队参加中超联赛：

（一）满足中超联赛参赛成绩要求，经审核达到《中国足球协会职业联赛俱乐部准入条件和审查办法》要求。

（二）拥有1支达到中超联赛水平的足球队。

（三）在中国足球协会会员协会注册，并在中国足球协会注册。

二、主办方有权对俱乐部及其球员和官员的参赛资格做出最终决定，不得对该决定提出申诉。

第二十三条　俱乐部报名

一、俱乐部在每年联赛开始前21日内，向主办方报名。

二、俱乐部队名称的全称及简称：

（一）全称为：地域名＋俱乐部名＋俱乐部队冠名＋“队”。

（二）提供电视转播及其他媒介使用简称为：地域名＋俱乐部名或俱乐部队名，简称长度不应超过6个字；

（三）俱乐部队只能有1个冠名，冠名只能是企业或品牌名称，不得有商品或服务类别、组织形式等，同时俱乐部冠名应符合国家有关规定（如商标法、广告法等）。

（四）报名与上述要求不符时，主办方有权按照该俱乐部法定名称和俱乐部队冠名的上述规定，予以纠正。

（五）一旦报名完成，俱乐部名称、俱乐部队名称及俱乐部队徽等注册标识在本赛季内，不得变更。

三、参赛俱乐部必须认同并完整填写《中超联赛参赛责任书》并在报名时随报名材料一同上交至主办方。

第二十四条 责任与义务

参加中超联赛，参赛俱乐部则应承诺如下：

一、遵守国际足联理事会发布的《足球竞赛规则》。

二、遵守与中国足球协会所签订的所有协议及中国足球协会发布的各项相关规程、管理办法、决定、指南和通知以及适用的国内法律法规。

三、接受主办方根据本规程针对中超联赛的行政、纪律以及裁判事宜所做出的决定或者由中国足球协会相关委员会做出的决定。

四、承认中国足球协会相关规程认定的仲裁机构的管辖效力。

五、在中超联赛整个赛季期间派遣其最强队伍参加比赛。

六、遵守公平竞赛原则。

七、在中超联赛过程中，无论在其主场和到达客场赛区至离开这段时间内，对其球员、官员、成员、球迷以及任何附带责任人群的行为负责。

八、主场比赛期间，在俱乐部、所在赛区以及主办方的共同努力下，根据本规程各项规定，对比赛的举办工作做出适当安排。

九、主场比赛期间，保证竞赛官员，客队球员和官员、工作人员、赞助商、客队球迷和媒体在体育场的通行权不受性别、种族、宗教以及国别歧视的干扰。

十、客场比赛时，接受主场赛区和俱乐部在主办方指导下所做出的相关安排。

十一、根据本规程以及主办方发布的有关通知中的规定，出席并参加由主办方或者相关赛区组织的所有官方活动，如赛前联席会、新闻发布会、全明星赛、颁奖典礼及其他媒体、商务和公益活动等。

十二、中超联赛所有报名参赛球员和官员，如被提名获得中超联赛年度奖项，则必须出席当年中超联赛结束后的颁奖典礼。任何未按要求出席活动的球员或者官员，中超联赛部将报请中国足协纪律委员会对其做出相应处罚。

第二十五条 弃权和罢赛

一、未报名、或未通过资格审查、或未获得注册参赛资格证、或处在停赛期、或正在诉讼过程中尚未被允许参赛的球员，代表某队参加了比赛。该俱乐部队此场比赛按弃权处理。

二、弃权的处理

（一）一方俱乐部队比赛弃权，另一方俱乐部队以3：0获胜，如果比赛实际比分超过3：0，则以当时实际结果为准。

（二）双方俱乐部队比赛弃权，双方俱乐部队本场比赛均无成绩，计0分。

三、有下列情况之一属罢赛：

（一）并非因主办方认可的不可抗拒原因，且未获得主办方批准，未参加竞赛赛程规定的比赛。

（二）拒绝按照主办方安排参加补赛或改期的比赛。

（三）拒绝按照裁判员要求，在5分钟内恢复中断的比赛或者在比赛结束前擅自离开比赛场地。

（四）中途退出联赛。

四、罢赛俱乐部队所有本赛季比赛的比分均计对方3：0获胜（无论比赛是否已经进行），如果比赛实际比分超过3：0，则以当时实际结果为准。

五、弃权与罢赛俱乐部必须赔偿其他俱乐部及其所在赛区、中国足球协会、中超公司及其商业和电视合作伙伴、赞助商由此所遭受的损失，赔偿数额由主办方根据相关合同、协议及实际造成的损失决定。

六、罢赛俱乐部必须全额返还中超联赛在赛事中已经支付给俱乐部及所属赛区的相关经费和补贴，并失去获取相关经费和补贴的权利。

七、中国足协纪律委员会可根据《中国足球协会纪律准则》做出进一步处罚。

八、在遭遇不可抗力情况下，主办方可依据《中国足球协会章程》及相关规定精神采取一切其认为必要的措施和行动。

第五章　球员和官员报名与参赛资格

第二十六条　球员和官员参赛条件和报名

一、符合下述条件球员可以报名参加中超联赛：

（一）年满16周岁，身体健康（年龄计算以赛季初报名及赛季中注册窗口截止日期为准)。

(二) 与符合中超联赛参赛资格俱乐部签订工作合同。

(三) 在中国足球协会会员协会和中国足球协会完成注册。

(四) 取得足球运动员注册、转会、参赛资格登记证(以下简称:注册参赛资格证)。

二、符合下述条件的教练员可以报名参加中超联赛:

(一) 与符合中超联赛参赛资格俱乐部签订工作合同。

(二) 在中国足球协会会员协会和中国足球协会完成注册。

(三) 报名教练员应具备中国足球协会技术部认定的中超俱乐部队执教资格,或持有各洲际或中国足球协会认证的相关级别教练员证书并经中国足球协会技术部审核确认。

三、符合下述条件医务人员可以参加中超联赛:

(一) 拥有足球医务人员岗位培训证书。

(二) 与符合中超联赛参赛资格俱乐部签订工作合同。

四、俱乐部队官员、球员联赛报名:

(一) 报名领队1名,主教练1名,助理教练员1至2名,守门员教练员1名,体能教练员1名,球队新闻官1名,队务1至2名,翻译及队医各1至3名,并均须符合上述资格规定(只有报名人员可在替补席就座,报名时必须附证书或证明文件复印件及本人近期免冠电子版照片和俱乐部签署有效工作合同复印件)。

(二) 球队新闻官负责球队教练员及球员的采访事宜。报名领队必须就座替补席。

(三) 赛季首次报名,在中国足球协会注册的国内球员报名最多为27名,在中国足球协会注册并报名的外籍球员最多为4名(外籍守门员不得报名)。

(四) 在本赛季两个注册转会期内从其他俱乐部转入的国内职业球员中,无年龄限制的报名球员不超过5名,1997年1月1日以后出生的报名球员不超过3名。

(五) 赛季初首次报名,球员报名号码为1至40号,赛季内同一名球员在同一个俱乐部号码不得更改,其中1号必须为守门员,报名球员中不少于3名守门员。

（六）未完成注册、转会手续球员不得报名。

（七）港澳特区和台湾地区球员的注册及转会办法将按照足球字（2018）36号《中国足球协会关于港澳特区和台湾地区球员参加2018年职业联赛有关规定的通知》及足球字（2015）649号《中国足球协会球员身份与转会管理规定》执行。

（八）根据《中超联赛商务管理规定》及制作《秩序册》需要，报名时应严格按照新赛季制作秩序册提交资料的有关通知提供相关资料。

五、补充报名及报名变更

（一）主教练、助理教练员、守门员教练员、体能教练员、医生、球队新闻官及翻译变更时，必须至少于赛前5日向中超联赛部书面申报，并将被替换人员的替补席官员证件交还，经中超联赛部审核批准后并向中国足球协会注册管理部（注册）提交工作合同、完成注册手续后方能变更报名并随队工作（俱乐部应尽快完成与被更换官员的解约或安置工作，并及时报中国足球协会注册管理部备案）。

（二）球员可在夏季转会窗口期内（6月18日至7月13日）进行注册及补报。

补报后国内球员不得超过27人，一个赛季累计报名的国内球员人数不得超过35人；

补报后外籍球员不得超过4人（不得报名外籍守门员），一个赛季累计注册和报名外籍球员人数不得超过6人，夏季转会期后被更换的外籍球员可以继续注册，但只能报名参加预备队联赛（如4名外籍球员报名名额已满）。新赛季各俱乐部只能注册和报名最多4名外籍球员。

被更换出队的球员在本赛季内不得再回本队参加中超联赛。

（三）补报及更换的球员不得使用其他球员已经使用过的号码，更换或补报时每名球员应填报《更换、补报球员报名表》；每个俱乐部在同一赛季中，在中超联赛及中超预备队联赛中，一个号码只能被一名球员使用，如1－60号的号码都已经被使用过，则必须按顺序使用61号及以后的号码。

（四）如中国足球协会所属报名球员在参加各级中国国家代表队比赛、

训练中负伤，并经国家队队医确认，不能参加本赛季余下比赛，可申请批准额外更换相应名额球员。

（五）补报及更换的球员完成注册及补报手续后，即可代表报名俱乐部队参赛；在转会窗口期内同一球员在同一轮比赛只能代表一支球队参赛。

六、报名结束后，经主办方审核批准，向符合条件的球员、官员配发《注册参赛资格证》、《中超联赛球员参赛卡》以及《替补席官员证》，球员和官员凭证参赛。如果证件丢失或损坏，申请俱乐部需支付相关的费用为球员和官员补制新证；更换官员（如主教练），完成补报名手续后，如主办方未能及时下发替补席官员证，主办方向当场比赛监督下发临时通知，比赛监督收到通知后，方可允许相关官员赛时进入替补席就座。

七、派遣无资格球员上场比赛，俱乐部将被视作弃权，按本规程第二十五条第二款处理。中国足协纪律委员会有权对违规俱乐部、相关球员以及俱乐部队官员做出进一步处罚。

第二十七条　上场队员名单

一、中超联赛实行“检查中超联赛球员参赛卡制度”，每场比赛赛前联席会上，由比赛监督对所有可能列入比赛《上场队员名单》的球员进行资格检查，不合格的球员不能列入《上场队员名单》参加当场比赛。

二、比赛开球前 90 分钟，俱乐部队在抵达体育场后填报《上场队员名单》（11 名首发球员和 7 名替补球员，应满足本规程第八条的有关要求）并提交给比赛监督，比赛监督、第四官员对报名球员、替补席官员进行服装检查、身份确认。比赛前 60 分钟，双方俱乐部队和比赛监督对《上场队员名单》签字确认。

三、从比赛监督签字确认《上场队员名单》后到比赛开球前，如因球员受伤等原因俱乐部队申请更改《上场队员名单》，则：

（一）只能以原上场名单中的 7 名替补球员更换因伤不能上场球员。

（二）被换下的原首发球员不得再列入替补球员名单。但当场比赛仍须在替补席就坐，如确实伤情较重，应征得比赛监督同意后，方可离开替补席进行治疗，但也不能因此逃避可能的兴奋剂检测；

（三）列入替补名单球员人数将相应减少并不再增补。

（四）比赛中可换人次数仍为最多 3 人次。

第二十八条 俱乐部队官员

一、参赛俱乐部必须报名1名领队代表俱乐部与比赛监督就比赛相关事宜进行协调。俱乐部指派的领队必须为根据本规程第二十六条第四款规定所报名官员之一。

二、参赛俱乐部必须指派1名新闻官在比赛前一日至比赛后一日内进行全职工作。所指派的新闻官必须为根据本规程第二十六条第四款规定所报名的官员之一。

三、俱乐部队领队或主教练以及另一名报名替补席官员必须出席赛前联席会，比赛监督有权根据比赛的实际情况要求领队、主教练及有关工作人员同时出席联席会。主教练和新闻官必须出席赛前、赛后新闻发布会。对于受到纪律委员会做出停赛处罚的官员（包括禁止进入替补席、停赛、禁止进入体育场（馆）、禁止从事任何与足球有关的活动等），在处罚期内不得出席赛前联席会和新闻发布会，由执行领队或执行教练员代为出席。对于无故不参加赛前联席会和赛前、赛后新闻发布会的官员，中国足协纪律委员会将根据《中国足球协会纪律准则》相关条款进行处罚。

第六章 赛区接待与义务

第二十九条 俱乐部队接待（对等接待）

一、主场俱乐部、赛区为客队提供从机场、车站或码头到驻地的交通接送（40座以上空调大巴，车况良好），并安排训练、会议、比赛用车（包括赛前提供一辆从驻地到体育场的装备车），相关费用由主场俱乐部承担。

二、客队在赛区食宿由客队自行联系和安排，并事先通知赛区委员会，特殊情况时，经主办方批准，由赛区指定客队所住酒店。

第三十条 竞赛官员接待

一、赛区接待比赛监督1人，裁判监督1人，裁判员6人、视频助理裁判观察员1人。

二、接待条件、标准及支付办法，按照中超公司董事会（或股东会）最新通过的《中超联赛及预备队联赛竞赛组织经费管理规定》执行。

第三十一条 其他人员接待

一、因工作需要，主办方向赛区派遣其他工作人员时，由赛区委员会接待。

二、接待参照比赛监督标准执行，接待费用在联赛结束后由中超公司审核后一并结算。

第三十二条 俱乐部队抵离赛区

一、俱乐部自行支付其由俱乐部所在地至赛区的往返交通费用。

二、所有俱乐部队必须至少于比赛日前一日中午12时前抵达比赛赛区，按时参加赛前新闻发布会和官方训练。如俱乐部队由于并非主办方认可的不可抗力造成的航班、火车等交通原因，未按时抵达赛区参加赛前新闻发布会和官方训练等官方活动，该俱乐部队将受到相应处罚。

三、参赛俱乐部在为参加中超联赛比赛往返比赛地与本队所在地的期间不得进行任何其他比赛。

第三十三条 赛区义务

一、提供1间至少能容纳20人并配有写字板和投影仪的会议室，供比赛当日举行赛前联席会使用。

二、比赛时，在比赛监督就座区域安放1台能接收比赛现场转播信号的监视器。

三、主场赛区应确保在体育场设置专用的VAR操作间，满足VAR技术正常使用所需的一切要求。

四、主场赛区在比赛结束后2小时内向比赛监督及裁判组提供比赛录像及播放设备，并于第二日12时之前，以快递形式向主办方寄1套比赛录像DVD，主场赛区要保证DVD质量并且是比赛全过程录像；同时，赛区也必须留存1套比赛录像，以供必要时向主办方提供。

五、未能提供第三十三条所规定内容的赛区将受到相应处罚。

第七章 新闻媒体

第三十四条 总则

参赛俱乐部必须按照《中超联赛新闻组织运行手册》及《中超联赛体育场规程》的规定提供所有新闻媒体设备及设施。

第三十五条　媒体证件

一、中国足球协会统一制作媒体证件。媒体证件类型为官方摄影、媒体（文字）、媒体（摄影）、主转播商、持权转播商、非持权转播商6种。

二、中超联赛媒体背心分为5个类别：官方摄影（official）、持权转播商（RTV）、主播（HB）、现场新闻采集（ENG）、摄影（PHO），以不同颜色进行区分。进入每个区域工作的新闻媒体人员必须正确穿戴媒体背心。中超公司负责制作媒体背心，赛区负责在每场比赛前后发放和回收媒体背心。

第三十六条　媒体区域

一、文字记者、广播电台记者不得进入比赛场地及球场边线与观众席之间的区域。在比赛前、比赛进行期间以及比赛后，均严格禁止任何媒体记者进入俱乐部队更衣室、球员通道及技术区域。

二、只有官方摄影、主转播商和持权转播商的摄影师和必要技术人员，在经赛区新闻官许可后，可以进入球场边线与观众席之间的指定区域，只有官方摄影和主转播商可以在球队抵达前更衣室准备好后进入更衣室拍摄所需画面，但必须始终穿着正确的背心和佩戴证件。

三、只有官方摄影、主转播商和持权转播商可进入赛后瞬采区，官方摄影、主转播商和持权转播商、文字记者和电台记者可进入赛后混采区。

四、赛区委员会负责确保中超联赛的转播权受到保护，并且在未得到主办方允许前不得允许任何广播公司工作人员和摄像技术人员进入体育场。

五、各赛区委员会和俱乐部须确保体育场提供设施完善的新闻工作间、新闻发布厅、文字记者席、赛后瞬采区、混合采访区、电视和广播评论席、电视转播工作间、摄影记者区、主转播商电视制作区等媒体区域，包括网络、电视、电源插口、工位、桌椅、饮用水等必要设备。

六、为保障电视转播，各赛区委员会和俱乐部应确保主场体育场灯光开放至转播设备安全撤离后；允许转播车辆在赛前24小时至比赛结束后24小时内免费停放于体育场内或体育场外场；至少为转播电视台提供固定的、免费的转播机位10至18个，和桌椅、供电、网络齐备的电视评论席4至6个；同时不得出售转播机位所占用的观众席球票；确保摄像机电缆的通道畅通；至少为转播车免费配备一部直线电话，确保电视转播联络的畅通。

第三十七条 官方训练

官方训练必须向媒体开放。如果俱乐部不希望开放其官方训练，则需至少将其前15分钟训练向媒体公开。如果官方训练在比赛体育场进行，媒体可进入区域需与比赛日其可进入区域相同，并且这些区域必须由安保人员维持秩序。

第三十八条 新闻发布会

一、赛前一日，主场赛区必须在赛区新闻官的组织下召开赛前新闻发布会，赛前新闻发布会应安排在比赛前一日官方训练前的25分钟在比赛体育场进行；无论球队是否进行官方训练，都必须按要求参加赛区组织的赛前新闻发布会。

二、参赛双方各自的主教练和1名首发球员必须参加赛前新闻发布会。

三、比赛结束15分钟内，主场赛区必须召开有参赛双方主教练参加的赛后新闻发布会（先客队后主队）。

四、如参加新闻发布会人员中有外籍人士，相关俱乐部必须提供翻译人员。

第三十九条 混合采访区

一、在比赛结束后，主办赛区必须为媒体设立一个混合采访区域。该区域需在比赛结束后15分钟之内进入使用状态。

二、俱乐部队新闻官需负责在赛前向球员和主教练介绍该区域功能，并让球队及相关人员了解此职责。

三、比赛结束后，主、客俱乐部队球员、官员须在离开更衣室后经过混合采访区。

四、建议球员和教练员经过混合采访区时接受媒体简短采访。混合采访区中需设置围栏设施将球员和教练员与媒体隔开。

第四十条 采访

一、如果主办方提出要求，双方俱乐部应保证其主教练和1名指定球员在比赛前一日或比赛日当日球队抵达后或赛后接受主播台（或者持权转播台）不超过15分钟的专访，以用于中超联赛新闻报道和专题节目。

二、未经允许，比赛期间参赛俱乐部官员和球员不得在场地内或场边接受采访。比赛结束前10分钟，主播台人员须通知赛区协调员瞬间采访所选择的球员。俱乐部新闻官须按照赛区协调员的要求安排球员进行瞬间采访。比赛结束后，相关球员和官员在赛区新闻官指定区域（替补席与更衣室之间）接受主播台瞬间采访。

三、赛前联席会时，俱乐部确认球队抵达赛场时间，要求客队必须在赛前100分钟到达，主队必须在赛前90分钟到达场地，双方至少间隔10分钟以上。俱乐部须在球队抵达前30分钟开始布置更衣室，随后赛区新闻官协助主转播商进行更衣室拍摄。

四、俱乐部布置更衣室时须将队服整齐悬挂，并将球衣号码外露。

五、如果主办方提出要求，双方俱乐部应保证在球队到达后，其主教练在官方采访背景板前接受主转播商不超过90秒的采访。

第四十一条 如参赛球员、官员及其俱乐部和赛区违反第七章相关规定，将报请中国足协纪律委员会进行处罚。

第八章 比赛装备

第四十二条 中超联赛比赛装备

一、参赛俱乐部必须遵从国际足球协会理事会《2017/18足球竞赛规则》和《中超联赛商务管理规定》中关于比赛装备管理的规定。

二、中超联赛比赛装备管理规定从俱乐部队抵达赛场起至离开赛场期间有效。

第四十三条 比赛服

一、参赛俱乐部队必须上报两套颜色不同的比赛服（1套深颜色和1套浅颜色），并指定1套为主场比赛服，1套为客场比赛服。

二、比赛双方俱乐部队，必须携带两套不同颜色的比赛服到达赛区并在比赛日带入场地。

三、比赛双方俱乐部队必须穿着颜色差异明显的比赛服，并经裁判员认可。如裁判员或比赛监督认为参赛双方比赛服颜色可能引起混淆或不适合电视转播，将有权要求更改比赛服颜色。主队应穿首选比赛服（不应混穿），客队避开主队比赛服颜色选择比赛服，如有必要，经比赛监督和裁判员认可后，可将本队两套比赛服混穿。两队确定比赛服装颜色后，裁判员会根据两队比赛服装颜色选择裁判服装颜色，如果裁判员及助理裁判员上衣服装颜色与守门员上衣服装颜色冲突，则守门员必须更换比赛服上衣颜色；比赛监督对比赛服装颜色有最终决定权。

四、比赛服号码颜色应与比赛服颜色显著不同（浅色号码在深色服装上或相反）；对于有条纹颜色搭配的比赛服，为保证视觉效果，应在比赛服保留一块纯色位置供印制号码。

五、比赛时球员护踝和脚踝绷带必须与袜子同色或透明。

六、比赛服装号码必须与报名表相符，不得更改、无号或重复。

七、比赛服广告按照《中超联赛商务管理规定》执行。

第四十四条　责任

中超联赛比赛装备管理规定，最终解释权归中国足球协会所有。中国足球协会不承担违反中超联赛比赛装备管理规定所造成的任何损失和责任。

第九章　票　务

第四十五条　票务方案

中超公司负责为俱乐部提供球票票样设计。俱乐部应按照票样设计进行印刷，并确保球票上印有比赛场地、座位号码或序列号。

第四十六条　购票须知

各赛区及俱乐部应以适当方式向社会公布本赛区所有中超比赛球票的购票须知。

第四十七条　赠票

一、主场俱乐部应为客场俱乐部预留 50 张赠票。

二、主场俱乐部每场比赛应为中国足球协会提供 30 张赠票。

三、主场俱乐部有义务在每场比赛时，向其注册会员协会无偿提供 150 张比赛门票，用于当地足球工作者、教练员、裁判员等观摩比赛。

四、其它赠票参照《中超联赛商务管理规定》执行。

第四十八条　客队球迷看台

主场俱乐部应在每场比赛时安排专门看台区域供客队球迷观赛，相关票务方案由主、客俱乐部协商执行。

第十章　医疗与兴奋剂检测

第四十九条　医疗

一、医疗设施和药品

（一）主场赛区必须按照《中超联赛体育场规程》的相关规定在比赛场地提供医务室及相关医疗设施及药品。

（二）体育场内设有随时可用、配有空调、明亮且通风良好的兴奋剂检测室，同时该检测室还需配有下列设备：

1张桌子和8把椅子、1个带锁的柜子、配有马桶的卫生间、洗手池、镜子和淋浴、配有未开封的矿泉水等非酒精饮料，及冰箱和电视机各1台。

二、医务人员

比赛期间，主场赛区必须配备如下医务人员：

（一）体育场医务室内必须配备1名有资格的医师和训练有素的急救护理人员若干名。

（二）场地医护服务：1名场地急救医师、8名担架员、两辆配有急救设备的救护车。

（三）兴奋剂检测及监管人员：1名兴奋剂检测助理、4名兴奋剂检测陪护、足够的安保人员。

三、如果赛区未能提供第四十九条规定的设施、人员、药品和物品，将受到相应处罚。

四、参赛俱乐部必须为其俱乐部队所有成员的住院、外科手术和专业医疗检查支付所有费用。

第五十条　兴奋剂检测

一、中超联赛严禁参赛球员使用兴奋剂。

二、兴奋剂检测相关工作按照兴奋剂检测中心相关规定执行。

第十一章　纪律处罚和程序

第五十一条　红黄牌停赛

一、在中超联赛同一赛季中，同一名球员被出示黄牌累计4次，自动停赛1场；同一名球员第一次被出示红牌，自动停赛1场；第二次被出示红牌，处停赛2场；第三次被出示红牌，处停赛4场，依此类推，加倍停赛；比赛中被出示红牌的球员和被罚离替补席的官员必须返回更衣室，不得再次进入比赛场地和技术区，也不得进入看台。如有轮空、补赛或比赛场次日期调整，自动停赛按时间顺序执行；如中国足协纪律委员会针对相关情况做出加重或减轻处罚的决定，以纪律委员会的决定为准。

二、在中超联赛中，1+1黄牌产生的红牌按红牌计，同时此2张黄牌不计入累计黄牌。

第五十二条 纪律处罚

一、中超联赛中违规违纪行为和事件，由中国足协纪律委员会根据比赛监督、裁判监督、裁判员的报告或其它视频材料等进行处理。

二、如果主办方认为存在违规行为，则有权在无比赛监督、裁判监督、裁判员报告时启动调查程序。

第五十三条 球员或官员使用暴力

在赛区，包括但不限于比赛场地、更衣室、训练场地和下榻酒店，被裁判员或比赛监督报告的任何球员或官员的违反纪律行为和暴力行为，将由中国足协纪律委员会依照相关规程和规定进行处理。

第五十四条 抗议

一、本规程中抗议是指针对直接影响中超联赛比赛的事件（如比赛草坪状况和场地标记、标线、比赛装备、球员比赛资格、体育场设施、比赛用球等）和违反本规程的行为进行的抗议。

二、由裁判员根据比赛相关事实做出的场上判罚为最终判罚，对此不得提出抗议。

三、除非另行规定，提出抗议首先应该在比赛结束后2个小时之内，由相关俱乐部以书面形式提交给比赛监督，同时应立即准备一份书面报告（包括最初抗议的复印件）和抗议费2000元，在该比赛结束后两日内提交给主办方，抗议费概不退还。

四、对发生在比赛进程中的抗议应该在事件发生后，比赛重新恢复前，由俱乐部队队长立即向裁判员提出。俱乐部队领队应该在比赛结束后的2小时内向比赛监督提交书面抗议进行确认。

五、如果向主办方提出没有事实依据的或者不负责任的抗议，纪律委员会将有权对其进行处罚。

六、当该场比赛结束2日后，所有在此条款中描述的抗议都将不被受理。

第五十五条　诉讼仲裁

一、禁止俱乐部及其所属赛区、会员协会及其球员或官员将争端提交到当地法庭，但可以按照适当程序提交到中国足球协会的相关职能部门处理。

二、对于涉及中国足球协会、俱乐部、中国足球协会会员协会、联赛、俱乐部球员、官员和持证经纪人的中超联赛相关纠纷，应迅速在第一时间协商处理。

三、如果上述申诉手段均已动用且问题未得到解决，或者有可能提出正式申诉成为中超联赛中诉讼案件，则由中国足球协会仲裁委员会负责受理。

第十二章　运营与管理

第五十六条　比赛监督

比赛监督由主办方指派，代表主办方按照《中国足协联赛比赛监督工作规范》的规定指导、协调、监督赛区工作，并对比赛和赛区工作进行监督、指导和评定，向主办方负责。

第五十七条　裁判监督和裁判员

一、裁判监督、裁判员、助理裁判员、第四官员、视频助理裁判员（VAR）、附加视频助理裁判员（AVAR）由中国足球协会裁判委员会根据当年度制定的《联赛裁判员选派办法》进行选派。

二、裁判员参加中超联赛工作，必须遵守中国足球协会裁判委员会、主办方各项规定。

第五十八条　中超联赛商务经营

按照中超公司董事会（或股东会）最新通过的《中超联赛商务管理规定》执行。

第五十九条　中超联赛费用

按照中超公司董事会（或股东会）最新通过的《中超联赛及预备队联

赛竞赛组织经费管理规定》执行；

一、主办方将承担并支付下列费用：

（一）中超联赛整体组织费用。

（二）中超联赛比赛监督、裁判监督、视频助理裁判观察员、裁判员、视频助理裁判员、附加视频助理裁判员、调研员等食宿、交通、津贴费用。

（三）向赛区委员会下拨基本办赛经费。

二、俱乐部将承担以下费用：

（一）体育场租赁费用、安全保卫费用。

（二）客队参加比赛、训练、会议的车辆使用费。

（三）客场比赛差旅费用。

（四）每个主场比赛向中国足球协会交纳1元人民币，向主场会员协会交纳2.5%的门票分成。

（五）其它可能的费用。

三、赛区委员会将承担以下费用：

（一）赛区组织费用。

（二）其它可能的费用。

第六十条 赛区经费

一、主办方向赛区委员会划拨基本承办比赛办赛经费，该经费除满足中超联赛比赛组织之需外，如有剩余则应用于在当地开展足球活动。

二、中超联赛比赛监督、裁判监督、裁判员、调研员参加赛区工作的费用，由主办方另行支付。

三、赛区委员会不得要求俱乐部支付其它额外费用。

第六十一条 赛区财务报表

一、比赛监督、裁判监督、视频助理裁判观察员、裁判员、视频助理裁判员、附加视频助理裁判员、调研员差旅及津贴报告表

（一）比赛监督、裁判监督、视频助理裁判观察员、裁判员、视频助理裁判员、附加视频助理裁判员的酬金及往返赛区、市内交通费由中超公司统一支付，往返飞机票由中超公司指定票务代理机构统一办理，赛区不再报销上述费用（城市间火车票、长途汽车票、轮船票除外）。

（二）竞赛官员城市间交通如乘坐火车、轮船、长途汽车，有关费用

由赛区代垫报销，赛区填写代垫报销发放表及凭证，并由报销人、领取人签名，会计签名，比赛监督认证并签名；赛区技术信息调研员的酬金，经赛区、中超联赛部审核后由中超公司通过银行卡直接支付。

（三）赛区委员会在全年联赛结束后15日内，将代垫报销发放表逐项如实填写并加盖公章后，连同报销凭证，一并寄报主办方财务管理部门进行结算。

二、赛区财务报告表

（一）赛区委员会财务组在每场比赛结束后，认真审核比赛收支，逐项如实填写《中超联赛赛区财务收支报告表》，加盖赛区委员会公章，于赛后7日内寄报主办方财务管理部门。

（二）全年联赛结束后15日内，赛区委员会将《中超联赛赛区财务收支结算表》逐项如实填写并加盖公章后，连同分析报告一并寄报主办方财务管理部门。

第六十二条　奖项

按照中国足球协会下发的《中超联赛各类奖项评选办法及实施细则》执行：

一、“最佳”奖项：

（一）评选“最佳球员”奖、“最佳射手”奖、“最佳守门员”奖、“最佳新人”奖、“最佳教练员”奖（如最佳球员、最佳射手、最佳教练员为外籍人员，则增设“最佳国内球员”奖、“最佳国内射手”奖、“最佳国内教练员”奖）、评选最佳球员阵容。

（二）评选“最佳裁判员”金、银、铜哨奖，“最佳助理裁判员”金、银、铜旗奖。

（三）赛区工作评定积分最高的若干赛区将获优秀赛区奖和分项优秀赛区奖。

（四）评选若干优秀赛区工作人员奖，包括：赛区优秀协调员奖、赛区优秀新闻官奖、赛区优秀场地组长奖。

二、评选公平竞赛俱乐部队。

三、除非中国足球协会有其它决议，除了上述奖项外，不设其它奖项。

第六十三条 奖杯与奖牌

一、第一名俱乐部队获得流动冠军奖杯。

二、第一名俱乐部队获得金牌50枚；第二名俱乐部队获得银牌50枚；第三名俱乐部队获得铜牌50枚。

第六十四条 颁奖典礼

一、主办方将在赛季结束后指定日期举行中超联赛颁奖典礼。

二、获得奖项提名的俱乐部队和个人应参照本规程第二十四条规定出席颁奖典礼现场。

第十三章 附 则

第六十五条 知识产权

中国足球协会是整个中超联赛赛季进行期间唯一且具有排他性的所有知识产权的所有者，包括但不局限当前和未来中国足球协会和中超联赛的名称、标识、商标、技术报告、出版物、奖牌和奖杯等的使用权利。以上提及的任何权利的使用都应该事先获得中国足球协会的书面同意书，而且必须遵照中国足球协会的说明和指导采取正确的使用方法。

第六十六条 未尽事宜

本规程由中国足球协会解释，未尽事宜和由于不可抗力造成的事件都将由中国足球协会做出决议，该决议为最终决议。

第六十七条 批准

本规程由中国足球协会批准生效。

中国足球协会超级联赛商务管理规定

（2018年）

第一章 总 则

第一条 为了规范中国足球协会超级联赛（以下简称“中超联赛”）商务工作，开发中超联赛市场潜力，促进中超联赛品牌发展，维护中超联赛合法权益，中超联赛有限责任公司（以下简称中超公司）制定《中国足球协会超级联赛商务管理规定》。

第二条　中超联赛商务管理体系由中国足球协会中超联赛各赛区委员会、中超公司及中超联赛各参赛俱乐部（中超公司各股东单位）共同组成。

中国足球协会是中超联赛全部商务资源的拥有者以及中超公司的最大股东单位。

中超公司是依据中国足球协会授权对中超联赛整体商务资源进行独家经营、管理的机构。

中超联赛各赛区组委会（包括中超联赛各参赛俱乐部）负责各自赛区的商务执行工作，必须无条件支持和协助中超公司落实各项商务工作。

第三条　中超联赛各赛区商务监督是由中超公司委派，具体负责中超联赛各赛区商务监督和协调工作的人员。

商务监督具有对中超联赛非比赛日和比赛现场商务工作落实情况做如实报告和记录的职责，并拥有对中超联赛比赛现场商务落实情况做现场协调和监督的权力和责任。商务监督员的报告和记录，将作为认定比赛现场商务落实情况以及对违规情况进行事后处理的重要依据。

中超联赛各赛区组委会（包括中超联赛各参赛俱乐部）相关单位和个人同意无条件支持和协助商务监督开展落实相关工作。

中超联赛指派的当场比赛监督有责任对中超联赛赛区的商务工作进行监督和给予支持。

第四条　中超联赛知识产权包括但不限于中超联赛的名称（中超联赛和冠名企业简称组成的当年度中超联赛正式名称、简称及其对应英文）、标志、合成标志、品牌、主题曲、吉祥物、奖项、奖杯、赛程、数据、统计等，未经中超公司书面许可，任何组织或个人不得以任何形式将上述内容加以改变或用于商业、非商业开发或行为。

中超联赛各赛区组委会、各中超俱乐部在与中超联赛相关的场合中（包括但不限于电视转播、网络转播、电台广播、网络报道、平面媒体报道、现场广播、现场大屏幕字幕、各类宣传推广活动、制作物、各类公开或非公开发行的出版物等），应正确使用中超联赛名称及中超公司许可使用的各类知识产权。

第五条 中超联赛的冠名由中超公司统一开发，其他单位或个人不得以任何形式对中超联赛比赛进行冠名，包括但不限于单场比赛或多场比赛。

中超联赛的奖项由赛事主办方统一设定，其他单位或个人不得以任何形式对中超联赛单场或多场比赛进行颁奖或冠名各类奖项。

赛事主办方根据各赛区组委会的实际工作情况和各中超俱乐部的比赛成绩统一制作并颁发相应的奖杯和奖牌。

第二章 中超联赛赞助商独家权益的保护

第六条 中超联赛的赞助商、合作伙伴依据合同条款或享有其赞助产品或服务类别的独家保护和排他性的商务权益，具体规定按照中超公司在每赛季正式开始前发布的《中超联赛商务开发产品类别保护通知》执行。

中超联赛赞助商、合作伙伴是指中超公司统一招商，对联赛实施整体赞助的赞助商企业。包括冠名商、官方合作伙伴、官方供应商、官方媒体合作伙伴、中超联赛合作企业及其他赞助商或合作伙伴。

各赛区组委会、各中超俱乐部（包括球员、教练组成员及工作人员）有责任维护中超联赛赞助商、合作伙伴的权益，不得在中超联赛比赛日以任何形式参与宣传和展示中超联赛赞助商、合作伙伴（根据《中超联赛商务开发产品类别保护通知》拥有独家保护权益的企业）的竞争企业或品牌，也不得允许相关竞争企业或品牌在比赛日全天于比赛场内外进行任何形式的营销活动，更不得允许俱乐部教练员、运动员、中高层的工作人员或球队集体在任何场合参加未满足《中超联赛商务开发产品类别保护通知》中的排他品牌合作金额条件的企业相关推广活动或拍摄平面、视频、广播广告。教练员、运动员的个人代言不受此项要求，但需提前将证明材料或代言协议发至中超公司审核备案。

第七条 在中超公司与赞助商、合作伙伴签署合作协议日期之前，如某中超俱乐部已与该类产品或服务类别的企业签订了合作协议，此合作将不受中超联赛关于此类行业、产品或服务类别排他性限制，直至协议执行完毕。相关俱乐部需将此协议扫描的电子版文件传至中超公司备份。

第八条 由中甲联赛升至中超联赛的俱乐部，在中甲联赛期间签订的合作协议如与中超联赛赞助商、合作伙伴的独家保护相冲突时，必须按照

《中超联赛商务开发产品类别保护通知》执行，除非得到相关中超联赛赞助商、合作伙伴的书面允许。

第九条　中超联赛的广告种类及形式包括：联赛冠名、球队冠名、比赛服广告（包括袖标）、赛场LED广告设备、赛场冠名条幅、赛场其他条幅、VIP区域展板、入场仪式球托、球票正面广告、球票背面广告、球网后固定A字板广告、3D地毯广告、角旗区及替补席区域模型摆放、球网两侧小型立牌广告、球场中圈广告、替补席内外广告、球员入场通道门及地铺广告、赛场大屏幕广告、新闻发布厅广告、各类新闻发布会和采访背景板、牵手球童、媒体及各类工作人员服装广告等。

各中超俱乐部同意按照中超公司商务工作的通知进行相应商业权利开发（见上述表格），并遵守本规定第二章和当年度中超联赛独家权益保护的要求。所有广告内容必须符合有关法律、行政法规以及本规定中有关发布广告的要求，严禁以任何形式发布违规广告。

各赛区组委会、各中超俱乐部在比赛日前一天和比赛日当天于体育场内发布任何形式或内容的广告，必须提前通过传真或电子邮件方式，向中超公司申报并获得批准后方可发布。

第十条　中超联赛赛场LED设备在主摄像机对面场地边线外侧（主席台对面）、两侧场地底线外侧（球网后）摆放。在确保不影响比赛和球员身体安全的情况下，与底线或边线的摆放距离为1至6米之间，具体摆放及要求按照赛季前发布的相关商务工作文件执行。

中超公司拥有赛前60分钟、比赛中55分钟、中场休息15分钟、全部伤停补时的时段和赛后所有时间播放联赛统一广告和宣传内容，各中超俱乐部拥有比赛中35分钟时段展示赞助商的广告。各中超俱乐部未经过中超公司批准不得擅自调整文件的发布内容、时间与顺序，所发布的LED广告必须提前一天（首场主场比赛的LED广告应提前三天）通过传真或电子邮件方式，向中超公司申报并获得批准后方可发布。

第十一条　中超联赛赛场二圈固定广告板在两侧面LED设备外侧分别摆放，单侧数量不多于9块，两侧总数量不多于18块，尺寸要求为：每块6米×1米。中超公司拥有10块二圈固定广告板资源（左右两侧各5块），各中超俱乐部拥有剩余二圈固定广告板资源。

具体摆放要求及双方广告位置按照本年度中超联赛赛场广告布置图执行。未经中超公司批准，各中超俱乐部不得擅自增加此类广告板数量和变换摆放位置，赛季初所发布的广告必须提前十五天通过传真或电子邮件方式，向中超公司申报并获得批准后方可发布，所有的制作均由中超公司统一安排并运送至各赛区，费用由中超公司承担；赛季开始后如有更换，必须提前十五天通过传真或电子邮件方式，向中超公司申报并获得批准后方可发布，中超公司按照各俱乐部提供的 AI 格式的文件统一制作，并发往各俱乐部，俱乐部承担制作与运输费用（此费用由中超公司先行垫付，赛季结束后凭电子邮件确认件和发票信息进行扣款）。

第十二条 中超联赛赛场3D 地毯广告在球场两侧球网的远离主席台的一侧各设 2 块 3D 地毯广告，在球场两侧球网的离主席台近的一侧各设 1 块 3D 地毯广告，其中在球场两侧球网的远离主席台的一侧共 4 块 3D 地毯广告中的 2 块经营权归俱乐部所有（靠近远端角旗区）。具体摆放要求及双方广告位置按照本年度中超联赛赛场广告布置图执行。

中超公司统一发布的 3D 地毯广告制作尺寸不超出 3m × 15m，各中超俱乐部自营 3D 地毯广告的制作尺寸不得超出 3. 5m × 17m。各中超俱乐部所发布的 3D 地毯广告必须提前十五天通过传真或电子邮件方式，向中超公司申报并获得批准后方可发布。

第十三条 赛场其他广告规定：

（一）球员出场通道（含通道门）固定展示中超联赛统一广告，发布要求由中超公司另行通知。

（二）在主、客队替补席及第四官员席内外侧（从左端至右端）固定展示中超联赛统一广告，发布要求由中超公司另行通知。

（三）球场中圈在开球前 20 分钟开始固定展示中超联赛统一内容，入场仪式全部结束后立即撤除，发布及执行要求由中超公司另行通知。

（四）在赛场远离主席台的两个角旗区设中超联赛赞助商实物展示区，固定展示中超联赛赞助商的广告，展示区具体的设计及搭建工作由赞助商负责。

（五）在两侧球网附近设小型立牌广告展示中超联赛统一广告，具体摆放要求由中超公司另行通知。

（六）在两侧球网后与 LED 之间摆放展示赛事名称的固定广告。

（七）在替补席区域摆放中超联赛赞助商模型广告，发布要求由中超公司另行通知。

（八）赛场横幅、替补席内外贴、二圈固定广告板、发布会/瞬采/混采板、入场球托、球员通道拱门等制作物框架及画面，如遇损坏或破旧必须及时更换，并按照第十一条中二圈固定广告版更换流程及要求执行。

第十四条　各中超俱乐部在主场比赛时，严格遵守《关于规范中超联赛大屏幕播放和及现场广播的通知》、相关商务工作通知以及比赛倒计时的规定播放中超公司提供的视频广告。在确保中超联赛统一广告内容播放完毕以及不影响竞赛程序的情况下，俱乐部可以播放自有内容，但所发布的广告必须提前五天通过传真或电子邮件方式，向中超公司申报并获得批准后方可发布。

第十五条　比赛日当天，除中超公司同意发布的广告以及中超公司统一举办的赛场推广活动外，赛场内（包括但不限于围栏、墙体、体育场跑道、沙坑、观众看台、贵宾包间、各类功能房、体育场通道及相关区域、体育场上空等一切跟比赛有关的区域）不得出现任何形式（包括但不限于条幅、旗帜、模型、展架、地铺、海报、气球等）的广告或变相广告，更不能出现有悖国家法律或规定的文字、标语、画面。

各赛区组委会和俱乐部应对球迷协会的条幅及赛区宣传标语、口号的条幅等进行统一管理，不得遮挡或影响中超联赛各类条幅、广告的正常展示。各赛区组委会和俱乐部有义务协调公安机关或有关方面对违反上述规定的广告给予及时清除或撤换。

第十六条　比赛日当天，赛场内不得以任何形式出现违反中超联赛赞助商独家权益保护要求的广告。

第十七条　各中超俱乐部必须妥善保管中超联赛相关广告设备（包括但不限于 LED、3D 地毯广告）、制作物、展示品等，如因丢失、损坏等保管不善的原因导致无法正常展示、损伤赞助商权益、影响中超联赛整体形象等问题的出现，相关俱乐部必须承担由此产生的违规处理和赔偿责任。

第四章　中超联赛赛场布置整体要求

第十八条　各赛区组委会、各中超俱乐部必须在比赛日前一天和比赛日当天提供干净、无广告的比赛场地（包括内场及所有功能区域）。在此期间，中超联赛的广告发布和场地布置不能受到任何阻碍和限制。

中超联赛各赛场的广告发布和赛场布置由中超公司统一管理，各赛区组委会、各中超俱乐部同意无条件执行，具体要求按照本年度“中超联赛赛场广告布置图”执行。

中超联赛各赛场的所有功能区域（包括不限于主席台、文字记者席、替补席、第四官员席、球员休息室、裁判员休息室、媒体中心、竞赛办公室等）的指引和标牌，由中超公司统一制作、管理，各赛区组委会、各中超俱乐部同意无条件执行。

中超联赛各赛场的广告发布和场地布置必须在比赛日前一天完成，如遇恶劣天气，室外内容和工作可在比赛日当天上午完成。

第五章　中超联赛球票、证件权益的实施

第十九条　中超联赛球票（包括每场比赛的各级别散票、请柬等，不包括俱乐部年票或年卡）的样式、尺寸及正面（请柬为封一、封二、封三）内容由中超公司统一设计后提前三十天提供给各中超俱乐部印制、销售，印制纸张建议使用200克或250克铜版纸，一次印制数量（场次）以中超公司通知的信息为准。

各中超俱乐部可在规定的区域添加俱乐部标志和防伪记号，但不得改变统一规定的主体内容，更不得在球票的正面粘贴其他票务公司、代理公司的任何信息。散票的背面、请柬的封四及插页广告由各俱乐部自主经营，所发布的广告必须提前二十天通过传真或电子邮件方式，向中超公司申报并获得批准后方可发布。

各中超俱乐部可自行设计制作年票或年卡，但必须使用正确的当年度中超联赛合成标志和全名称（或简称）。

第二十条　各中超俱乐部同意在每个主场比赛至少前三天向中超联赛赞助商、合作伙伴提供比赛球票和各类证件，俱乐部应做好赠票、证件登记工作，以便防止转售行为的发生，球票和证件的具体要求以中超公司书面通知为准。在联赛开始后，如中超公司签约新的赞助商、合作伙伴，相关票证的数量要求由中超公司另行通知。

中超联赛赞助商、合作伙伴除根据合作协议获取相应赠票外，有优先购买一定数量的单场次球票的权利，各俱乐部应给予大力支持，不得惜售和提价。

第二十一条 各赛区组委会、各中超俱乐部如发现提供给中超联赛赞助商、合作伙伴的赠票有转售现象，各中超俱乐部应及时向中超公司提供相关证据，中超公司将视情况进行处理。

如果中超联赛赞助商、合作伙伴的赠票和证件出现转售行为被各赛区组委会和俱乐部发现，相关俱乐部与中超公司核实确认后，有权要求中超公司扣减该赞助商获得的赠票，扣减数量为确认转售数量的2倍；如出现2次及以上转售行为，扣减数量为确认转售数量的3倍。被扣减的赠票归相关俱乐部所有。扣减场次由中超公司与俱乐部协商选择，原则上，如果转售只涉及一场比赛，则只能选择下一场比赛进行扣减，以此类推。

第二十二条 在涉及中超联赛开幕式和中超联赛冠军颁奖仪式的比赛场次，主场比赛俱乐部应按照中超公司要求特别预留足量的球票和证件，具体要求由中超公司另行通知。

第六章 中超联赛广告拍摄权益的实施

第二十三条 各中超俱乐部（包括教练员和球员）有责任参加中超联赛各类宣传片的拍摄活动，并积极配合中超公司指定的官方团队拍摄、录制球队全家福、教练员和球员的照片、视频、声音等，用于中超联赛的制作物及整体宣传推广。

第二十四条 各中超俱乐部（包括教练员和球员）有责任参加中超联赛赞助商、合作伙伴的平面、视频、广播广告拍摄和录制活动。上述肖像使用为来自不同俱乐部的三人以上（含3人）的群体肖像，在平面广告中为同一画面中出现不少于三位球员的静止形象，在视频广告中为视频中不少于三位球员的动态形象分别或一同出现，此广告不代表任何球员单独代言中超联赛赞助商的产品或服务。

球员参加上述活动所产生的交通、食宿费用和劳务费由赞助商负责，球员参加拍摄的劳务费为不高于3万元（或同等价值的产品）/人/次，俱乐部应该协调球员或球员的经纪公司/人不得提出高于人民币3万元（或同等价值的产品）/人/次的拍摄劳务费要求。

第二十五条 各中超俱乐部应与教练员和球员在工作（劳动）合同中签署“中超公司和中超联赛赞助商、合作伙伴有权利使用合同期内教练员、运动员的肖像权和声音权，用于中超联赛和中超联赛赞助商、合作伙伴的商业或非商业的宣传推广”的条款。

第七章 中超联赛推广活动权益的实施

第二十六条 各中超俱乐部（包括教练员和球员）有责任参加由中超公司或中超联赛赞助商、合作伙伴举行的各类官方活动或推广活动，并按照中超公司或中超联赛赞助商、合作伙伴的需求安排落实教练员、运动员。

中超公司或中超联赛赞助商、合作伙伴举行的各类推广活动涉及到在当地的申报工作、当地媒体宣传工作、场地及配套设施落实工作、活动所需球票证件、活动期间的现场维护协调等工作由当地俱乐部协同赛区组委会执行落实。

第二十七条 中超公司鼓励各中超俱乐部，结合当地情况开展形式多样的公益活动，同时鼓励球员积极参加社会组织的公益活动。

俱乐部每次公益活动后的相关材料（包括视频、照片、媒体报道等）应及时提交中超公司作为赛季评优的重要依据。

第二十八条 比赛日当天，中超公司或中超联赛赞助商、合作伙伴在体育场内外进行的特许经营、销售、展示、调查、礼品派发、表演、球迷互动等活动，各赛区组委会和各中超俱乐部要尽全力支持此项工作并积极参与。

作为比赛日活动的一项内容，中超公司、中超联赛赞助商、合作伙伴有权选择单场或多场比赛招募小球童作为牵手球童并统一穿着定制服装（或仅提供统一服装），具体场次由中超公司在赛季开始前另行通知。各赛区组委会、各中超俱乐部应给予培训指导和积极协助，不得阻碍和限制此项活动权益的开展。

第二十九条 比赛日当天，在不影响中超联赛赞助商、合作伙伴赛场推广活动的前提下，各赛区组委会、各中超俱乐部可自行举办赛前、中场休息时和赛后的内场活动，但活动形式、内容、流程、涉及的广告等，必须提前五个工作日通过电子邮件或传真，向中超联赛部及中超公司申报并获得批准后方可开展。

第八章 中超联赛新闻管理中商务权益的实施

第三十条 各赛区组委会、各中超俱乐部应按照相关要求进行赛场内的新闻发布厅、赛后瞬间采访及混合采访区的布置、组织工作。

第三十一条 在召开赛前、赛后新闻发布会时，会场内除摆放中超联赛赞助商产品或广告外，不得出现其他任何形式的广告，包括但不限于实物、模型、展架、海报等广告。

第三十二条 在比赛日前一天和比赛日当天，赛场内进行的任何采访或发布会都被认为是中超联赛官方行为。任何俱乐部的官员、教练员、球员、翻译穿着的服装必须没有任何广告（除了新闻发布会、瞬间采访、混合采访时穿着的比赛服）。

第九章 中超联赛特许产品开发

第三十三条 各中超俱乐部同意中超公司有权使用及授权第三方使用俱乐部自身名称、标志、歌曲、数据、教练员、球员等相关资源，以及各俱乐部教练员、球员的图片和音像素材（包括但不限于姓名、数据统计、资料、肖像、声音等），以及俱乐部主体育场、球衣、官方装备的影像素材，以单独或整体形式开发商业或非商业用途的特许产品。如中超公司单独开发某俱乐部的特许产品，将给予相应俱乐部专项分成，分成比例为：中超公司单独开发某俱乐部特许产品获得的收入的80%，此收入剩余的20%将计入中超公司整体收入。

中超联赛特许产品将以中超联赛整体 VI、各中超俱乐部资源和足球文化为主要元素，产品品类包括但不限于限量纪念品、生活用品、球迷用品、定制产品、贵金属产品、商务礼品、画册、收藏类产品（如卡牌、邮票、贴纸、拼图等）和游戏类产品（如电子游戏、网络游戏、桌面游戏、手机游戏等）。

各中超俱乐部应与教练员和球员在工作（劳动）合同中签署“中超公司有权利使用合同期内教练员/运动员的姓名（含中文姓名、外文姓名、昵称)、肖像(含虚拟形象)、表现数据、资料和声音,用于中超联赛特许产品开发以及中超公司认为正当的其他用途”的条款。如因经纪公司、协议约定等无法达到此条要求的教练员或球员,俱乐部应将相关协议扫描件或复印件发至中超公司留存备份。

第三十四条 特许产品销售渠道包括俱乐部主场现场、俱乐部专卖店、网络平台、零售渠道连锁体系、集团购买和定制等。各中超俱乐部同意在上述渠道无条件给予宣传、销售的支持和配合。

第十章 中超联赛装备权益的实施

第三十五条 中超联赛各赛区牵手球童服装、旗手服装和鞋、捡球员服装和鞋由中超联赛赞助商统一提供,各赛区组委会应确保上述人员统一着装,不得允许其他体育品牌的装备出现。具体要求按照《关于规范中超联赛入场仪式牵手球童相关工作的通知》执行。

第三十六条 中超联赛各赛区内场人员标志服由中超公司在每赛季开始前统一提供,赛季进行中不再增补。内场人员标志服根据人员职能分为:主播、持权转播、摄影记者、信息数据采集、内场工作、捡球员、医护等。各赛区组委会收到内场人员标志服后,必须做好使用人员的登记管理工作,同时要求内场相关人员穿着此标志服开展工作,严禁不发、乱发、假冒情况的发生。

第三十七条 各中超俱乐部的全套训练和比赛装备由中超联赛赞助商统一提供,所有俱乐部工作人员、教练员、球员在与中超联赛有关的场合中必须穿着赞助商统一提供的装备。具体要求按照《进一步规范各俱乐部着装要求的通知》执行。

各中超俱乐部应指派专人负责装备事宜,并与中超联赛赞助商一同做好装备的确认、发货、收货、调换、使用、分配等工作。

第三十八条 各中超俱乐部的运动装备中,只有主场、客场比赛服的上衣胸前、背后、右臂可以发布广告,比赛服其他位置、比赛服内的内衣不得以任何形式发布任何企业或品牌的广告。比赛日前一天的官方训练和比赛日当天,非比赛服在赛场内不得以任何形式发布任何企业或品牌的广告。

（一）比赛服胸前广告的最大面积不得超过 $300cm^2$，最高尺寸不得超过 12cm。

（二）比赛服背后广告必须在号码正上方，最大面积不得超过 $200cm^2$，最高尺寸不得超过 10cm。

（三）比赛服右臂的袖标广告不得大于左臂中超联赛合成标志的尺寸和面积（尺寸 7cm × 7cm），广告图形为正方形、长方形、圆形、椭圆形、六边形。

（四）比赛服最多展示 4 个广告内容。右臂位置只能展示 1 个广告内容。胸前背后每处不得超过 2 个广告内容。

（五）各中超俱乐部的比赛服左袖上展示本年度中超联赛合成标志，中超联赛合成标志由中超公司统一提供。2019 赛季，比赛服背后广告位置从号码正上方变为号码正下方，号码正上方的位置留给球员英文或拼音名字，具体规范参照 2018 年发布的《中超联赛装备管理规定》。

第三十九条　各中超俱乐部比赛服广告需提前三十天通过传真或电子邮件，向中超公司申报并获得批准后方可发布。俱乐部如更换比赛服广告，也必须提前三十天通过传真或电子邮件，向中超公司申报并获得批准后方可更换。

赛季开始后至结束前，比赛服广告最多有 3 次更换机会。任何俱乐部都不得擅自印制和更换比赛服广告，并严禁在原广告内容上通过覆盖等方式发布新广告内容。

各中超俱乐部的比赛服广告经过中超公司批准并完成印制后，必须在首次穿着参加中超联赛比赛之前，将印有广告的比赛服上衣（主场、客场、短袖、长袖各一套）通过快递方式寄到中超公司留存。

第十一章　中超联赛赞助商产品使用的规定

第四十条　中超联赛赞助商对中超联赛的赞助产品，中超公司将按照《中超联赛有限责任公司章程》及《中华人民共和国公司法》的相关规定，按赞助协议约定的分配方案分发到各股东单位。各股东单位应该加强对此类赞助产品的管理，按照赞助商要求在与中超联赛有关的场合中使用从而帮助赞助商宣传推广，禁止通过媒体对赞助产品发布一些不利中超整体形象和利益的评论，禁止将赞助产品进行市场销售或作价处理。

第十二章　中超联赛整体形象和整体利益的维护

第四十一条　中超联赛是一个整体品牌，其形象和利益由联赛有关方面共同维护和提升。相关单位和个人在商务工作中必须以维护整体形象和利益为前提，不得从事有损中超联赛整体品牌利益、形象的任何工作，包括但不限于破坏赞助商关系，阻碍赞助商权益落实和各类宣传推广活动的开展，发布涉及赌、黄、封建迷信等国家严令禁止的广告内容，不履行限制发布类广告要求的手续和程序，对赛场出现的辱骂、挑衅他人的口号标语的疏忽管理，退赛罢赛等情况。

中超联赛各赞助商、合作伙伴有权就中超联赛商务权益落实情况向中超公司提出建议和投诉，中超公司有权利依据本规定对违规俱乐部或赛区做出相应处理，并将处理决定通报中超联赛各赞助商、合作伙伴、赛区组委会和俱乐部。对严重违规事件或本规定未尽事宜的，中超公司报董事会讨论后做出最终处理决定。

第十三章　违规处理

第四十二条　对于任何可能发生的违规行为，中超公司、各赛区组委会、各中超俱乐部均应及时采取措施制止或避免违规的出现。任何俱乐部及俱乐部官员、教练员、球员一旦违反本规定，相关俱乐部同意承担违规责任并接受处理。违规处理的流程为：

（一）出现违规情况或疑似违规情况后，中超公司将根据比赛监督、商务监督等相关人员的报告、照片或相关视频等，在赛后第一时间核实违规行为。

（二）一经核实，中超公司将根据第四十三条规定对相应俱乐部进行处理，并将处理结果进行通报。

（三）如果违规俱乐部对处理结果存在异议，可以在违规处理通知发出后的48小时之内向中超公司提交书面申诉文件，逾期不予受理。

（四）如果俱乐部在规定时间内提交了书面申诉文件，中超公司将报董事会或股东会、董事会授权的机构进行审议，并将审议结果和处理决定告知相应俱乐部，审议结果为最终决定，俱乐部不得再提出申诉。

（五）如果出现第四十四条或第四十五条违规情况，处理结果为最终决定，相关俱乐部无权申诉。

第四十三条 任何俱乐部一旦（首次）违反此规定，一经核实，中超公司有权根据下列标准给予其相应处理：

（一）中超比赛日赛场内权益

中超比赛日当天的赛场内，包括但不限于赛事全名称横幅、替补席顶部和内部广告贴、球员通道地铺和出场门、角旗区及替补席区域模型摆放、二圈固定广告板、球网两侧小型立牌广告、球场中圈广告、运动装备（包括运动员、教练员、牵手球童、赛场内的所有工作人员等）、比赛服广告（包括袖标）、入场仪式球托、大屏幕广告、新闻发布厅（包括比赛日前一天和比赛日当天）、赛场围栏、墙体、体育场跑道、沙坑、观众看台、贵宾包间、各类功能房、体育场通道及相关区域、体育场上空、瞬间采访板、混合采访板、VIP区域展板等中超公司统一制定的赛场要求，如出现了缺失、遮挡、损坏、误播、漏播、未按要求布置或发布等，以及未经中超公司批准增加非中超赞助商、合作伙伴的广告，一经核实，中超公司有权对相关俱乐部予以每项目每次扣减参赛费20万元的处罚。

中超比赛日当天的赛场内，如LED广告、球门两侧3D地毯等出现了缺失、遮挡、损坏、误播、漏播、未按要求布置或发布等，以及违反《中超联赛商务开发产品类别保护通知》或未经中超公司批准增加非中超赞助商、合作伙伴的广告，一经核实，中超公司有权对相关俱乐部予以每项目每次扣减参赛费50万元的处罚。

中超比赛日当天的赛场内，如出现中超联赛标语、功能房指引牌、替补席标贴的缺失、污损、未按要求布置或发布等。一经核实，中超公司有权对相关俱乐部予以每次（或每项目）扣减参赛费10万元的处罚。

（二）票证权益

1. 球票未按要求印制或发布的，一经核实，中超公司有权对相关俱乐部予以每次（或每项目）扣减参赛费10万元的处罚。

2. 中超联赛赞助商及合作伙伴拥有全年240场比赛数量不等的请柬、贵宾票、甲等票、停车证。如有赞助商提出投诉俱乐部发放票证过晚、票证数量不足、球票价值低于赞助协议所要求的价值或球票区域不符要求的。一经核实，中超公司有权对相关俱乐部予以每次扣减参赛费 10 万元的处罚，并在下一场次补齐所拖欠的票证。

（三）推广活动、广告拍摄权益

1. 中超联赛赞助商及合作伙伴，在不影响俱乐部正常训练和比赛的前提条件下，有权要求各中超俱乐部教练员、球员和球队（3 人以上，含 3 人）参加平面、视频、广播广告拍摄和录制活动或在球队所在地出席相关推广活动。如在不影响俱乐部正常训练和比赛的前提条件下，出现俱乐部未按要求指派球员、球员拒绝拍摄、参加或在拍摄、参加过程中不配合，一经核实，中超公司有权对相关俱乐部予以每次扣减参赛费 20 万元的处罚。如出现球队拒绝参与球队所在地相关赞助商及合作伙伴的推广活动，或是在参加过程中不配合，一经核实，中超公司有权对相关俱乐部予以每次扣减参赛费 50 万元的处罚。

2. 中超俱乐部教练员、运动员、中高层的工作人员或球队集体若违反本规定中的中超联赛赞助商独家权益的保护条款，一经核实，中超公司有权对相关俱乐部予以每人次或每次扣减参赛费 20 万元的处罚。如出现俱乐部或球队集体（3 人或 3 人以上）违反规定，一经核实，中超公司有权对相关俱乐部予以每次扣减参赛费 50 万元的处罚。

3. 各俱乐部应大力支持和积极配合联赛官方和中超联赛赞助商及合作伙伴在比赛日、非比赛日开展的各类赛场内外的推广活动，如出现俱乐部不予配合、故意刁难，甚至影响了活动的正常开展，一经核实，中超公司有权对相关俱乐部予以每次扣减参赛费 50 万元的处罚。

如中超俱乐部发生上述违规行为，中超公司将根据本条规定下发处理通知并要求相关俱乐部及时整改。如未按要求整改，中超公司将在前次处罚的基础上给予加倍处罚。每赛季同项目违规行为多次发生时，中超公司将在前次处罚的基础上给予加倍处罚，直至扣除全部参赛费。

第四十四条　中超俱乐部违反本规定后，如果相关中超联赛赞助商、合作伙伴扣减赞助款的，中超公司在既定处理基础上将追加处理，按照赞助商扣减费用扣减相关俱乐部年度参赛费用。

第四十五条　中超俱乐部违反本规定后，并对中超联赛整体形象和利益造成严重影响的，中超公司将报董事会或股东会、董事会授权的机构进行审议，并将给予扣除相关单位至少年度参赛费50%的处罚，直至扣除本赛季全部参赛费用，并承担由此带来的赞助商扣减赞助款等一切损失，中超公司保留通过法律途径追偿损失的权利。另外，如俱乐部中途退出中超联赛，该俱乐部则自动丧失本年度中超联赛的所有商务权益。

第十四章 奖 励

第四十六条 各俱乐部同意中超公司把当年扣减违规俱乐部的参赛费列为公司收入，平均分给各俱乐部，但各俱乐部不得参与本俱乐部违规所扣减参赛费的分配。

第十五章 附 则

第四十七条 本规定自中超公司股东会批准之日起生效，后续修订、增加的相关规定经中超公司股东会批准后，中超公司将以公函方式发送给各赛区组委会和各中超俱乐部，作为此规定的更新或补充。

第四十八条 本规定由中超公司负责解释、实施。

中国足球协会纪律准则

（2018年）

第一章 前 言

第一条 目的

为促进足球运动的健康发展，维护足球比赛良好秩序，创造公平竞赛的环境，预防并处罚违背体育道德行为和球场暴力行为，保障球员、官员、比赛官员、观众、足球从业人员、赛区委员会、中国足球协会及其会员协会、俱乐部的合法权益，保护球员的身体健康，促进足球比赛技战术水平的提高，使足球比赛更具观赏性，依据国际足联颁布的《足球竞赛规则》、《国际足联纪律准则》、《亚足联纪律准则》和《中国足球协会章程》，针对违反中国足球协会各项规定的行为，制订本纪律准则。

第二条　原则

中国足球协会纪律委员会遵循独立、公开、公正、公平，处罚与教育相结合的原则，对违规违纪行为及时作出处罚。违规违纪行为触犯国家有关法律法规的，应当根据相关法律法规的规定，由违规违纪责任人承担相应的民事或刑事的法律责任。

第三条　适用范围

本准则适用于中国足球协会管理下与足球运动有关的活动。

第四条　适用主体

以下自然人、组织应服从本准则：

（一）中国足球协会所属各会员协会。

（二）各会员协会所属足球组织和个人。

（三）官员。

（四）球员。

（五）比赛官员。

（六）代理人。

（七）中国足球协会授权的任何人，尤其是和中国足球协会组织的比赛、赛事或其他活动相关的人员。

（八）其他与中国足球协会行业管理有关的单位或个人。

第五条　适用时间

本准则原则上适用于其生效后发生的各种事实。处理本准则生效前发生的事实时，在符合本准则第一条的情况下，也适用于以前发生的事实。

第六条　定义

（一）赛前：球队到达体育场区域到裁判员鸣哨开球之间的时间。

（二）赛后：裁判员终场哨响到球队从体育场区域离开之间的时间。

（三）国际比赛：属于国际足联不同会员协会的两个球队间的比赛（两个俱乐部之间、一个俱乐部和一个代表队、两个代表队之间）。

（四）正式比赛：由国际足联或亚足联主办的各类比赛；由中国足球协会主办的，包括男子或女子、成年或青少年的各级联赛、杯赛、锦标赛及其他比赛；经中国足球协会批准，由会员协会主办的其所辖范围内的男女各级联赛、杯赛、锦标赛；由会员协会批准举办的其他比赛。

（五）官员：除球员外，在中国足球协会及其会员协会或俱乐部从事与足球相关活动的任何人，无论其职位，所从事活动类别（管理、运动或其他），以及从事该活动的时间长短。尤其指领队、教练员、队医、翻译。官员在俱乐部担任主要职务的，其个人所作出的与足球活动有关的行为将被视为俱乐部的行为。

（六）比赛官员：裁判员、助理裁判员、第四官员、比赛监督、裁判监督、安全官员，以及中国足球协会或会员协会指派的和比赛有关的其他任何人员。

（七）中国足球协会规定：中国足球协会章程、规定、规程、决议、通知、各级联赛委员会的相关文件及其他文件。

（八）国际足联、亚足联规定：国际足联、亚足联章程、规定、规程、决议和通知，以及由国际足联颁布的《足球竞赛规则》。

第七条 性别

不论如何措辞和表达，本准则所有条款均适用于男性和女性。

第八条 行使权利

在中国足球协会主办的比赛中出现的违规违纪行为，由中国足球协会纪律委员会负责审核处理。但在中国足球协会主办的分阶段、分赛区的比赛中，可由中国足球协会纪律委员会授权大区或赛区委员会设立相应的纪律委员会，在其（授权的）管辖范围内，依照本准则处理违规违纪行为，并报中国足球协会纪律委员会备案。超越赛区管理权限的，向中国足球协会纪律委员会报告。

在会员协会主办的比赛中出现的违规违纪行为，由会员协会参照本准则执行。

第二章 通则

第一节 处罚条件

第九条 一般违规

（一）除非另有规定，无论故意或一般违规行为，都将受到处罚。

（二）在特殊情况下，即使没有违规行为发生，比赛也可在没有观众的情况下进行，或在中立场地进行，或单纯因为安全原因禁止在某个体育场进行比赛。

第十条 企图犯规

（一）有犯规企图的行为也应受到处罚。

（二）在处理具有犯规企图的行为时，纪律委员会应以实际的违规处罚为依据，可视情节相应地减轻处罚。减轻处罚的尺度由纪律委员会根据相应情况决定，但罚款不得低于本准则第十七条第1款规定的最低标准。

第十一条 参与违规

（一）无论作为肇事者还是参与者，任何故意参与违规行为的人，都应受到处罚。

（二）纪律委员会应根据参与的程度，视情况减轻、增加或调整处罚力度，但罚款不得低于本准则第十七条第1款规定的最低标准。

第二节 处罚种类

第十二条 对各类主体适用的处罚

以下处罚对自然人和组织都适用：

（一）警告。

（二）通报批评。

（三）罚款。

（四）退回奖项。

（五）禁止转会。

（六）取消注册资格。

（七）禁止从事任何与足球有关的活动。

（八）中国足球协会规定的其他处罚。

第十三条 仅适用于自然人的处罚

以下处罚仅适用于自然人：

（一）警告（黄牌）。

（二）罚令出场（红牌）。

（三）停赛。

（四）禁止进入球员休息室和/或替补席。

（五）禁止进入体育场（馆）。

（六）参加社会公益活动。

（七）中国足球协会规定的其他处罚。

第十四条 仅适用于组织的处罚

以下处罚仅适用于组织：

（一）进行无观众的比赛。

（二）在中立场地进行比赛。

（三）禁止在某体育场（馆）比赛。

（四）减少转会名额。

（五）限制引进外籍球员。

（六）取消比赛结果。

（七）比分作废。

（八）扣分。

（九）取消比赛资格。

（十）降级。

（十一）中国足球协会规定的其他处罚。

第十五条 警告

警告是对违规者的一种最轻处罚，如再次出现违规行为，将对违规者实施进一步纪律处罚。

第十六条 通报批评

通报批评是较轻的一种处罚，如再出现违规行为，将对违规者实施进一步纪律处罚。

第十七条 罚款

（一）罚款不应低于1000元人民币，不得高于100万元人民币。

（二）罚款的缴纳时间期限和方式。罚款应由违规者于处罚生效之日起15日内支付至中国足球协会指定账户，逾期未缴者将视情况加重处罚（包括追加停赛、罚款等）。

（三）会员协会或俱乐部承担对其球员和官员罚款的连带责任，即使被处罚者离开协会或俱乐部的，也不能免除该连带责任。

第十八条 退回奖项

（一）被要求退回奖项的自然人或者组织应退回比赛中获得的所有利益，尤其是奖金和象征物（奖牌、奖杯、锦旗等）。

（二）收到的奖金应全部返还（包括奖金所产生的孳息）。在处罚决定生效之日起15个工作日予以返还，逾期将追加罚款等处罚。

第十九条 警告（黄牌）

（一）黄牌警告是比赛过程中裁判员对球员非严重性地违反体育道德的行为进行的警告（参见《足球竞赛规则》第12章）。

（二）同一场比赛中被出示两张黄牌者将被驱逐出场，同时，被罚者在下一场比赛自动停赛。导致红牌的两张黄牌警告即告撤销。

（三）因为比赛中断而导致的重新比赛中，此前在被中断的比赛中的黄牌警告将按照《足球竞赛规则》及有关规程确认。

（四）按照《足球竞赛规则》的第12章规定，如果某球员的行为严重地违反了体育道德，并因此被罚令出场（直接红牌），其先前在同一场比赛中得到的黄牌警告维持不变。

第二十条 罚令出场（红牌）

（一）罚令出场是在比赛过程中裁判员罚令某人离开比赛场地及其周围区域，包括替补席。被罚令出场的人可以进入看台，除非罚令出场包括体育场区域。

（二）对球员的罚令出场以出示红牌为表现形式。如果处罚依据的是《足球竞赛规则》中第12章规定的性质严重的违反体育道德的行为，该红牌的性质为直接红牌；如果是累计两张黄牌，则是间接红牌。

（三）被罚出场的官员可以给替补席上替代他的人指导。但应保证不影响观众或不扰乱比赛秩序的正常进行。

（四）即使在被取消和/或中断的比赛中，被罚令出场也自然导致停止下一场比赛。纪律委员会可以视情况决定是否延长停赛的期限。

第二十一条 停赛

（一）停赛是禁止参与下一场比赛或下一项赛事并（或）禁止进入比赛场地或周边地区。被停赛的球员不得出现在上场球员名单上，并不得进入替补席。

（二）停赛以比赛场次、天数或月的形式出现。除非另有规定，停赛时间不得超过36场比赛或36个月。

（三）如果停赛以比赛场次的形式来计，只有真正进行了的比赛才可以计入停赛场次。如果比赛被中断、取消或最终比赛被终止，只有在比赛的中断、取消或终止的情形不是由被停赛球员所属的球队导致的情况下，被中断、取消或终止的场次方可计入停赛场次。

第二十二条 禁止进入球员休息室和/或替补席

禁止进入球员休息室和/或替补席是指限制或者禁止被处罚对象进入球队休息室和/或比赛场地周边地区，尤其是进入替补席。

第二十三条 禁止进入体育场（馆）

禁止进入体育场（馆）指禁止被处罚对象进入一个或几个体育场（馆）的区域内。

第二十四条 禁止从事任何与足球有关的活动

禁止从事任何与足球有关的活动是指禁止被处罚对象从事任何与足球有关的活动（包括但不限于投资、管理、比赛或其他）。

第二十五条 禁止转会

禁止转会是指被处罚对象在处罚有效期内不得进行转入或者转出的行为。

第二十六条 无观众比赛

无观众比赛是指要求会员协会和俱乐部的球队在没有观众的情况下进行某一场比赛。

第二十七条 在中立场地进行比赛

在中立场地进行比赛是指要求会员协会和俱乐部的球队在另外一个省（市）或同一个省（市）的另一个地区进行某一场比赛。

第二十八条 禁止在某体育场（馆）比赛

禁止在某一体育场（馆）比赛是指禁止会员协会或俱乐部的球队在某一体育场（馆）比赛。

第二十九条 减少转会名额

减少转会名额指减少俱乐部在被处罚期间的具体转会名额数量。

第三十条 限制引进外籍球员

限制引进外籍球员是指俱乐部在被处罚期间减少直至禁止引进外籍球员。

第三十一条　取消比赛结果

取消比赛结果是指一场比赛的结果没有得到承认。

第三十二条　取消比赛资格

取消比赛资格是指禁止参与下一场比赛或下一项赛事，或禁止进入比赛周边区域，取消会员协会和俱乐部的球队参加当前和/或未来中国足球协会举办的相关赛事的资格。

第三十三条　取消注册资格

取消注册资格是指取消会员协会、俱乐部球队或个人在中国足球协会注册的资格。

第三十四条　扣分

扣分是指扣除俱乐部队在中国足球协会主办的比赛的积分（包括已获得的以及此后将会获得的积分）。

第三十五条　降级

降级是指将俱乐部降至下一个级别或者几个级别的联赛。

第三十六条　比分作废

（一）被处罚的球队计为0：3输掉比赛。

（二）如果场上比分超过0：3，则以实际比分为准。

第三十七条　参加社会公益活动

参加社会公益活动是指个人将被要求从事中国足球协会或会员协会认可的相关社会服务活动。

第三十八条　其他处罚

其他处罚系指中国足球协会规定的在本节处罚种类以外的处罚。

第三节　处罚规定

第三十九条　合并处罚

（一）除非另有规定，本准则中通则和罚则部分中的处罚可以合并进行。

（二）在不是很严重的情况下，纪律委员会可只给予警告或通报批评。

（三）被处罚对象具有多种身份时，当因其中一种身份被处罚，其他身份也应一并受到相应限制。

第四十条 暂缓执行部分处罚

（一）纪律委员会在宣布停赛，禁止进入球员休息室和/或替补席，禁止在某一体育场（馆）比赛、进行无观众比赛、在中立场地进行比赛等时，为使被处罚者有及时改正的机会，应根据实际情况考虑是否有暂缓执行部分处罚的可能性。

（二）只有当处罚的期限不超过6场比赛或6个月，而且实际情况允许，尤其是被处罚人在上一个赛季无被处罚的记录时，才可以考虑暂缓执行部分处罚。

（三）纪律委员会应决定处罚的哪一部分可以暂缓执行。任何情况下，至少要执行一半的处罚。

（四）通过暂缓执行处罚，纪律委员会可给予被处罚对象2场比赛到2年的察看期。

（五）如果接受暂缓处罚的对象在察看期内再次违规，暂缓处罚自动终止，恢复执行原处罚，并且原处罚累加在新的处罚之上合并进行从重处罚。

第四十一条 处罚期的计算

赛季期间或赛季之间的休息期均包括在处罚期内。

第四十二条 处罚的期限

（一）除另有规定外，处罚的期限最多为5年。

（二）处罚的期限从实际实施处罚措施之日起开始计算。

第四十三条 处罚的集中管理

（一）处罚记录存储在中国足球协会相关竞赛系统中。纪律委员会秘书通知主管竞赛部门处理结果，由主管竞赛部门以书面、电话、电子或其他形式通告有关会员协会或组织进行确认，或在比赛前与各队领队、主教练进行确认。

（二）相关确认行为只作为一种通告形式，处罚决定的效力按本准则第九十七条执行。

第四节 累计停赛、罚款

第四十四条 累计红、黄牌

红、黄牌累计办法及累计产生的停赛，由各赛事管理部门根据本赛事特点分别予以规定。

第四十五条 累计停赛、罚款

（一）一般情况下，在同一项赛事中任何（球员和其他人的）停赛都将在下一场比赛中执行。

（二）在某一项赛事（包括有年龄限制的赛事、被淘汰或该赛事的最后一场比赛）中没有执行完毕的停赛，按中国足球协会的有关规定执行。

（三）因比赛中被出示红牌而产生的罚款，按有关比赛的竞赛规程执行。

（四）被处以禁止进入球员休息室和/或替补席、禁止进入体育场（馆）等处罚的也应按本条规定处理。

第五节 处罚的决定与执行

第四十六条 一般规定

（一）由纪律委员会决定处罚的范围和期限。

（二）处罚可以适用于一个或多个不同等级的比赛和赛事。

（三）除非另有规定，处罚的期限应详细说明。

（四）决定处罚时，纪律委员会应综合考虑和违规事件相关的所有情况，尤其是被处罚对象的年龄、既往史、个人情况、违规的主观性（故意或过失）、促使其违规的原因、违规的严重程度及事后被处罚对象对违规的认识态度。

第四十七条 侵犯比赛官员

如果违规的受害者是比赛官员，处罚应加重一半（即加罚50%）。

第四十八条 从轻处罚

被处罚对象有下列情形之一的，可以从轻处罚，但不能低于规定的最低标准：

（一）主动公开承认错误并已有深刻认识、能及时采取补救措施，未产生不良影响或严重后果的。

（二）其他可以从轻处罚的情形。

从轻处罚情形，由纪律委员会审议认定。

第四十九条 从重处罚

（一）被处罚对象有下列情形之一的，应当从重处罚：

1. 重复违规违纪的。

2. 情节恶劣、产生不良影响、造成严重后果的。

3. 对投诉人、证人、执法人员等打击报复的。

4. 提供虚假情况，阻挠调查，贿赂比赛官员、工作人员等的。

5. 被追究相应法律责任的。

6. 俱乐部实际控制人、工作人员、官员等在事件中负主要责任的。

7. 其他应当从重处罚的情形。

（二）被处罚对象有下列情形之一的，可以从重处罚：

1. 违规违纪行为发生于死球状态。

2. 侵犯部位系头/面部、裆部等。

3. 一个赛季中受到过其他类别的违规违纪处罚。

4. 虽未造成严重伤害但造成被侵犯对象无法上场。

5. 个人的违规违纪行为引起球员聚集、围堵比赛官员。

6. 个人的违规违纪行为引起观众骚乱、影响比赛秩序。

7. 违规违纪行为系报复行为。

8. 其他可以从重处罚的情形。

从重处罚情形，由纪律委员会审议认定。

第五十条 停赛处罚期

停赛处罚期适用于正在进行的中国足球协会主办的所有正式比赛，并可延至下一赛季比赛，直至处罚期限届满。

对于因俱乐部解散、破产、不再在中国足球协会注册（包括被停止或取消注册资格），或球员转会至其他国家或地区所辖俱乐部等原因，无法执行的中国足球协会纪律委员会的停赛处罚，在处罚生效后的 24 个月内有效。如处罚期限超过 24 个月，则应在实际处罚期限内有效。球员在有效期终止前回到中国足球协会注册的，除纪律委员会另有决定外，仍应执行剩余的停赛处罚。

第六节 纪律处罚的有效期

第五十一条 期限

（一）违规违纪行为发生 2 年后，纪律委员会将不再受理及处理。

（二）上述第 1 款不适用于对威胁、使用兴奋剂等的处罚。

第五十二条 处罚执行期间的开始时间按以下方式计算：

（一）从受处罚人违规行为当日开始。

（二）如果违规行为重复发生，从最近一次违规当日开始。

（三）如果违规行为持续一段时间，则从结束之日开始。

第五十三条 终止

如纪律委员会在处罚有效期到期前作出其他决议，则有效期不再适用。

第三章 罚 则

第一节 比赛中的违纪

第五十四条 对球员和他人的不当行为

任何被处以直接红牌（或虽未被处以直接红牌，但实施下列行为或与下列行为性质相同的行为）者的以下行为将被处以：

（一）严重犯规（特别是野蛮用力）至少停赛或者禁止进入替补席1场，并处罚款至少7000元。

（二）对对手或他人的非体育道德行为（指责、辱骂等）至少停赛或者禁止进入替补席3场，并处罚款至少2.1万元。

（三）用暴力行为攻击对手或他人处以至少停赛或者禁止进入替补席4场，并处罚款至少2.8万元；给对方造成身体伤害或健康损害的，处以至少停赛或者禁止进入替补席6场，并处罚款至少4.2万元。

（四）以向对手或他人打手势、吐口水等非道德方式侮辱、侵犯他人的，至少停赛或者禁止进入替补席5场，并处罚款至少3.5万元。

第五十五条 干扰比赛

球员、俱乐部（队）官员或工作人员无论是否具备替补席资格，在体育场内出现干扰比赛行为的，将给予球员、官员或俱乐部（队）下列处罚：

（一）警告。

（二）通报批评。

（三）罚款。

（四）停赛。

（五）其他处罚。

前款各项处罚可以独立或合并使用。

第五十六条 打架、斗殴、群殴行为

（一）球员、官员在赛前、赛中、比赛暂停、中场休息或赛后参与打架、斗殴或群殴他人的，将被处以停赛或禁止进入替补席至少 7 场，并处以至少 4.9 万元的罚款。

（二）阻止打架，保护他人或分开打架者将不受处罚。

（三）同一个球队多人参与打架、斗殴或者群殴他人的，球队所属的俱乐部或者会员协会将被处以罚款、扣分或其他处罚。

第五十七条 无法认定肇事者

（一）在多人违纪的情况下，如果无法逐一判定肇事者的，纪律委员会将首先处罚肇事者所属球队的俱乐部或者会员协会。被处罚者向纪律委员会如实举报肇事者，经查证属实后，其处罚可相应予以减轻至取消。

（二）在多人违纪的情况下，如果无法确认每一个参与者违规行为程度的，纪律委员会应把每一个可以明确确定的参与者都视为违规者。

（三）一次无法认定全部参与违规者，在处罚决定生效后又被确认参与违规的，仍可被追加处罚。

第五十八条 球队不当行为

球队出现以下行为，其俱乐部或会员协会将受到处罚：

（一）多名队员或官员一起威胁或骚扰比赛官员或相关人员将被处以至少 2 万元的罚款。另将视违纪严重程度作出进一步处罚。

（二）多名球员或官员引起赛场混乱或冲突，造成严重后果或者引起不良社会影响的，将对引起混乱或冲突的一方或双方所在俱乐部追究相应责任。

第五十九条 挑起敌意和暴力

（一）球员或官员公开煽动他人的敌意和暴力，至少停赛或者禁止进入替补席 12 个月，并处罚款至少 8.4 万元。

（二）球员或官员利用公共媒体或在体育场内或其周边地区出现上述违纪，造成严重后果的，至少停赛或者禁止进入替补席 18 个月，并处罚款至少 12.6 万元。

第六十条　挑衅公众

球员或官员在比赛过程中挑衅公众，至少停赛或者禁止进入替补席 3 场，并处罚款至少 2.1 万元。

第六十一条　无比赛资格

如果球员不具备比赛资格而参加了正式比赛，其所在球队将被处罚比分作废，并处以至少 4 万元的罚款。

第六十二条　延误比赛、弃赛

除不可抗拒的因素外，参赛球队未按规定时间（指中国足球协会规定的开赛时间）或人数参加比赛的，或因参赛球队原因不能按时开赛的，视为延误比赛；延误比赛超过规定时间（指超过裁判员认定的计时开始时间 5 分钟）的，视为弃赛；参赛球队中断比赛虽未超过规定时间（指超过裁判员认定的计时开始时间 5 分钟）但造成不良影响的。上述情形可根据情节给予下列处罚：

（一）罚款。

（二）比分作废。

（三）扣分。

（四）禁止转会。

（五）其他处罚。

前款各项处罚可以独立或合并使用。

对责任人将按本准则第十三条的规定给予相应处罚。

第六十三条　弃权

依照中国足球协会相关规定按弃权处理，并明确应由本委员会进一步处罚的，比照本准则第六十二条的规定给予处罚。

第六十四条　罢赛

参赛球队中断比赛超过规定时间（指超过裁判员认定的计时开始时间 5 分钟）的，视为罢赛。对于罢赛的俱乐部除将被判定 0∶3 负于对方（实际比分高于 0∶3 的以实际比分计）外，将给予取消注册资格并罚款的处罚。

对责任人将按本准则第十三条的规定给予相应处罚。

第六十五条 退出比赛

参赛球队擅自退出中国足球协会主办的各级各类比赛，比照本准则第六十四条的规定给予处罚。

第六十六条 未遵守官方比赛流程

球员、俱乐部（队）官员或其工作人员未按中国足球协会相关规定或要求完成各项官方比赛流程的，将给予球员、官员或俱乐部（队）下列处罚：

（一）通报批评。

（二）罚款。

（三）停赛。

（四）其他处罚。

前款各项处罚可以独立或合并使用。

第六十七条 未完成比赛礼仪或相关仪式

球员、俱乐部（队）官员或其工作人员未按中国足球协会相关规定或要求完成与比赛相关的各项礼仪或仪式的，将给予球员、官员或俱乐部（队）下列处罚：

（一）通报批评。

（二）罚款。

（三）停赛。

（四）其他处罚。

前款各项处罚可以独立或合并使用。

第六十八条 在中国足球协会管理下的其他与足球有关的活动，出现上述情况时，参照前述规定执行。

第二节 威 胁

第六十九条 威胁

（一）任何人恐吓、威胁官员、球员或其他人员的将被处以停赛或者禁止进入替补席至少5场，并处罚款至少3.5万元。

（二）任何人使用暴力或恐吓逼迫官员、球员或其他人员，采取某种行为或用其他手段妨碍官员、球员或其他人员的自由活动，将被处以停赛或者禁止进入替补席至少7场，并处罚款至少4.9万元。

有任何本款行为构成刑事责任的，中国足球协会将提交有关司法机关进行处理。

第三节 使用兴奋剂

第七十条 使用兴奋剂

对使用兴奋剂的，依照国家体育总局颁布的相关规定进行处罚。

第四节 不遵守决定

第七十一条 不执行纪律决定

自然人或组织不执行中国足球协会纪律委员会的决定，将加重处罚。

第七十二条 违反或者不执行中国足球协会以及体育仲裁法庭、国际足联、亚足联决定或裁决自然人或组织违反或者不执行上述组织及其相关机构的决定或裁决，中国足球协会可作出下列处罚：

（一）追加罚款、暂停参赛、减少转会名额、扣分、取消注册资格等。

（二）对不服从体育仲裁法庭、国际足联或亚足联裁决且拒付罚款及相关款项的组织，将从联赛保证金或分成款中扣除有关款项，以支付体育仲裁法庭、国际足联或亚足联裁定的款项。如罚款、数额超出联赛保证金或分成款数额且该俱乐部拒付超出部分的，将依据本条第1款追加处罚。

（三）本会其他规范性文件有特别规定的，按特别规定执行。

第五节 各级国家队官员及球员违规

第七十三条 各级国家队官员及球员违规

（一）官员或球员代表各级国家队（以下简称“国家队”）或俱乐部队参加国际比赛，官员或球员出现违规违纪行为，除国家队按照有关规定给予处理外，将同时参照本准则中的有关条款给予追加处罚。

（二）在国家队集训、比赛期间，因违规违纪被中国足球协会给予处罚的官员或球员，纪律委员会将视官员或球员违规违纪情况，参照本准则中的有关规定，给予相应处罚，直至停止违规违纪官员的足球从业资格，停止违规违纪球员的国内外转会和比赛资格。

（三）球员须按时参加国家队集训、比赛。球员不按时参加国家队集训、比赛的，俱乐部阻止球员参加国家队集训、比赛的，经国家队提交书面报告确认，将给予下列处罚（经中国足球协会指定医院确诊并得到国家队书面批准的除外）：

该球员在国家队相应的集训、比赛期间，不得代表俱乐部参加任何比赛；对俱乐部处以罚款、扣分或其他处罚。同时，根据《中国足球协会球员身份与转会管理规定》进行处罚。

（四）凡在国家队集训、比赛期间，因违规违纪而被国家队给予离队处罚的官员或球员，将根据违规违纪情节给予处罚。

第六节 其他违规

第七十四条 违反《中超、中甲体育场标准》

比赛场地达不到《中超、中甲体育场标准》要求的，将根据《中超、中甲体育场标准》和有关规定给予处罚。

第七十五条 不负责任评论

自然人或组织通过新闻媒体发表与比赛相关的不负责任评论的方式蓄意攻击比赛官员、其他球员、官员、俱乐部（队）、会员协会、赛区委员会及中国足球协会的，给予下列处罚：

（一）球员：至少停赛1场，或处至少7000元的罚款。

（二）官员及其他人员：至少禁止进入体育场（馆）1场，或处至少1万元的罚款。

（三）俱乐部（队）：通报批评、罚款或其他处罚。

俱乐部（队）负责人实施前款行为的，可追究俱乐部（队）责任。

前款各项处罚可以独立或合并使用。

第七十六条 俱乐部（队）违反有关规定，不参加或不按要求参加中国足球协会组织的公益比赛、公益活动或其他活动的，给予下列处罚：

（一）警告。

（二）通报批评。

（三）罚款。

（四）其他处罚。

前款各项处罚可以独立或合并使用。

第七十七条 欠薪

凡经中国足球协会仲裁委员会、中国足球协会具有相应权限的机构或国家法定有权机构认定，俱乐部拖欠球员、教练员工资与奖金的，将给予俱乐部警告、罚款、扣分、降级或其他处罚。经初次处罚后，在下一赛季注册开始前仍拖欠球员、教练员工资、奖金的俱乐部，将给予俱乐部取消注册资格的处罚。

第七节　会员协会及俱乐部的责任

第七十八条　组织比赛

组织比赛的会员协会或俱乐部应：

（一）取得当地政府的批准和支持，积极有序地开展工作。

（二）对存在高风险的比赛，应报告中国足球协会。

（三）遵守并执行现有的安全规定，在赛前、赛中、赛后一旦出现事故时，应采取一切必要的安全处理措施。

（四）保证客队到访期间球员和官员的安全，按照竞赛规程规定，保障客队训练、乘用车辆的安排。

（五）保证体育场内和周边区域秩序井然，以使比赛正常进行。

第七十九条　会员协会及/或俱乐部（队）对观众行为负责

（一）无论观众的不当行为是由于有意或疏忽，作为主办（或承办）方的会员协会及/或主队俱乐部（队）要对观众的不当行为负责，并可根据实际情况被予以处罚。如果造成严重骚乱，加重处罚。

在中超联赛、中甲联赛和中国足协杯赛中，该罚款一般不超过联赛对会员协会的分成及足协杯赛的补贴，但严重骚乱除外。

在其他比赛中，该罚款视情况由纪律委员会确定。

（二）无论观众的不当行为是由于有意或疏忽，来访的俱乐部（队）所属会员协会及/或其俱乐部（队）要对其支持者（球迷）的不当行为负责。根据实际情况，可以对来访的俱乐部（队）所属会员协会及/或其俱乐部（队）做出罚款或其他处罚。坐在客队看台的观众将被认为是来访俱乐部（队）及其所属会员协会的支持者，除非经证明为主队支持者。

（三）不当行为包括针对人或物的暴力行为，燃放能引起燃烧的装置，制造能干扰比赛的噪音和光照等，投掷杂物，以任何形式张挂侮辱性标语，或叫喊侮辱性口号，或闯入比赛场地，或围堵球员、裁判员及工作人员以及其他影响比赛正常进行的行为等。

（四）本条第 1 款和第 2 款规定的会员协会及其俱乐部（队）的责任

也包括在中立场地举行的比赛。

第八十条 其他职责

会员协会和俱乐部还应：

（一）在有年龄限制的比赛中，检查球员的资格与竞赛规程是否相符。

（二）确保会员协会和俱乐部机构中没有人员在过去5年中被证明有过不当行为（尤其是使用兴奋剂、贪污腐败、弄虚作假等）。

（三）参加中超、中甲、女超和女甲联赛的各俱乐部所属一线队、预备队及各年龄梯队，在中国大陆境内外与其他国际足联会员协会的国家（地区）队或其管辖内的最高两级联赛参赛俱乐部队（含一线队、预备队、各年龄梯队）进行比赛时，应按《国际足联国际友谊赛管理规程》、《亚足联国际友谊赛管理规程》、《中国足球协会关于足球俱乐部出国参赛报备的工作要求》进行备案申报，违者将按相关规定进行处罚。

第八节 赛区秩序

第八十一条 赛区出现下列情况之一，将予以警告处罚：

（一）因验票不严，看台秩序出现局部或小范围的混乱，但未造成更大影响。

（二）因入场检查不严，出现极个别观众向场地投掷饮料瓶等杂物，但尚未明显干扰比赛，也未造成伤害。

（三）极个别观众擅自翻越看台进入赛场，但被及时制止。

（四）极少数观众围堵裁判员、运动员、赛区工作人员及所乘车辆，但被及时制止。

第八十二条 赛区出现下列情况之一，将予以通报批评处罚：

（一）已被警告一次，再次出现应被警告的情况。

（二）因验票不严，看台出现较大混乱，但被有效制止。

（三）因入场检查不严，出现少数观众向场内投掷饮料瓶等杂物，明显干扰比赛，但未造成伤害。

（四）少数观众擅自翻越看台强行进入场地，但被及时制止。

（五）少数观众围堵、攻击裁判员、运动员、赛区工作人员及所乘车辆，但被有效制止，且未造成伤害。

（六）少数观众之间发生冲突或互相掷物攻击，但被及时制止。

第八十三条 赛区出现下列情况之一，将予以通报批评处罚，并处以1万元以上，10万元以下的罚款：

（一）已被通报批评一次，再次出现应被通报批评的情况。

（二）观众向场内大量投掷饮料瓶等杂物，严重干扰比赛，但未造成重要伤害。

（三）较多观众擅自翻越看台强行进入赛场，严重干扰比赛，但被有效制止。

（四）较多观众围堵、攻击裁判员、运动员、赛区工作人员及所乘车辆，但被有效制止，且未造成伤害。

（五）观众之间在较大范围发生冲突或相互掷物攻击，但被有效制止，且未造成重要伤害。

第八十四条 赛区出现下列情况之一，将予以进行无观众比赛、禁止在某体育场（馆）比赛、在中立场地进行比赛等处罚，并处以5万元以上，20万元以下的罚款：

（一）观众大规模向场内投掷饮料瓶等杂物，使比赛多次中断或较长时间中断，或造成重要伤害。

（二）大量观众强行进入赛场，使比赛中断且难于继续进行。

（三）大量观众围堵、攻击裁判员、运动员、赛区工作人员及所乘车辆，较长时间未能制止，或造成伤害。

（四）观众之间在较大范围内发生冲突或相互攻击，虽然被制止，但造成重要伤害。

第八十五条 赛区出现下列情况之一，将予以取消赛区资格的处罚，并处以20万元以上罚款：

（一）大规模围攻裁判员、运动员、赛区工作人员及所乘车辆的暴力事件，或造成严重伤害。

（二）观众之间出现较大规模的暴力事件，或造成严重伤害。

（三）体育场建筑不安全、疏散不畅、消防不力等，引发严重事故，或造成严重伤害。

第八十六条 未被列入的其他扰乱或破坏赛区秩序和安全的行为或事件，将参照前述条款予以处罚。

第八十七条 不遵守规定

（一）任何不遵守本节有关条款规定的会员协会或俱乐部可被处以罚款。

（二）对第七十八条第3款和第4款规定的严重违规，纪律委员会可以给予其他处罚，如禁止进入体育场（馆）或责令球队在中立场地进行比赛。

（三）即使没有任何违规，出于安全的考虑，纪律委员会保留进行某些处罚的权利。

第四章 纪律委员会的组织和工作

第一节 纪律委员会组织

第八十八条 人员组成

（一）纪律委员会由1名主任，若干名副主任和委员组成。

（二）纪律委员会主任、副主任、委员人选由中国足球协会主席会议确定。

（三）纪律委员会设执行秘书1人。

第八十九条 工作方式

（一）以委员合议或通讯的方式研究和处理一般违规违纪行为。

（二）以委员会全体会议的方式研究和处理重大违规违纪行为。

（三）处理重大违规违纪行为时，可由主任决定组织听证会。

（四）处理决定应有至少3人以上的委员会成员参加表决，并由参加表决的过半数的委员同意方可通过。紧急情况下，在委员表决数不能达到过半数时，主任（或代替主任主持会议的副主任）有最终决定权。

第九十条 回避

纪律委员会成员有下列情形之一的，应当自行回避，未自行回避的，当事人有权用口头或者书面方式申请他们回避：

（一）是本案当事人或者当事人、代理人近亲属的。

（二）与本案有利害关系的。

（三）与本案当事人、代理人有其他关系，可能影响对案件公正处理的。

纪律委员会成员接受当事人、代理人请客送礼，或者违反规定会见当事人、代理人的，当事人有权要求他们回避。

纪律委员会成员有前款规定行为的，应当依照中国足球协会相关规定处理。

第二节 证 据

第九十一条 处罚依据

（一）各种类型的证据都可以作为处罚依据。

（二）可能被拒绝的证据是违背宗教信仰自由、种族歧视、有损人格或明显与相关事实无关的证据。

（三）重要证据

1. 裁判员、助理裁判员、比赛监督和裁判监督的报告。

2. 有关各方的陈述、声明、证言。

3. 有关文件。

4. 专家观点。

5. 录音录像资料。

6. 其他。

（四）比赛官员的报告

1. 比赛官员的报告中包含的事实被认为是准确的。

2. 可以出具比赛官员的报告内容不准确的证据。

3. 如果不同的比赛官员的报告不一致且难以分辨，则对比赛场内发生的事件以裁判员报告为准，比赛场外发生的事件以比赛监督报告为准。

（五）图像资料不能改变裁判员的当场处罚，但可以作为处罚的依据。

（六）纪律委员会对证据有绝对的认定权。

第三节 工作程序

第九十二条 提交报告

（一）比赛中发生的违规违纪事件，比赛监督、裁判监督、裁判员和赛区委员会应在事件发生后24小时内，向纪律委员会做出书面报告并提供相关资料。

（二）会员协会及有关俱乐部（队）也可在24小时内就比赛中发生的

违规违纪行为向纪律委员会递交相关报告。

（三）上述报告在特殊情况下可在48小时内提交。

（四）观众的投诉应通过赛区委员会、会员协会提交书面报告。

（五）中国足球协会各部门或委员会、其他在中国足球协会管辖内的组织和自然人都可以就比赛或非比赛中发生的违规违纪行为提交相关报告。

（六）报告必须书面提出，由提交人签字或者盖章确认。

（七）在未有任何报告的情况下，纪律委员会依然可以对其发现的违规违纪行为进行处理。

第九十三条 受理

（一）纪律委员会执行秘书整理投诉报告，报纪律委员会主任。

（二）主任决定受理后，按第九十二条的工作程序处理投诉。

第九十四条 听证

纪律委员会可以根据实际情况对涉嫌违规违纪的当事人发出听证通知，当事人在收到听证通知之后的24小时内应当予以书面等有效形式回复是否参加听证，并可在听证前或听证会上提交相关书面、电子证据材料。24小时内不确认的，视为放弃听证权利，事后另行递交的材料，纪律委员会不再予以认定。

紧急情况下，纪律委员会可以临时通知当事人参加听证。

听证可以采取当场听证、电话听证、书面听证等形式。当场听证的，应当携带身份证明参加。

听证当事人使用非中文语言的，应当由中文翻译陪同参加听证会，否则其听证效力不予认定。

第九十五条 处理

（一）中国足球协会纪律委员会按照本准则第八十九条规定的工作方式进行工作。

（二）对比赛中发生的违规违纪行为，根据实际需要在接到报告后24至72小时内做出处理决定。

（三）因情况复杂或特殊原因，不能在规定时间做出决定的可以延期，可以根据实际情况做出暂时停赛、禁止进入替补席等临时措施，并告知有关各方。

（四）比赛或非比赛中发生的违规违纪行为，特别是情况复杂或需调查、听证的案件，可根据实际需要确定做出处理决定的时间。

（五）处理决定应当为书面文件并由纪律委员会主任签章。

第九十六条 处理决定的通知与执行

（一）在做出处理决定后，应当以传真、电子邮件等形式向有关各方发出和公布。

（二）关于停赛等处理决定仅体现处罚的场数或期限，对应的具体场次由各赛事管理部门在赛前根据相关规定通知有关组织或个人并执行。

（三）处理决定发出和公布后，如发现处理决定中确有错误，中国足球协会纪律委员会可在合理时间内予以更正，处理决定以更正后的内容为准。

第四节 处理决定的生效和申诉

第九十七条 处理决定生效

纪律委员会的处理决定一经发出或者公布立即生效。

第九十八条 申诉

（一）受理申诉的机构为中国足球协会仲裁委员会。

（二）除下列处罚外，其它处罚不得申诉：

1. 停赛或禁止进入体育场、休息室、替补席 5 场或 5 个月以上。

2. 退回奖项。

3. 减少转会名额。

4. 限制引进外籍球员。

5. 禁止从事任何与足球有关的活动。

6. 取消比赛结果、比分作废。

7. 扣分、禁止转会、降级、取消比赛资格、取消注册资格。

8. 进行无观众比赛、在中立场地进行比赛、禁止在某体育场（馆）比赛。

9. 对赛区罚款 5 万元以上、对俱乐部（队）罚款 6 万元以上、对个人罚款 4 万元以上。

10. 其他更严重的处罚。

第五章 附 则

第九十九条 违规违纪

本准则所称“违规”系指违反国际足联颁布的《足球竞赛规则》、中国足球协会各级比赛的《竞赛规程》及其他有关规定的行为；本准则所称“违纪”行为系指违反《中国足球协会章程》及本准则所列纪律条款的行为。

第一百条 罚款

本准则所列自然人罚款，将视情况按以下两款确定：

（一）对参加中国足球协会主办的中超、中甲比赛以及相同级别的国际或国内公开比赛的俱乐部（队）相关人员，其罚款数额可酌情予以提高。

（二）对参加中国足球协会主办的中乙、足协杯、女子足球比赛、青少年足球比赛和业余联赛等的俱乐部（队）相关人员，其罚款数额可酌情予以降低。

第一百零一条 加重处罚

本准则所称“加重处罚”系指在原处罚标准之上加重，并可适用本准则第十二、十三、十四条的规定给予处罚。

第一百零二条 暂停参加国际比赛

中国足球协会及（或）纪律委员会对违规违纪行为作出处理决定后，认为该行为属于性质极其恶劣，情节十分严重的，可决定违规违纪的单位、个人不得代表中国及（或）所属俱乐部参加国际赛事。

第一百零三条 停赛期限

执行本准则停赛处罚应视行为情节和后果确定停赛期限。

第一百零四条 未列明行为

本准则未列明的违规违纪行为，纪律委员会有权参照本准则相类似的规定给予处罚。对其他违反《中国足球协会章程》或有关管理规定的行为，由纪律委员会依据有关规定进行处罚，有关规定未明确的，纪律委员会可视违规违纪行为的情形、情节及危害后果，参照本准则第十二、十三、十四条的规定酌情给予处罚。

第一百零五条 解释及修正

本准则由中国足球协会负责解释。

本准则实施后，中国足球协会可根据实施情况及国际足联、亚足联的新规定对其进行必要修正。

第一百零六条 生效日期

本准则自公布之日起生效，原《中国足球协会纪律准则》同时废止。

全国足球赛区安全秩序规定

（2006年）

第一章 总 则

第一条 为加强全国足球比赛赛区的管理，维护赛场安全秩序，保障足球比赛安全有序进行，依据公安部最新下发的《中华人民共和国治安管理处罚法》，中国足球协会和公安部治安管理局联合下发的《全国足球联赛体育场设施和安全规范》和中国足球协会的有关规定制定本规定。

第二条 本规定所指的足球比赛赛区是指由中国足球协会主办、地方会员协会承办的全国各级各类成年和青少年男、女足球比赛及各种国际足球比赛的赛区。

第二章 对赛区安全秩序的基本要求

第三条 各赛区委员会成立安全保卫组，在中国足球协会各相关委员会的指导和赛区委员会的领导下，负责赛区安全保卫和维持赛区秩序的工作。切实落实国务院办公厅下发的《关于做好2005年足球比赛有关工作的意见的通知》和《国务院办公厅关于提倡文明赛风维护足球比赛秩序的通知》精神，认真执行公安部和中国足球协会下发的《关于做好全国足球甲级队联赛、中国足协杯赛和女子足球超级联赛的安全保卫工作的通知》和《关于全力做好足球赛场安全防范工作的通知》的规定。

第四条 加强对观众的正面教育和宣传，建立良好的赛区秩序，促进当地的精神文明建设，维护社会安定，规范赛场秩序管理，推进改革开放和我国足球运动的健康发展。

第五条 加强对球迷组织的指导和管理，自觉遵守比赛纪律，维护赛场秩序。既要为主队加油助威，热情友好地欢迎客队，又要公正对待裁判员，冷静对待他们可能的失误，“理智对输赢”。使他们成为赛区精神文明建设的基本力量。

第六条 赛前必须请有关方面对体育场建筑结构、疏散条件、各项安全设施等进行全面严格的检查，确保建筑安全可靠、出入畅通，消防、照明等设施完备有效。

第七条 主动与公安部门密切合作，加强组织领导，制定周密的安全保卫工作方案，精心组织，严密部署，确保落实。

第八条 观众入场时要严格验票，严禁无票或持假票、废票等入场，防止出现涨台情况，确保体育场观众席的安全容量。

第九条 赛场区内不能安排军乐队、锣鼓队等。该类助威性队伍可以在观众席上安排特定位置。

第十条 无论是在赛前还是在中场休息时或比赛进行中，都要采取切实措施，严格进行入场检查，严禁观众将危险物品、各种软硬封口包装饮料、杂物及可能破坏赛场秩序的不文明、不健康甚至有侮辱或谩骂性的旗帜、标语等带上看台。

第十一条 坚决禁止观众向赛场内投掷饮料瓶、杂物及可能干扰比赛或伤及人身的任何物品。

第十二条 坚决禁止观众擅自或强行进入比赛场地。

第十三条 坚决禁止观众围堵、攻击裁判员、运动员和赛场工作人员及以上人员所乘车辆。

第十四条 坚决禁止观众之间相互攻击的暴力行为。

第十五条 外地球迷有组织的到其他赛区观看比赛，必须做出文明观赛的书面保证和承诺，经两地公安部门及两地会员协会的审核批准，并由球迷所在地区会员协会负责人、公安人员带队。赛区委员会接待和安排外地球迷观看比赛时，必须采取有效的安保和隔离措施，以确保赛场及观众席的秩序和安全。

第三章　违反本规定的处罚

第十六条　对赛区出现下列情况之一者，中国足球协会纪律委员会将予以口头警告处罚：

（一）因验票不严，看台秩序出现局部或小范围的混乱，但未造成更大影响；

（二）因入场检查不严，出现极个别观众向场地投掷饮料瓶等杂物，但尚未明显干扰比赛，也未造成伤害；

（三）极个别观众擅自翻越看台进入赛场，但被及时制止；

（四）极少数观众围堵裁判员、运动员、赛区工作人员及所乘车辆，但被及时制止。

第十七条　对赛区出现下列情况之一者，中国足球协会纪律委员会将予以通报批评：

（一）已被口头警告一次，再次出现应被口头警告的情况；

（二）因验票不严，看台出现较大混乱，但被有效制止；

（三）因入场检查不严，出现少数观众向场内投掷饮料瓶等杂物，明显干扰比赛，但未造成伤害；

（四）少数观众擅自翻越看台强行进入场地，但被及时制止；

（五）少数观众围堵、攻击裁判员、运动员、赛区工作人员及所乘车辆，但被有效制止，且未造成伤害；

（六）少数观众之间发生冲突或互相掷物攻击，但被及时制止。

第十八条　对赛区出现下列情况之一者，中国足球协会纪律委员会将予以警告处罚，并处以1万元以上，5万元以下的罚款：

（一）已被通报批评一次，再次出现应被通报批评的情况；

（二）观众向场内大量投掷饮料瓶等杂物，严重干扰比赛，但未造成重要伤害；

（三）较多观众擅自翻越看台强行进入赛场，严重干扰比赛，但被有效制止；

（四）较多观众围堵、攻击裁判员、运动员、赛区工作人员及所乘车辆，但被有效制止，且未造成伤害；

（五）观众之间在较大范围发生冲突或相互掷物攻击，但被有效制止，且未造成重要伤害。

第十九条 对赛区出现下列情况之一者，中国足球协会纪律委员会将予以进行无观众比赛、禁止在某体育场（馆）比赛、在中立场地进行比赛等处罚，并处以5万元以上，10万元以下的罚款：

（一）已被警告两次，再次出现应被警告的情况；

（二）观众大规模向场内投掷饮料瓶等杂物，使比赛多次中断或较长时间中断，或造成重要伤害；

（三）大量观众强行进入赛场，使比赛中断且难于继续进行；

（四）大量观众围堵、攻击裁判员、运动员、赛区工作人员及所乘车辆，较长时间未能制止，或造成伤害；

（五）观众之间在较大范围内发生冲突或相互攻击，虽然被制止，但造成重要伤害。

第二十条 对赛区出现下列情况之一者，中国足球协会纪律委员会将予以取消赛区资格的处罚，并处以10万元以上罚款：

（一）曾被处以进行无观众比赛、禁止在某体育场（馆）比赛、在中立场地进行比赛等处罚者，再次出现应被做出这种处罚的事件；

（二）大规模围攻裁判员、运动员、赛区工作人员及所乘车辆的暴力事件，或造成严重伤害；

（三）观众之间出现较大规模的暴力事件，或造成严重伤害；

（四）体育场建筑不安全、疏散不畅、消防不力等，引发严重事故，或造成严重伤害。

第二十一条 未被列入的其他扰乱或破坏赛区秩序和安全的行为或事件，将参照上述条款予以处罚。

第四章 附 则

第二十二条 对扰乱大型群众性体育活动秩序的个人，依照公安部最新下发的《中华人民共和国治安管理处罚法》执行。

第二十三条 本《规定》由中国足球协会负责解释。

第二十四条 本《规定》由中国足球协会主席会议批准后生效，原

《全国足球赛区安全秩序规定》同时废止。

中国足球协会关于违规违纪的停赛执行细则

（2018年）

第一章 总 则

第一条 目的

为促进中国足球运动的健康发展，维护足球比赛的良好秩序，保障中国足球相关赛事的有序进行，依据《足球竞赛规则》、《中国足球协会章程》和《中国足球协会纪律准则》（以下简称"《纪律准则》"），针对中国足球领域内关于停赛等处罚的具体执行问题，制定本执行细则。

第二条 原则

中国足球协会各赛事管理部门将遵循公开、公正、高效，不错、不漏的原则，对因红、黄牌累计产生的自然停赛（以下简称"自然停赛"）及中国足球协会纪律委员会（以下简称"纪律委员会"）作出的违规违纪处理决定中停赛、禁止进入球员休息室、禁止进入替补席、禁止进入体育场（馆）、禁止从事任何与足球有关的活动等处罚（以下简称"纪律处罚停赛"）予以执行。

第三条 适用范围

本执行细则适用于中国足球协会管理下与足球运动有关的活动，包括但不限于：中国足球协会超级联赛（以下简称"中超联赛"）、中国足球协会中超俱乐部预备队联赛（以下简称"中超预备队联赛"）、中国足球协会甲级联赛（以下简称"中甲联赛"）、中国足球协会中甲俱乐部预备队联赛（以下简称"中甲预备队联赛"）、中国足球协会乙级联赛（以下简称"中乙联赛"）、中国足球协会杯赛（以下简称"足协杯赛"）、中国足球协会会员协会冠军联赛大区赛及总决赛（以下简称"中冠联赛决赛阶段"）、中国足球协会超级杯赛（以下简称"超级杯赛"）。

女子足球、青少年足球、五人制足球及沙滩足球等由中国足球协会主办的其他赛事中关于自然停赛及纪律处罚停赛的执行问题，参照本执行细则。

第四条 适用主体

以下自然人主体应适用本执行细则:

(一)球员。

(二)官员。

(三)比赛官员。

(四)代理人。

(五)各会员协会所属个人。

(六)中国足球协会授权的任何人,尤其是和中国足球协会组织的比赛、赛事或其他活动相关的人员。

(七)其他与中国足球协会行业管理有关的个人。

第五条 适用时间

本执行细则适用于其生效后产生的自然停赛及纪律处罚停赛。

本执行细则生效前未执行完毕的自然停赛及纪律处罚停赛按照2017版《纪律准则》的规定继续执行。

第二章 自然停赛

第六条 产生原因

产生自然停赛的原因系红、黄牌的累计达到了竞赛规程所规定的数量。

具体累计办法,由各赛事根据本赛事特点分别在其竞赛规程中予以规定。

第七条 一般执行

自然停赛按比赛实际进行的时间顺序执行,不受赛事轮次、场次调整等情况的影响。

第八条 因红、黄牌累计产生的自然停赛的执行

(一)因红、黄牌累计产生的自然停赛,若产生在同一赛季、同一项赛事的最后一场比赛(包括被淘汰的当场比赛)中,将不再继续执行。

(二)被裁判员罚令离开替补席的官员及其他人员,将产生1场自然停赛,参照前款执行。

第三章 纪律处罚停赛

第九条 产生原因

产生纪律处罚停赛的原因系纪律委员会作出了相关处理决定。

纪律委员会的工作及处理决定的有关内容，以《纪律准则》的规定为准。

第十条 一般执行

纪律委员会作出的处理决定中纪律处罚停赛的执行，不受年度（赛季）、赛事的限制。

纪律委员会作出的处理决定中仅体现纪律处罚停赛的场数或期限，对应的具体停赛场次由各赛事管理部门在赛前根据本执行细则通知有关组织或个人并执行。

第十一条 因同一行为既产生自然停赛又受到纪律处罚停赛的执行

因同一行为导致的自然停赛，若纪律委员会作出了处理决定，则以处理决定中纪律处罚停赛的场数为准，即纪律处罚停赛的场数将涵盖相应的自然停赛场数。

第十二条 一人同时报名所属俱乐部一线队参加的中超联赛/中甲联赛/中乙联赛/中冠联赛决赛阶段、足协杯赛、超级杯赛时受到纪律处罚停赛的执行。

在同一年度（赛季）内，以上赛事的纪律处罚停赛将首先在违规违纪行为发生的赛事中执行；若此赛事结束或剩余场数不足以执行全部纪律处罚停赛或相关俱乐部队被提前淘汰，则剩余纪律处罚停赛将在其所属俱乐部一线队参加的本年度（赛季）及之后年度（赛季）的中超联赛/中甲联赛/中乙联赛/中冠联赛决赛阶段、足协杯赛、超级杯赛中按时间顺序执行。

禁止通过中超预备队联赛、中甲预备队联赛或五人制、沙滩足球等其他比赛消减纪律处罚停赛的应执行场数。

第十三条 一人同时报名所属俱乐部一线队、预备队及梯队比赛时受到纪律处罚停赛的执行

（一）在参加一线队比赛时受到的纪律处罚停赛，将按照本执行细则第十二条的规定执行。

（二）在参加预备队比赛时受到的纪律处罚停赛，将按照其报名的中国足球协会主办的正式比赛的时间顺序依次执行。

（三）在参加梯队比赛时受到的纪律处罚停赛，将首先在违规违纪行为发生的赛事中执行；若此赛事结束或剩余场数不足以执行全部纪律处罚停赛或相关俱乐部队被提前淘汰，则剩余纪律处罚停赛将按照其报名的中国足球协会主办的正式比赛的时间顺序依次执行。

第十四条 同时报名中国足球协会主办的十一人制足球赛事、五人制足球赛事、沙滩足球赛事、女子足球赛事时受到纪律处罚停赛的执行

（一）球员在以上各类型赛事中受到的纪律处罚停赛，将在各类型赛事中分别执行。

（二）官员及其他有关人员在以上各类型赛事中受到的纪律处罚停赛，将只在原系列赛事中执行。

第十五条 在全运会、青运会等由国家体育总局主办的赛事中受到纪律处罚停赛的执行

在以上赛事中受到的纪律处罚停赛，将首先在以上赛事中的剩余比赛中执行；赛事结束后若仍有未执行完毕的纪律处罚停赛，将在其报名参加的由中国足球协会主办的最高级别赛事中继续执行。

第四章 转 会

第一节 国内转会

第十六条 同一赛季内转会后自然停赛的执行

（一）若转会后所参加的赛事未发生变化，则其在本赛季同一项赛事中已有的因红、黄牌累计而产生的未执行完毕的自然停赛，将在新俱乐部参加的相应赛事中继续执行

（二）若转会后所参加的赛事发生了变化，则其未执行完毕的自然停赛将在新俱乐部参加的相应赛事中继续执行。

第十七条 同一年度（赛季）内转会后纪律处罚停赛的执行

转会后未执行完毕的纪律处罚停赛将按照本执行细则第三章的规定继续执行。

第二节 国际转会

第十八条 国内纪律处罚停赛未执行完毕球员的国际转会

国内纪律处罚停赛未执行完毕的球员，若申请转会到国际足联其他会员单位所属的俱乐部，应在转回后按照《纪律准则》及本执行细则的相关规定继续执行剩余纪律处罚停赛。

第十九条 官员或其他有关人员国内纪律处罚停赛未执行完毕的参照本执行细则执行。

第五章 参赛单位的责任及义务

第二十条 详尽了解所属人员的自然停赛及纪律处罚停赛情况

任何类型、级别的参赛单位均应主动了解其所属球员、官员及工作人员，特别是新转入球员、新加入官员等的自然停赛与所涉处理决定的具体执行情况；参赛单位应主动关注纪律委员会作出的违规违纪处理决定的发布，并及时更新本单位人员的停赛数据。

第二十一条 严格执行与责任承担

每场比赛前各赛事管理部门发布停赛通知后，所有参赛单位均应严格执行。

停赛通知发布后，若出现漏停、错停情况而参赛单位未尽到提醒义务的，产生的后果与责任由相应球员、官员及当时所属的参赛单位承担。

第六章 附 则

第二十二条 参照执行

中国足球协会下属各级足球协会主办的赛事，若无其他相关规定，可参照本执行细则执行。

如各赛事竞赛规程另有规定的，按其规定执行。

第二十三条 未列明的其他情况

本执行细则未列明的其他停赛执行情况，中国足球协会相关赛事主管部门有权参照本执行细则所确定的原则执行。

第二十四条 解释与修正

中国足球协会有权对本执行细则进行解释。

本执行细则实施后，中国足球协会可根据实施情况对其进行必要修正。

第二十五条 本执行细则自公布之日起生效并实施。

中国足球协会仲裁委员会工作规则

（2009 年）

第一章 总 则

第一条 为维护行业秩序，促进中国足球运动的健康发展，依据《国际足球联合会章程》及《中国足球协会章程》的规定，制定本规则。

第二条 中国足球协会仲裁委员会（以下简称“仲裁委员会”）是中国足球协会处理行业内部纠纷的仲裁机构。

第三条 仲裁委员会独立审理案件。

第四条 仲裁委员会处理纠纷案件实行一裁终局制度。

第五条 仲裁委员会受理下列案件：

（一）对中国足球协会纪律委员会（以下简称“纪律委员会”）作出的处罚决定不服，且允许向仲裁委员会申请仲裁的；

（二）会员协会、足球俱乐部、球员、教练员、经纪人相互间，就注册、转会、参赛资格、工作合同、经纪人合同等事项发生的属于行业管理范畴的争议；

（三）仲裁委员会认为应当受理的其他争议。

第六条 申请人向仲裁委员会申请仲裁的，应当根据不同案件，分别于下列期限内提出：

（一）对纪律委员会作出的处罚决定不服而申请仲裁的，自处罚决定公布之日起 7 日内；

（二）因其他案件申请仲裁的，从其知道或者应当知道权利被侵害之日起 1 年内。

超过上述期限申请仲裁的，不予受理。

第二章 程 序

第七条 申请人应当按照下列要求向仲裁委员会提出仲裁申请：

（一）提交仲裁申请书。仲裁申请书应当写明：

1. 申请人和被申请人的名称、地址（包括：邮政编码、电话、传真）；申请人或被申请人是自然人的，还应当写明其性别、所属单位、职业身份、当年注册情况；

2. 申请的具体请求；

3. 申请的事实与理由。

（二）提交仲裁申请书时，应当附证据目录、证据材料（复印件）；并应当按照被申请人的人数提交前述文件的副本。

第八条 仲裁委员会收到仲裁申请书及相关附件后，经过审查，认为符合受理条件的，应当受理；认为不符合受理条件的，应当通知申请人并向申请人说明不予受理的理由；受理后发现不符合受理条件的，驳回申请。

仲裁委员会应当于收到仲裁申请书及相关附件后 7 日内作出是否受理的决定，但仲裁委员会认定的重大或疑难案件除外。

仲裁委员会决定受理的，应当于决定受理后 10 日内由仲裁委员会主任在仲裁委员中指定包括首席仲裁员在内的三名仲裁员组成仲裁庭，共同审理案件。

仲裁庭组成后，仲裁委员会向被申请人发出仲裁受理通知书、仲裁申请书和证据副本，同时，将仲裁庭的组成通知双方当事人。

除对纪律委员会作出的处罚决定不服而申请仲裁的案件外，申请人应当按仲裁委员会的通知缴纳仲裁申请费，逾期未缴纳的，视为申请人自行撤回仲裁申请。

仲裁审理程序自发出仲裁受理通知之日起开始。

第九条 被申请人应当于收到仲裁申请书及相关附件后的 15 日内，向仲裁庭提交书面答辩、证据目录及证据材料（复印件），并应当按照申请人和其他当事人的人数提交前述文件的副本。逾期不提交书面答辩的，不影响仲裁程序的进行。

第十条 当事人对仲裁庭组成人员的独立性、公正性产生具有正当理由的怀疑时，应当向仲裁委员会提交书面回避申请，说明引起回避请求的事实，并附相应证据。申请应在知悉回避理由后立即提出。

仲裁员应否回避，由仲裁委员会主任决定；仲裁委员会主任的回避由仲裁委员会会议决定；在应否回避决定作出前，被请求回避的人员应当继续履行职责。

第十一条 仲裁庭审理案件，可以视案件的不同案情，采取开庭方式审理，也可以采取不开庭方式审理。采取开庭方式审理的案件，除仲裁参与人外，其他人不得参加。

采取开庭方式审理的案件，当事人应当按照仲裁庭的通知到庭参加审理；经仲裁庭同意，当事人可以委托1至2名仲裁代理人到庭，并于开庭前向仲裁庭提交授权委托书。授权委托书应当载明代理人的代理权限，当事人本人不能到庭的，应当至少有一名经特别授权的代理人到庭。仲裁庭要求当事人本人到庭的，其本人应当到庭。

第十二条 仲裁庭开庭审理时，仲裁庭应当制作庭审笔录并可以庭审录音、录像。当事人对庭审笔录进行核对后，应当签字确认。

第十三条 当事人对其申请或者答辩所依据的事实负举证义务。

因不服纪律委员会的处罚而申请仲裁的案件，纪律委员会应当对其处罚的依据负举证义务。

负有举证义务而不能举证者，应当对举证不能的后果承担责任。

第十四条 仲裁庭认为必要时，可以自行调查、收集证据；当事人有义务对仲裁庭调查、收集证据的工作给予配合。

第十五条 在案件审理期间，当事人有下列情形之一的，仲裁庭可以进行缺席审理及/或径行裁决：

（一）未按仲裁庭指定时间提出答辩的；

（二）未按仲裁庭通知的时间出庭或中途退庭的；

（三）未按仲裁庭的要求提供案件材料或相应证据的；

（四）拒绝对庭审笔录签字确认的；

（五）拒绝履行第十四条规定的配合义务的；

（六）其他严重影响或妨碍仲裁程序正常进行的。

第十六条 在对案件作出裁决前，仲裁庭可以先行对争议双方进行调解。双方当事人经调解达成和解的，应当签订书面和解协议，仲裁庭应当根据和解协议的内容制作调解书；调解书与裁决书具有同等效力。

当事人自行达成和解协议的，可以请求仲裁庭根据其双方的和解协议制作调解书，也可由申请方撤回仲裁申请。

对纪律委员会作出的处罚决定不服而申请仲裁的案件，不适用调解。

第三章 裁 决

第十七条 仲裁委员会受理案件后，应当根据不同案件，分别于下列期限做出裁决：

（一）对纪律委员会的处罚决定不服而申请仲裁的案件，应当于仲裁程序开始之日起3个月内作出；

（二）其他案件，应当于仲裁程序开始之日起6个月内作出。

鉴定、公告、公证、送达、通知、调解等期间，不计入仲裁审理时限。

因特殊原因需延期做出裁决的，仲裁庭应当及时将延期的决定通知当事人。

第十八条 仲裁庭应当根据事实，依照法律规定和行业规定，参照国际惯例，并遵循公平、公正原则作出裁决。

仲裁庭认为必要时，可以根据案件已经查清的部分事实，在案件审理过程中作出中间裁决或者部分裁决。

双方当事人对案件部分争议达成和解的，仲裁庭可以对达成和解的部分制作调解书，该部分调解不影响案件其他部分的审理。

第十九条 仲裁庭审理不服纪律委员会的处罚而申请仲裁的案件，是对纪律委员会的处罚行为是否违反相关规定进行审查，并作出驳回或撤销的裁决。

第二十条 仲裁庭对案件的裁决，依多数仲裁员的意见决定，无法达成多数意见时，报仲裁委员会决定。

第二十一条 裁决书应当写明仲裁请求、争议事实、裁决理由、裁决结果、仲裁费用的负担及裁决日期，但根据双方达成的和解协议所作出的调解书，不受此限。

第二十二条 当事人应当依照裁决书或调解书规定的期限自动履行义

务；裁决书或调解书未规定期限的，应当自裁决书或调解书送达后10日内履行。

当事人一方或双方未在上述期限内履行义务的，接受履行的一方可以向纪律委员会提出申请，请求其根据《中国足球协会纪律准则及处罚办法》的规定对不履行义务的一方给予处罚。

仲裁委员会裁决撤销纪律委员会处罚决定的案件，报中国足球协会主席会议备案。

第二十三条 有下列情形之一的，仲裁中止：

（一）一方当事人尚未在中国足球协会注册或注册备案的；

（二）一方当事人因不可抗拒的事由，不能参加案件审理的；

（三）仲裁裁决的作出必须以相关事项处理结果为依据，而相关事项尚无处理结果的；

（四）其他仲裁庭认为应当中止的情形。

中止审理的原因消除后，由当事人向仲裁庭提出申请，恢复审理。

第四章 附 则

第二十四条 对纪律委员会作出的处罚决定不服而申请仲裁的案件，在裁决前，不停止原处罚决定的执行。

第二十五条 仲裁委员会的组成人员，由中国足球协会主席会议决定通过。

第二十六条 仲裁申请费的收取办法及标准，由中国足球协会另行规定。

第二十七条 遇重大或特殊案件，仲裁委员会可以将案件提交中国足球协会主席会议处理。中国足球协会主席会议处理的案件不受本规则限制。

第二十八条 仲裁委员会审理足球运动员与足球俱乐部之间的纠纷案件，可以根据案件具体情况，采取随机抽取的方式，在当事人以外的足球俱乐部及足球运动员中各选择1至2名代表参加案件审理。足球运动员代表和足球俱乐部的代表参加审理的案件，各位代表均有权对案件的裁决独立发表意见，仲裁庭在裁决前应当充分听取各位代表的意见。

第二十九条 本规则由中国足球协会负责解释；中国足球协会可根据

本规则的实施情况及国际足球联合会的最新规定，对本规则进行修正。

第三十条 本规则自 2009 年 6 月 16 日起施行。原中国足球协会颁发的《中国足球协会诉讼委员会工作条例》同时废止。

中国足球协会及下属机构颁发的有关仲裁或申诉的规定与本规则有抵触的，按本规则执行。

中国足球协会道德与公平竞赛委员会工作规则（试行）

（2018 年）

第一章 总 则

第一条 为规范中国足球协会（以下简称“中国足协”）道德与公平竞赛委员会（以下简称“道德委员会”）的工作，促进中国足球运动的健康发展，依据《中国足协章程》及《国际足联章程》、《国际足联道德守则》、《亚足联章程》，特制定本工作规则。

第二条 道德委员会是中国足协为维护足球运动的道德与公平竞赛原则而设立的独立性调查裁决机构。

第三条 道德委员会应当根据本委员会或中国足协其他专项委员会对事实调查所作出的结论，或根据国家司法机关的裁判文书、政府部门的行政决定所认定的事实，以中国足协及国际足联、亚足联颁布的有关足球道德与公平竞赛的规定为依据，对相关违规行为作出处罚。

第二章 组织规则

第四条 道德委员会由 1 名主任、2 名副主任和 6 - 8 名委员组成。

第五条 道德委员会成员应品行端正并具有法律、体育或相关领域的工作经验。

第六条 道德委员会主任、副主任及委员由中国足协执委会聘任。

第七条 道德委员会针对须查办事项以随机抽选的方式成立调查组和裁决组，依据本工作规则独立开展工作；每组由 1 名主任或副主任和 2 名委员组成。

第八条　道德委员会委员讨论案件时有权充分发表各自意见，讨论事项形成决议后可以保留不同意见，但必须无条件服从和执行所通过的决议。

第九条　道德委员会委员对讨论中未形成决议的内容和未对外公布的决议必须保守秘密。

第十条　道德委员会应每年至少召开1次全体会议，讨论议题应在会议召开前以电子邮件等方式通知各位委员。

第三章　职责范围

第十一条　在中国足协执委会的领导下，研究、起草、完善与足球运动有关的道德与公平竞赛准则。

第十二条　道德委员会对中国足协所属会员、俱乐部，以及从业人员的违规行为进行调查并决定处罚，适用主体包括：

（一）中国足球协会所属各会员协会。

（二）各会员协会所属足球组织和个人。

（三）官员。

（四）运动员。

（五）比赛官员。

（六）经纪人。

（七）中国足球协会授权的任何人，尤其是和中国足球协会组织的比赛、赛事或其他活动相关的人员。

（八）其他与中国足球协会行业管理有关的单位或个人。

本工作规则所指的“违规行为”是损害足球诚信和声誉的行为，特别是违法及不道德的行为。本工作规则主要适用于与赛场活动无关联或少有关联的违反道德和公平竞赛的行为。

第十三条　道德委员会对参与中国足协组织的足球活动的非中国足协管辖的组织和个人的违反足球道德与公平竞赛的行为，向有关的政府部门或社会组织提出处理建议；对涉嫌犯罪者，向司法机关举报。

第十四条　根据中国足协执委会的委托，参与其他专项委员会提交的工作提案的审议；开展与本委员会工作相关的专题调查研究；行使中国足协执委会授权的其他职责。

第四章　办案规则

第十五条　道德委员会可以根据以下单位或个人移送、举报或提供的线索和证据进行立案审查。立案审查工作由道德委员会的秘书负责。

（一）中国足球协会其他专项委员会移送或者提供的；

（二）中国足球协会会员、比赛监督、裁判员、俱乐部、球员、教练员等提供的；

（三）国家司法机关或政府部门移送或提供的；

（四）其他单位或个人提出的实名举报或控告。

第十六条　道德委员会秘书经审查认为确有违反足球道德与公平竞赛准则嫌疑并可能达到受处罚程度的，应当按照本规则第七条的规定成立调查组，正式立案调查。调查组可以根据案件情况聘任 1－3 名助理。

第十七条　道德委员会决定立案调查的，应当及时书面告知被立案单位或个人，并通知相关报案单位或个人。

第十八条　调查组可以采取走访询问、调取书证、查看录像、实地查验、电子取证等方法查明案件事实，并且在调查过程中可以视情举行听证会，听证会一般不公开举行。举行听证会的，调查组应当提前以书面形式通知相关单位或个人。

第十九条　调查组应当在查明案件事实的基础上撰写调查报告，提交道德委员会秘书并附上全部证据材料。

第二十条　调查终结之后，道德委员会秘书应当按照本规则第七条的规定成立裁决组。裁决组可以聘任 1 名秘书。裁决组的审查以书面审查为主，必要时可以直接听取当事人的陈述。

第二十一条　裁决组的审查期限一般为 2 周，必要时可以延长至 1 个月。

第二十二条　如果调查组和裁决组的成员与被查处的单位或个人有亲属关系，或可能与该案件的处理结果有利害关系，应当回避。回避申请可以由委员本人提出，也可以由相关单位或个人提出。副主任及委员的回避由主任决定；主任的回避由中国足球协会执委会决定。

第二十三条　裁决组在全面审查的基础上应当作出书面的处罚或不处

罚决定，处罚决定必须经裁决组成员一致同意。裁决组的决定就是道德委员会的决定，决定书由道德委员会主任签署并加盖道德委员会印章。

第二十四条 道德委员会的决定应当及时告知被查处单位或个人，可以当面宣布或以挂号邮件、电子邮件、电子传真等方式告知，也可以通过中国足协官网或中国足协新闻发布会公布。决定自告知或公布之日起生效。

第二十五条 案件当事人确有证据证明道德委员会委员在调查或裁决过程中涉嫌徇私枉法或贪赃枉法的，可以向中国足协执委会提出申诉，但申诉不妨碍道德委员会决定的执行。

第二十六条 中国足协执委会及相关部门应当保证道德委员会决定的执行。

第二十七条 本工作规则适用主体有以下违规行为的应当受到处罚。

（一）引诱、威胁与伤害对方俱乐部官员、参赛人员及足协赛场执法官员，以达到不公平竞赛之目的；

（二）贪污、挪用资金、行贿受贿；

（三）玩忽职守、滥用职权；

（四）使用兴奋剂等违禁药物、毒品；

（五）参与赌球、足彩、假球等交易，包括但不限于推销、中介、策划、下注等；

（六）违反忠诚、保密、回避、利益冲突等规定或约定；

（七）违反信息披露、配合调查、主动申报等规定或约定；

（八）超标准送礼或收礼；

（九）利用职务便利为家庭成员、朋友及中间人员、关联方牟取利益；

（十）违规或违约领取佣金；

（十一）对国籍、种族、性别、肤色、宗教、语言、信仰、贫富、出身差异的歧视；

（十二）、其他应受处罚的违反道德和公平竞赛的行为。

第二十八条 处罚种类

（一）警告

（二）罚款。

（三）停赛。

（四）禁止进入更衣室/候补席。

（五）禁止进入比赛场。

（六）取消比赛资格。

（七）取消注册资格

（八）退回奖项

（九）禁止参加与足球相关的任何活动。

第二十九条 道德委员会作出“罚款”处罚的，应当与其他处罚并用；其他处罚均可以单独适用，其中“取消比赛结果”、“退回奖项”、“停赛”、“禁止进入更衣室/候补席”、“禁止进入比赛场”等项处罚可以与其他处罚并用。

第三十条 道德委员会作出“取消比赛资格”、“取消注册资格”、“停赛”、“禁止进入更衣室/候补席”、“禁止进入比赛场”、“禁止参加与足球相关的任何活动”等处罚的，应当同时规定处罚的期限或场次。

第五章 财务规则

第三十一条 道德委员会工作经费由中国足协承担。

第三十二条 道德委员会成员使用办案经费要严格遵守有关的财务规则。

第六章 附 则

第三十三条 道德委员会依据本工作规范开展案件查处时，遇本工作规范第四章“办案规则”有未尽之处的，可按照国际足联颁布的《国际足联道德守则》及法治的基本原则执行。

第三十四条 本工作规则的解释权归中国足协执委会；中国足协执委会有权根据中国足协以及国际足联、亚足联的章程、决议、规定、规则、准则等，以及中华人民共和国法律法规对本工作规则进行补充和修正。

第三十五条 本工作规则自中国足协执委会审议通过之日起生效。

参考文献

1. 董杰："试论足球的起源发展与足球的产业化"，载《商业经济》2012年第19期。
2. 秦丽梅："各种运动项目的起源"，载《当代体育科技》2012年第4期。
3. 夏晶："从足球竞赛规则演变的视角探讨足球技战术的发展"，山东体育学院2011年硕士学位论文。
4. 王欣、李强、杨德敏："基于文化意义的足球内涵"，载《体育与科学》2013年第2期。
5. 文萍："如何让初建的中学生足球队快速成长"，载《社会科学：引文版》2016年第12期。
6. 丁涛、李勇："中国足球产业发展的现状、问题及对策"，载《北京体育大学学报》2003年第6期。
7. 丁涛、李勇："中国足球产业发展的现状、问题及对策"，载《北京体育大学学报》2003年第6期。
8. 孙革："建国以来我国足球运动改革发展的回顾与反思"，载《运动》2009年第4期。
9. 丁涛、李勇："中国足球产业发展的现状、问题及对策"，载《北京体育大学学报》2003年第6期。
10. 梁香青："对职业体育俱乐部球星运营的探讨"，载《山东体育科技》2004年第4期。
11. 薛明："长沙市青少年校园足球竞赛体系构建研究"，湖南师范大学2014年硕士学位论文。
12. 徐长浩："武汉体育学院开设小型足球选修课的可行性研究"，武汉体育学院 2010 年硕士学位论文。
13. 李兴山:“山东省校园足球布局城市开展现状及发展对策研究”，山东师范大学 2014 年硕士学位论文。
14. 胡豫琴:“我国报纸的奥运报道策划研究——以《北京青年报》和《京华时报》雅典奥运报道策划为例”，北京体育大学 2005 年硕士学位论文。
15. 周海玉:“多媒体在幼儿园室内健康活动中的支持策略运用”，载《新课程（教师版)》2013 年第 2 期。
16. 兰建平:“集群嵌入性对企业合作创新绩效的影响研究”，浙江大学 2008 博士学位论文。
17. 李国华、孙峰、卞辉:“体育纠纷的 ADR 机制研究”，载《体育成人教育学刊》2010 年第 1 期。
18. 黄煜:“行政法视野下的体育纠纷问题研究——以体育法律关系为视角”，西南政法大学 2008 年硕士学位论文。
19. 贡建伟:“中超俱乐部权属定位的思辨”，载《武汉体育学院学报》2008 年第 9 期。
20. 张笑世:“对我国职业运动员工作合同法律问题的认识”，载《中国司法》2008 年第 5 期。
21. 侯玲玲、王全兴:“我国职业足球运动员的劳动者地位和劳动法保护”，载《当代法学》2006 年第 4 期。
22. 陆作生、周爱光:“我国体育经纪人的法制监管”，载《体育与科学》2007 年第 2 期。
23. 王曦:“我国体育经纪人职业发展过程中的问题审视与对策分析”，载《文体用品与科技》2016 年第 2 期。
24. 钟丽萍:“基于动机与行为特征的球迷分类及市场营销策略”，载《体育研究与教育》2011 年第 2 期。
25. 王博:“论球迷消费权益的法律保护”，载《体育文化导刊》2013 年第 7 期。
26. 裴洋:“论谢尔曼法在体育比赛电视转播权转让中的适用”，载《武汉大学学报（哲学社会科学版）》2008 年第 4 期。
27. 张保华：“赛事服务产品的特征及质量控制——以职业体育联盟为例”，中山大学 2009 年博士学位论文。
28. 韩勇：“美国职业球员合同——基于四大联盟劳资协议与标准球员合同的研究”，中国社会科学院 2011 年博士后论文。
29. 鲁扬：“浅析体育与传媒的结合及体育传媒业的发展”，复旦大学 2002 年硕士学位论文。
30. 岳正稳：“我国体育彩票立法的现状及对策研究”，载《体育文化导刊》2008 年第 3 期。
31. 原望娟：“BOT 投融资模式在我国体育场馆的应用研究”，首都体育学院 2011 年硕士学位论文。
32. 康帅：“长沙市大型体育场馆经营管理研究”，湖南师范大学 2006 年硕士学位论文。
33. 齐建丽：“我国保险营销员社会保险问题研究——以 X 保险公司为例”，北京师范大学 2012 年硕士学位论文。
34. 金荣标：“论我国劳动法律关系之主体”，载《工会论坛：山东省工会管理干部学院学报》2008 年第 4 期。
35. 何平：“论工会组织在我国体育俱乐部中新地位的构建”，载《运动》2010 年第 1 期。
36. 张笑世：“对我国职业运动员工作合同法律问题的认识”，载《中国司法》2008 年第 5 期。
37. 谢丽媛：“劳动法视角下职业足球运动员的权利保障问题探析”，载《河北体育学院学报》2018 年第 1 期。
38. 赵杨：“足球转会转会协议的主客体研究”，载《运动》2016 年第 17 期。
39. 赵杨：“足球转会转会协议的主客体研究”，载《运动》2016 年第 17 期。
40. 周峤：“论足球运动员转会法律制度”，西南政法大学 2009 年硕士学位论文。

41. 朱文英："职业足球运动员转会的法律适用"，载《体育科学》2014年第1期。
42. 王俊峰："'刘健案'看足球的职业化下'黑白合同'的法律效力"，载《法制博览》2015年第21期。
43. 席志文："职业足球联赛中单边续约选择条款问题研究"，载《中国体育科技》2016年第4期。
44. 罗浏虎："职业足球运动员第三方所有权的法律规制"，载《体育科学》2015年第4期。
45. 庞庆龙："关于我国职业足球运动员权利保护问题的研究"，广西师范大学2010年硕士学位论文。
46. 于善旭："体育法治在全面建成小康体育阶段重点着力的若干探析"，载《天津体育学院学报》2016年第5期。
47. 李燕领："我国职业体育市场准入制度研究——以篮球、足球项目为例"，苏州大学2011年硕士学位论文。
48. 李燕领、王家宏："中超联赛俱乐部准入制度研究"，载《体育科研》2012年第1期。
49. 徐兴国："关于镇江市中小学青少年体育俱乐部的研究"，苏州大学2009年硕士学位论文。
50. 陈蔚："在中超实行财政公平政策的思考"，载《体育成人教育学刊》2016年第6期。
51. 陈蔚："在中超实行财政公平政策的思考"，载《体育成人教育学刊》2016年第6期。
52. 桂爽："互联网环境下体育赛事节目的著作权保护兼评凤凰网直播中超赛事案"，载《电子知识产权》2015年第9期。
53. 李雨竺："体育赛事直播节目著作权保护探究——以新浪诉凤凰网直播中超赛事案为视角"，载《法制博览》2015年第31期。
54. 朱榕："刍议体育赛事直播节目的作品定性"，载《闽西职业技术学院学报》2016年第2期。
55. 向会英："论体育赞助的法律规范与保护"，载《体育科研》2011年第 3 期。
56. 张玉超:“我国体育知识产权保护制度研究”，华南师范大学 2012 年博士学位论文。
57. 刘聪:“论地理标志的法律保护”，大连海事大学 2012 年硕士学位论文。
58. 张玉超:“我国体育知识产权的基本法律问题研究”，载《中国体育科技》2014 年第 2 期。
59. 张玉超:“我国体育知识产权保护制度研究”，华南师范大学 2012 年博士学位论文。
60. 李同江:“特许经营基本法律问题研究”，武汉大学 2003 年硕士学位论文。
61. 张玉超:“我国体育知识产权保护制度研究”，华南师范大学 2012 年博士学位论文。
62. 张玉超:“我国体育知识产权保护制度研究”，华南师范大学 2012 年博士学位论文。
63. 曾振华:“广告侵权的诱因分析”，载《新闻爱好者月刊》2008 年第 8 期。
64. 丁西泠:“互联网‘人肉搜索’对公民人格权侵犯问题研究”，中山大学 2010 年硕士学位论文。
65. 蔡璞、袁张帆:“体育运动员的形象权及其法律保护”，载《首都体育学院学报》2004 年第 4 期。
66. 马法超:“体育赛事转播权法律性质研究”，载《体育科学》2008 年第 1 期。
67. 马法超:“体育相关无形财产权问题研究”，北京体育大学 2007 年博士学位论文。
68. 王自强:“体育赛事节目著作权保护问题探讨”，载《知识产权》2015 年第 11 期。
69. 李岩:“民事法益类型化研究”，中国社会科学院 2011 博士后论文。
70. 凌宗亮:“体育赛事转播权法律保护的类型化及其路径——兼谈

《民法典·民法总则专家建议稿》第114条的修改”，载《法治研究》2016年第3期。
71. 姜熙："开启中国体育产业发展法治保障的破局之路——基于中国体育反垄断第一案的思考"，载《上海体育学院学报》2017年第2期。
72. 韩勇："同场竞技运动员间伤害的侵权责任"，载《体育学刊》2013年第1期。
73. 茆倩娣："论民法中的重大过失"，苏州大学2012年硕士学位论文。
74. 赵宽松："我国竞技体育伤害侵权责任认定"，北京交通大学2012年硕士学位论文。
75. 韩勇："北美体育暴力的刑事诉讼与抗辩"，载《武汉体育学院学报》2011年第12期。
76. 张彦丽："后奥运时期我国运动员社会保障制度的反思"，载《劳动保障世界（理论版）》2011年第2期。

后　记

九年前一个偶然的机会接笔者触到了足球这个行业；四年前开始搜集整理了一大堆文件，梳理了足球行业的各个规范；两年前开始计划架构一下足球行业中的法律关系；进入到足球行业的第十个年头后，下决心将此书完成，也是了却一桩心事。

编著《足球行业法律关系概述》一书，过程辛苦，但是也乐在其中。足球作为当今世界第一大运动，在我国得以蓬勃发展。作为我国最大的体育产业项目，其涉及的规章制度的完善值得广大学者、从业者、爱好者积极探讨。笔者编著此书的过程中，深感关于足球领域法律关系梳理相关著述的空白，行业内很多问题没有一个规范化的解决标准，这无疑给足球行业的发展带来了阻碍。笔者完成本书的目的也是结合自身的十年从业经历，根据自己的所见所闻，进行归纳整理。能够清晰地梳理中国足球产业中各种主体间的法律关系，正确认识足球行业特殊性与法律适用的普适性的差异，为足球行业具体问题的解决提供方案，为我国足球改革提供法律建议，是笔者这个足球产业从业律师的责任与义务，也是一个具有中国足球梦的从业者对于行业发展力所能及的贡献。梳理、明确行业内的各种从业主体，进一步阐明各类主体间的法律关系，将笔者近些年的思考整理出版，如果能够为其他从业者提供一些参考借鉴，也不枉编著本书的辛苦了。

回忆编著本书的点点滴滴，笔者阅读了大量的资料，多次修改本书框架，力求能够最简洁、最清晰地梳理出足球行业中各主体之间的法律关系。在本书的编著过程中，得到了各界好友的帮助，包括我的同事吕丽莉、罗顺意、赵佳宁、李旭以及斯保特公司的球员代理人瞿兴圆女士，还有中国足球协会法务部郭芳以及中国政法大学研究生侯昕卓、北京师范大学研究生张林凯，在此一并表示感谢。通过对本书的不断完善，笔者力求能够抛砖引玉，希望未来能有更多专业人士关注到足球行业中的法律相关问题的重要性，更多的专家学者、从业者能够参与足球行业法律关系的研究，进而引发有志之士的广泛探讨交流，为足球行业的进一步发展提供政策、法律规范的建议。在足球领域相关法律的研究与探讨的成功经验，可以为其他体育项目的规范性发展提供参考。若真能朝着笔者的期望发展，那将会赋予本书更深层次的意义。

法律的制定必然紧跟社会的发展却又滞后于社会发展的进程，足球运动蓬勃发展，但相关法律制定尚不完善，政策保障也相对滞后。笔者深知本书的编著仅仅是基于笔者研究思考的结论，鉴于笔者水平、编著时间等限制，必然会有很多不足之处，希望社会各界人士针对本书的不足积极批评指正，对本书不完善的地方提出建议。

本书编著完毕，掩卷长思，“冲出亚洲，走向世界”的口号喊了多年，相信每一个中国球迷都在苦苦等待中国足球冲向世界的那一刻。受制于种种因素，我们不断地寄希望于年轻的一代，我们始终相信，终有一代可以完成中国足球梦。笔者相信，社会各界中像笔者一样拥有足球梦的有识之士，会共同努力，为早日实现中国足球梦而竭智尽力。

刘万勇

2018 年夏